城区双向八车道长公路隧道建设技术

——老虎山隧道

张　涛　刘仰胜　梁忠强　刘洪亮　著

人民交通出版社股份有限公司
China Communications Press Co.,Ltd.

内 容 提 要

本书以老虎山隧道为工程背景,详细阐述了超大断面隧道施工技术,如施工部署、洞口设计与施工、洞身开挖施工方案、复合式衬砌施工、防排水设计与施工、监控量测与超前地质预报、施工保障措施等内容。本书对大断面隧洞工程项目的设计、施工、管理有较大的借鉴价值和指导意义。

图书在版编目(CIP)数据

城区双向八车道长公路隧道建设技术 : 老虎山隧道 / 张涛等著. — 北京 : 人民交通出版社股份有限公司, 2018.12

ISBN 978-7-114-15188-0

Ⅰ. ①城… Ⅱ. ①张… Ⅲ. ①公路隧道 - 隧道施工—技术 Ⅳ. ①U459.2

中国版本图书馆 CIP 数据核字(2018)第 275228 号

Chengqu Shuangxiang Bachedao ChangGonglu Suidao Jianshe Jishu——Laohushan Suidao

书　　名: 城区双向八车道长公路隧道建设技术——老虎山隧道
著 作 者: 张　涛　刘仰胜　梁忠强　刘洪亮
责任编辑: 韩亚楠　赵瑞琴
责任校对: 宿秀英
责任印制: 张　凯
出版发行: 人民交通出版社股份有限公司
地　　址: (100011)北京市朝阳区安定门外外馆斜街 3 号
网　　址: http://www.ccpress.com.cn
销售电话: (010)59757973
总 经 销: 人民交通出版社股份有限公司发行部
经　　销: 各地新华书店
印　　刷: 北京虎彩文化传播有限公司
开　　本: 787 × 1092　1/16
印　　张: 14.25
字　　数: 285 千
版　　次: 2018 年 12 月　第 1 版
印　　次: 2018 年 12 月　第 1 次印刷
书　　号: ISBN 978-7-114-15188-0
定　　价: 56.00 元

前言

Foreword

我国高速公路建设行业的发展具有一定的周期性，现阶段仍处于工业化快速发展的阶段，公路行业也处于高投入建设期的阶段。城区快速路网的修建在提高城区出行车速，优化车辆出行路线，缩短物资交流周期方面具有极其重要的作用，同时使人民群众生活、工作快速、高效、便利，也是城市综合实力的体现。隧道作为公路工程修建的关键性工程，在改善线性、缩短行车距离、减少对周边环境的破坏具有显著的优点。目前，中国已经成为世界上最大的地下空间和隧道修建国家。中国公路铁路隧道、城市轨道交通、海底隧道的大规模建设，必将带动隧道相关企业的飞速发展。

随着深圳南坪雅宝双洞八车道隧道的顺利贯通，体现了超大断面八车道隧道对适应人们生活节奏的加快，减缓城区交通压力的重要作用。与双洞四车道和六车道隧道相比，双洞八车道隧道断面净空面积更大，形状扁平率更高，围岩与支护体系组成的隧道支护体系应力集中情况更严重。因此，双洞八车道隧道修建需要更多的新工法、新技术、新材料的支撑。

济南东南二环项目是济南市重要的治堵治霾民生工程，建成后将打通济南南向出口，连通南部山区和泰安，同时打通济南东向出口，促进省会城市群经济圈沿线经济社会快速发展，有效缓解济南城区拥堵，提高城市环境质量。老虎山隧道左洞长1 740m、右洞长1 888m，最大开挖单洞净宽20.008m，横断面按四车道布置，并设置公交专用道，和本项目其他隧道共同组成了目前世界上最大的八车道公路隧道群。老虎山隧道是整个项目的关键性控制工程。隧道穿越多条接触蚀变带、岩溶发育带、断层破碎带，是全线地质条件最复杂的隧道。

为确保隧道按计划顺利实施，建设、施工单位创新了一系列先进工艺。先后采取了双侧壁导坑、CRD法、台阶法等分部施工，其中双侧壁导坑法隧道横断面分为7块，分别爆破开挖，先爆破两侧导坑，再进行水泥注浆衬砌支护，根据地质条件和断面大小对剩余断面进行开挖。同时,为了加快进度,老虎山隧道采取新增导洞挖掘法,通过在隧道右线中间位置开挖施工导洞,增加了两个隧道施工作业面,有效地加快了隧道开挖进度,大大节省了工期。施工导洞在隧道修建结束后将会以老虎山隧道的增援导洞长期运营。老虎山隧道带来的更大惊喜在于公交车的通行。通车后,市民从山东大学兴隆校区乘坐公交,可一站直达燕山立交桥,全长约2.1km,这也将成为济南市间隔最长的公交站点。受“怪坡”影响导致二环南路与二环东路不通公交的历史将由此结束。

山东路桥全体隧道建设者们在老虎山双向八车道隧道修建过程中克服重重困难,大胆创新,积极探寻新的施工工艺和技术,理论与实际紧密结合,始终以最严谨科学的态度指导施工的全程。在施工过程中认真贯彻落实各种施工保障措施,加强建设全过程的风险动态评估与管控,并开展大量的科研课题,为隧道安全修建的提供了有力的支撑。

我们编写本书的目的,是希望全面介绍老虎山隧道的设计、施工方法,使读者了解老虎山隧道施工特点、特殊的施工工艺,以及老虎山隧道进洞时对复杂地形及明洞边坡的安全施工处置措施,对增设施工导洞的施工设计以及导洞转正洞的施工工艺的探索,为城区修建类似工程设计和施工提供参考。本书不仅是对老虎山隧道隧道施工过程中采取的快速安全施工工艺和措施的一个实录,也详细的记录了在施工中开展的相关注浆理论计算及边坡稳定性的研究工作,用隧道修建的第一视角全方位的介绍双向八车道超大断面隧道的设计、施工方法、工艺和施工经验。我们编写此书也是希望能与相关单位相互交流,在复杂条件下的超大断面隧道的设计、施工方面不断提高理论与实践水平,使安全、高效的城区八车道隧道修建的经验更好造福人民。

著　者

2018 年 12 月

目　录

Contents

第1章　总　　述

1.1　工 程 简 介

老虎山隧道是济南绕城高速公路济南连接线控制性工程，是国内在建较长的四车道超大断面公路隧道。该隧道跨越济南市历下、市中区两区，进口位于历下区旅游路南侧，历下区黄金九九地产西南，毗邻二环东路道路，出口位于市中区搬倒井村内。

老虎山隧道左线起讫里程 ZK2 +080 ~ ZK3 +820，长 1 740m；右线起讫里程 YK1 +950 ~ YK3 +838，长度 1 888m，属公路长隧道，双洞八车道，分离式结构，左右线相距 11 ~ 43m。老虎山隧道设计参数如表 1-1 所示。

老虎山隧道设计参数一览表　　表 1-1

隧道名称	洞门形式		入口桩号	出口桩号	隧道长度/m	备　注
	进　口	出　口				
老虎山隧道	端墙式	端墙式	ZK2 +080	ZK3 +820	1 740	公路特大断面长隧道
	端墙式	端墙式	YK1 +950	YK3 +838	1 888	

1.2　主要技术标准

老虎山隧道所在的济南绕城高速公路济南连接线设计采用一级公路标准，兼顾城市快速路功能，设计参数如表 1-2 所示。老虎山隧道主洞内轮廓参数如表 1-3 所示，主洞内轮廓如图 1-1 所示。

济南绕城高速济南连接线设计标准　　表 1-2

段　落	建设标准	行车道数	设计时速（km/h）	路基宽度（m）	设计荷载	设计洪水频率	地震基本烈度（度）
老虎山隧道	城市快速路 + 公交专用车道	双向八车道	60	34.0	公路 – Ⅰ(采用城 – A 级校核)	1/100	6

老虎山隧道主洞内轮廓主要参数　　表 1-3

项　目	单　位	数　量
面积	m^2	128.00
周长	m	45.88
中心高度	m	8.961
总宽度	m	17.608

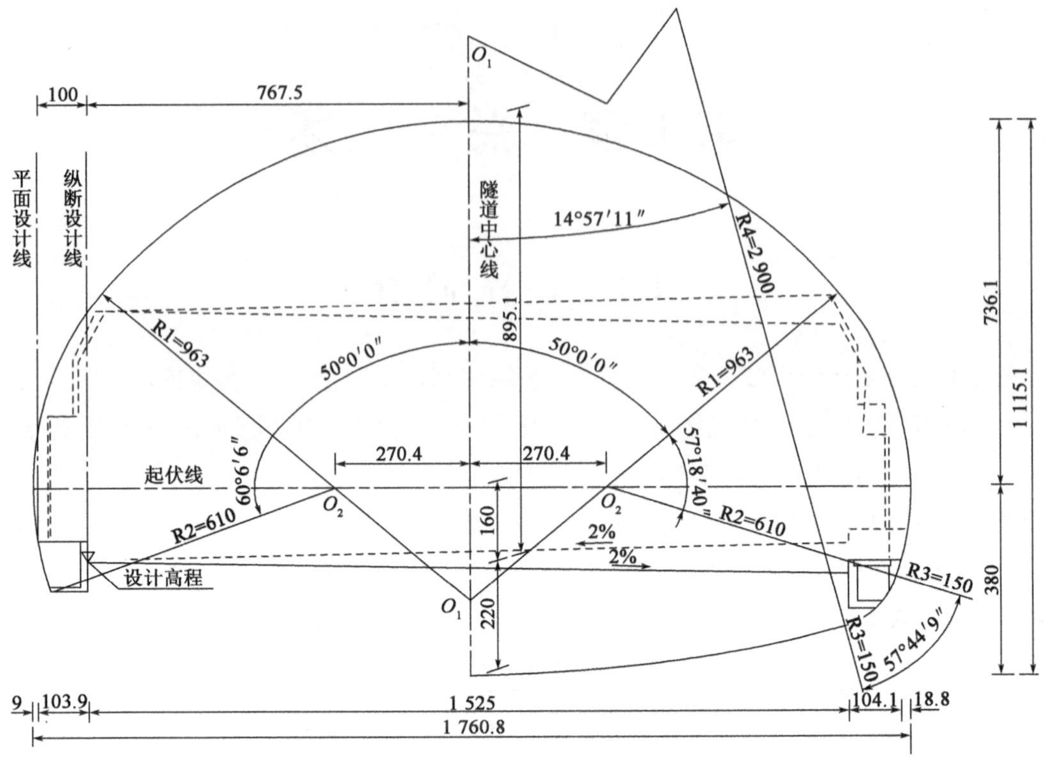

图 1-1　老虎山隧道主洞内轮廓(尺寸单位:cm)

1.3　工程地质和水文地质

1.3.1　气候条件

济南地处中纬度地带,属北温带湿润大区鲁淮区,为温暖半湿润季风性气候区。春季干燥少雨,夏季炎热多雨,秋季天高气爽,冬季寒冷干燥。据济南气象台提供的近50年以来的资料,按气温、降水量、蒸发量、风向风速、雾、雪、湿度与气压要素和冻土情况简述如下。

1.3.1.1　气温

济南市气温在7月最高,1月最低,年平均气温14.3℃,累年极高气温为42.5℃,累年极低气温为-19.7℃。

1.3.1.2　降水量

济南市年平均降水量669.30mm,年最小降水量为320.70mm,年最大降水量为1 283.40mm(1973年),累计月最大降水量为504.5mm(1962年7月),一日最大降水量为298.4mm(1962年7月13日);一年之中降水主要集中在6~8月份,多以暴雨形式降落,3个月的降水量占年降水量的65%。

1.3.1.3 蒸发量

据统计资料，月平均蒸发量为218.40mm，月平均蒸发量1月份最小为61.10mm，6月份最大为340.30mm，年蒸发量为2 263.00mm。

1.3.1.4 风速与风向

济南地区主要以SSW风向为主，累年极大风速为33.3m/s(1951年7月21日)，风向W，最大月份平均风速为26.3m/s，最小月平均风速为1.0m/s。

1.3.1.5 雾

历年平均雾天数为17.7天，年最多雾日40天，年最少雾日5天。

1.3.1.6 湿度与气压

绝对湿度，月平均为8.54毫巴，各月的大小不均，7月份为18.93毫巴，冬季最小为3毫巴以下；相对湿度月平均为57.33%，最大月平均为74.60%，最小月平均为44.50%。气压平均为1 010.5毫巴，1月份最高为1 021.2毫巴，7月份最低为996.5毫巴。

1.3.1.7 雪

年平均积雪天数为14.7天，年最多降雪日19天。

1.3.1.8 冻土

据济南气象台1954～2000年资料，年间最早冻结日期为12月中旬，最晚为第2年的2月中旬，一般在1月上旬开始冻结；最早解冻日期为1月上旬，最晚为3月上旬，平均为2月上旬，最长连续冻结日期为81天(1966年12月8日～1967年3月6日)，最短冻结日数为13天(1964年1月12～24日)，平均连续冻结日期在30天左右，济南市标准冻结深度为0.5m。

1.3.2 地层岩性

老虎山隧道隧址区出露地层为奥陶系和寒武系灰岩，局部沟谷地段覆盖上更新统分质黏土，地层自上而下简述如下。

1.3.2.1 第四系全新统人工堆积物(Q4ml)

分布于隧道进出口两地，一般为碎石土，褐黄色，由砂性土和灰岩等碎块组成，混少量的沙砾等，松散～稍密状态。

1.3.2.2 第四系上更新统残、坡积物(Q3dl+pl)

主要以残坡积褐黄色碎石土为主，松散～稍密状态，含沙砾，分布于山前坡脚坡腰的下部。

1.3.2.3 古生界奥陶系下统(O1)

奥陶系治里亮甲组(O1y+1)：白云质灰岩，中上部含碎石结核与条带。

1.3.2.4 燕山期侵入岩

中粒闪长岩:灰绿色,出露与进洞口的左线,YK2 +940 ~ YK3 +040 段,出口左线等处,出露岩体风化较为强烈,多为强风化状,岩面不新鲜。

1.3.3 隧址区水文地质特征

整个隧道区地下水主要赋存碳酸盐岩溶蚀裂隙、溶孔、溶洞中,水量不均匀,水位埋藏较深,均低于隧道设计底板,旱季平水季对隧道施工及后期运营无影响。其来源为大气降水,经水样分析,水化学类型为 HCO_3-Ca 型,对混凝土有微腐蚀性。

隧道地处丘陵区,含水层为碳酸岩类溶蚀裂隙、溶孔和溶洞,地下水位普遍低于隧道底板,但雨季大气降水经地表渗入基岩裂隙、溶孔、溶洞、形成地下水临时径流通道。

在岩石强度及完整性系数的基础上,考虑围岩特征、环境等因素对老虎山隧道围岩分级。老虎山隧道洞口段围岩以Ⅴ级为主,洞身段围岩以Ⅲ、Ⅳ级为主,老虎山隧道围岩情况如表 1-4所示。

老虎山隧道各级围岩统计表 表 1-4

围岩级别	Ⅲ		Ⅳ		Ⅴ	
	长度(m)	比例(%)	长度(m)	比例(%)	长度(m)	比例(%)
老虎山隧道左线	685	39.37	863	49.6	145	8.33
老虎山隧道右线	470	24.9	1 030	54.55	213	11.28

1.3.4 隧址区工程地质条件评价

1.3.4.1 隧址工程地质环境稳定性和适宜性评价

老虎山隧道隧址褶曲构造不甚发育,断裂构造较发育,断裂分布广,方向性强,主要为东北西南向、东南西北向,总体区域稳定性一般,整体稳定性一般,在采取必要的工程措施下适宜修建隧道。

1.3.4.2 隧道进口段工程地质条件评价

隧道进口位于山脚,表层有坡积残积土层,土厚 0.4 ~ 10.7m。进口段出露地层右线以奥陶系灰岩为主,左线为燕山期闪长岩,灰岩岩层走向与洞轴线近垂直相交,进洞口段发育有多组节理裂隙,山体经地质灾害处理目前稳定相良好,经适当防护适宜进洞。

1.3.4.3 隧道出口段工程地质条件评价

隧道出口段属浅埋段,洞口位于坡脚,洞口中心开挖深度约 23.0m,位于搬倒井村内,覆盖层多为强-中风化灰岩、碎石土层,出口段地形较缓,地形坡度约 3°,洞口上部多为多层民房,未见不良地质现象,稳定性良好,适宜出洞。

1.3.4.4 隧道洞身段工程地质条件评价

隧道洞身段斜坡自南向北自然坡度45°~50°,地向较为陡峭,洞身围岩岩性主要为奥陶系(O_1)灰岩,岩体节理裂隙较发育,局部见较多小溶隙,岩体较完整,除YK2+940~YK3+040段见围岩接触带外,未见明显断裂构造,未见不良地质现象,稳定性较好,适宜隧道通过。

1.4 施工规划组织

1.4.1 施工规划

老虎山隧道划分为进口、出口2个工区,两个工区对向掘进,每个工区包含2个施工工作面(左、右线隧道各1个工作面)同时施工,隧道贯通方式为洞内贯通。

老虎山隧道两工区施工里程划分如表1-5所示。

老虎山隧道各工区施工里程划分表 表1-5

<table>
<tr><th>序号</th><th colspan="2">工 区</th><th>施工长度(m)</th><th>施 工 里 程</th><th>纵坡(%)</th><th>备 注</th></tr>
<tr><td rowspan="2">1</td><td rowspan="2">老虎山隧道进口工区</td><td>左线</td><td>891.2</td><td>ZK2+080~ZK2+971.2</td><td>2.4</td><td rowspan="4">对向掘进</td></tr>
<tr><td>右线</td><td>1 055.5</td><td>YK1+950~YK3+005.5</td><td>2.4</td></tr>
<tr><td rowspan="2">2</td><td rowspan="2">老虎山隧道出口工区</td><td>左线</td><td>848.8</td><td>ZK2+971.2~ZK3+820</td><td>-2.4</td></tr>
<tr><td>右线</td><td>832.5</td><td>YK3+005.5~YK3+838</td><td>-2.4</td></tr>
</table>

1.4.2 施工用地和场地布置

济南绕城高速公路济南连接线隧道工程临时用地包括征地红线内永久征地与征地红线外临时用地两部分,征地红线内临时设施建设原则上沿设计路基(沿线路基设计宽度为34m)范围两侧布置,预留通行。

道路宽度不小于7m,主要布置内容包括施工临时用房和隧道临时弃渣场;征地红线外主要考虑隧道施工人员生活区建设,以满足生活需要为原则征用。

考虑隧道施工安全与施工效率,隧道洞口必须配备设备如空压机房、泵站、通风机、变压器房等,临时设施的建设边界距隧道暗挖洞口不小于50m。老虎山隧道施工用地情况如表1-6所示。

老虎山隧道施工用地情况一览表 表1-6

序号	工 区	永久征地(m^2)	临时征地(m^2)	临时便道征地(m^2)
1	老虎山隧道进口工区	15 379.00	5 775.00	525.00
2	老虎山隧道出口工区	41 656.00	2 400.00	—

1.4.3 临时工程布置与安排

1.4.3.1 布置原则

老虎山隧道施工场地的规划和布置本着“节约用地,保护环境,因地制宜,统筹规划,便于管理,方便施工”的原则进行。所有生产、生活设施的修建均要满足济南市及集团公司工地标准化建设要求,并充分考虑防寒、防洪的需要。分别布置生活、办公及生产设施,根据洞口的地形地貌,合理规划,统一部署。

1.4.3.2 施工营区

办公生活区、工人住宿区房屋以自建为主,租用当地民房为辅,生产房屋均自建。生活、办公房屋为塑钢活动房屋,水泥库、配电房、空压机房等采用砖棚结构。

所有房屋均按济南市及集团公司工地标准化建设要求规划和建设。生产、生活场区地面进行硬化,垃圾设垃圾箱集中处理,避免人为环境破坏。

1.4.3.3 钢筋加工车间

施工场地内设钢筋加工车间 1 座,现场加工施工所需钢拱架、格栅钢架、超前小导管、锚杆等。

1.4.3.4 拌和站

在隧道洞口设置自动计量混凝土拌和站,生产喷射混凝土。拌和站配备散装水泥罐,另建储量 200 ~ 300t 袋装水泥库房。

1.4.3.5 仓库

施工场地内设仓库 1 座,存放施工所需周转性材料。

1.4.3.6 机械修理间

施工场地内设机械修理间 1 座,用于机械设备的维修保养。

1.4.3.7 施工便道

便道路基宽 7m,路面宽 6m,30cm 碎石土底层,20cm 厚泥结碎石路面,每 200 ~ 300m 设会车道,道路两侧设排水沟。

1.4.3.8 临时弃渣场

计划设置 2 400m^2临时弃渣场,存渣量不少于 3 000m^3。

1.4.3.9 污水沉淀池

在隧道洞口设置三级沉淀污水处理池 1 座,污水经处理达标后集中排到地表水系。

1.4.4 施工进度计划

老虎山隧道开工日期2015年9月1日，竣工日期2017年12月31日，总工期28个月。

老虎山隧道月均综合掘进指标为53m，各级围岩开挖支护综合进度指标如表1-7所示，老虎山隧道施工进度计划如表1-8所示。

老虎山隧道施工综合进度指标 表1-7

序号	衬砌类型	单循环进尺(m)	日循环数(个)	日进尺(m)	月进尺(m)	备注
1	Ⅲ	2.4	1	2.4	72	每月有效施工天数按30d计
2	Ⅳ一般	2.0	1	2	60	
3	Ⅳ加强	1.6	1	1.6	48	
4	Ⅴ一般	1.5	1	1.5	45	
5	Ⅴ加强	1.2	1	1.2	36	

老虎山隧道衬砌进度指标：隧道二衬台车有效施工长度10.5m，计划2天/模，每月12.5模；二次衬砌施工月均施工能力为130m/月。

老虎山隧道施工进度计划 表1-8

项目	时间/月	起止时间
1 老虎山隧道进口工区	28	2015.9.1—2017.12.31
1.1 老虎山隧道进口工区(左线)	28	2015.9.1—2017.12.31
1.1.1 施工准备、洞口处理	3	2015.9.1—2015.11.30
1.1.2 明洞衬砌施工	0.7	2015.12.22－2016.1.14
1.1.3 开挖、支护	15	2015.12.25—2017.3.25
1.1.4 仰拱及仰拱填充	17	2015.11.15—2017.4.15
1.1.5 二次衬砌	15.5	2016.1.15—2017.5.15
1.1.6 附属工程	4	2017.3.1—2017.6.30
1.1.7 混凝土路面	3	2017.5.1—2017.7.31
1.1.8 装饰装修	15	2015.12.25—2017.3.25
1.1.9 机电安装	4	2017.7.1—2017.10.31
1.1.10 验收准备	2	2017.11.1—2017.12.31
1.2 老虎山隧道进口工区(右线)	28	2015.9.1—2017.12.31
1.2.1 施工准备、洞口处理	3	2015.9.1—2015.11.30
1.2.2 明洞衬砌施工	3.5	2015.12.1—2016.3.14
1.2.3 开挖、支护	16.2	2016.2.1—2017.6.6
1.2.4 仰拱及仰拱填充	20	2015.11.1—2017.6.30
1.2.5 二次衬砌	16.5	2016.3.15—2017.7.31
1.2.6 附属工程	4	2017.5.1—2017.8.31
1.2.7 混凝土路面	3	2017.7.1—2017.9.30

续上表

项　目	时间/月	起止时间
1.2.8　装饰装修	5	2017.6.1—2017.10.31
1.2.9　机电安装	4	2017.8.1—2017.11.30
1.2.10　验收准备	1	2017.12.1—2017.12.31
2　老虎山隧道出口工区	27	2015.10.1—2017.12.31
2.1　老虎山隧道出口工区(左线)	27	2015.10.1—2017.12.31
2.1.1　施工准备、洞口处理	2	2015.10.1—2015.11.30
2.1.2　明洞衬砌施工	0.5	2015.12.16—2015.12.30
2.1.3　开挖、支护	15.3	2016.1.1—2017.4.10
2.1.4　仰拱及仰拱填充	17.25	2015.11.24—2017.4.30
2.1.5　二次衬砌	13.5	2016.4.15—2017.5.30
2.1.6　附属工程	4	2017.3.1—2017.6.30
2.1.7　混凝土路面	3	2017.4.15—2017.7.15
2.1.8　装饰装修	5	2017.5.15—2017.10.15
2.1.9　机电安装	4	2017.7.1—2017.10.31
2.1.10　验收准备	2	2017.11.1—2017.12.31
2.2　老虎山隧道出口工区(右线)	27	2015.10.1—2017.12.31
2.2.1　施工准备、洞口处理	4	2015.10.1—2016.1.30
2.2.2　明洞衬砌施工	0.5	2016.1.16—2016.1.31
2.2.3　开挖、支护	16	2016.2.15—2017.6.15
2.2.4　仰拱及仰拱填充	18	2016.1.1—2017.6.30
2.2.5　二次衬砌	17.5	2016.2.15—2017.7.31
2.2.6　附属工程	4	2017.5.15—2017.9.15
2.2.7　混凝土路面	3	2017.7.15—2017.10.15
2.2.8　装饰装修	5	2017.6.15—2017.11.15
2.2.9　机电安装	4	2017.8.1—2017.11.30
2.2.10　验收准备	1	2017.12.1—2017.12.30

第2章　洞口段设计和施工

2.1　洞口施工方案

老虎山隧道进、出口洞口周边围岩均为Ⅴ级围岩,层间结合差,岩体很破碎,节理、裂隙很发育,围岩自稳能力差,部分段落埋深较浅,最浅处11m左右,左、右线洞口间距不大于1倍洞跨,为浅埋小净距隧道,洞口段施工遵循“早进洞、晚出洞”的原则,考虑与其他工程衔接要求,最大限度降低洞口边、仰坡开挖高度,减少对洞口山体及植被的破坏,保护自然环境,老虎山隧道洞口段施工流程如图2-1所示。

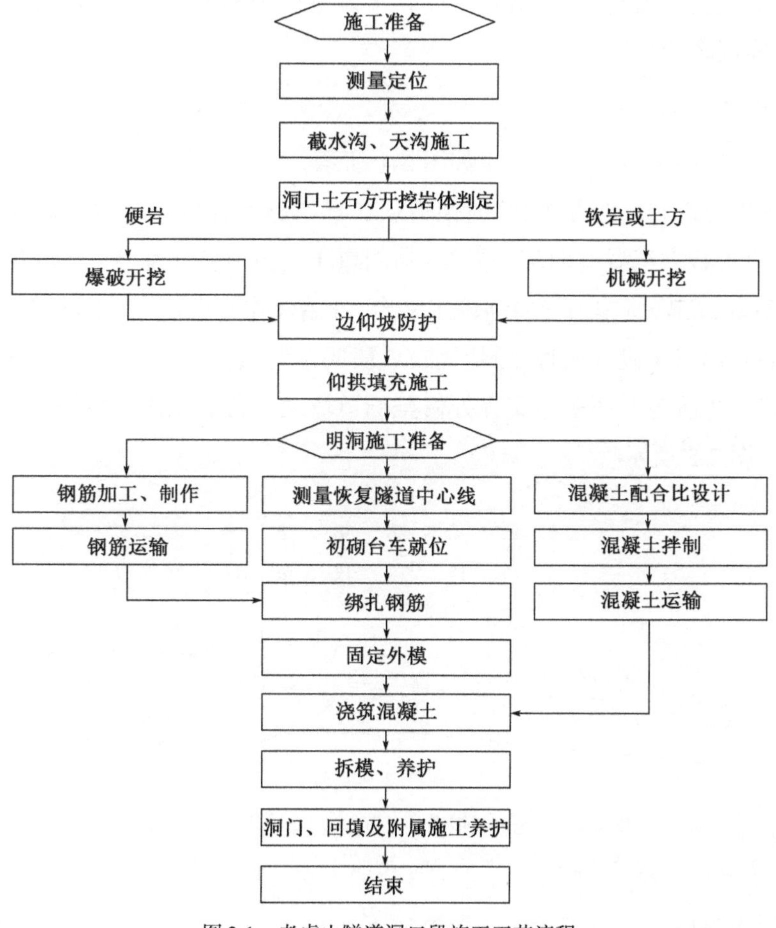

图2-1　老虎山隧道洞口段施工工艺流程

其中具体的施工方案为以下几个内容：

(1)老虎山隧道洞口土石方开挖采用机械开挖与爆破开挖相结合的方法。

(2)隧道洞口土石方开挖到设计高程后，尽快施工超前大管棚套拱导向墙。

(3)超前大管棚钢管入岩深度不少于设计深度，大管棚安装完成后严格按作业指导书要求注浆。

(4)超前大管棚施工完毕后，洞口Ⅴ级围岩段采用“双侧壁导坑法”进洞施工，各分部间安全距离控制在3～5m，支护措施紧密衔接。

(5)明洞仰拱与洞口土石方同步开挖，按施工计划，挖完一段，施工一段仰拱及仰拱填充，为明洞衬砌施工提供作业平台。

2.1.1 进出口土石方施工

老虎山隧道洞土石方施工遵循“纵向分段，水平分层，隔段施工”的原则，纵向分段长度30m，水平分层高度3m；自隧道出口明暗分界处向线路终点方向划分。边、仰坡开挖与坡面防护同步施工。每段边、仰坡开挖前，沿开挖边界布设位移观测点，开挖过程中加强位移观测工作，密切监测地表沉降情况。

2.1.1.1 进口段土石方施工

老虎山隧道进口段土石方施工顺序如图2-1所示。

首先修筑施工便道和临时便道，临时便道从二环东路直接修至老虎山隧道。进口第1施工段；开挖第1段土石方至隧道明暗分界线；当洞口土石方开挖至第5层(洞口超前大管棚导向墙底部)后，预留2m岩体作为导向墙施工平台，开始施作导向墙；施工机械继续开挖第1段剩余土石方及明洞仰拱至设计高程，尽快浇筑该段明洞仰拱；随后自第1段向第8段施工。

施工便道自第8段与二环东路交界处修至洞口场地位置。老虎山隧道进口土石方施工段落划分示意图如图2-2所示。

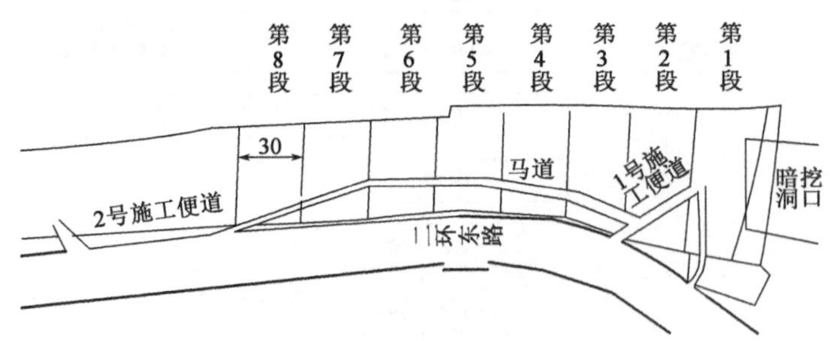

图2-2　老虎山隧道进口土石方施工段落划分示意图

2.1.1.2 出口段土石方施工

老虎山隧道出口段土石方工程施工顺序如下：

首先施工临时便道,临时便道自第 3 段进入,修至道路中央分隔带后先修筑往洞口方向段,修至明暗分界线后,首先开挖第 1 段至第 5 层(洞口超前大管棚导向墙底部)后,预留 2m 岩体作为导向墙施工平台,开始施作导向墙,施工机械继续开挖第 1 段剩余土石方及明洞仰拱至设计高程,尽快浇筑该段明洞仰拱。随后施工机械自第 2 段往第 8 段施工。施工便道沿线路向南修建,与搬倒井村村南出村道路相连,直接接入二环东路。老虎山隧道出口土石方施工段落划分示意图如图 2-3 所示。

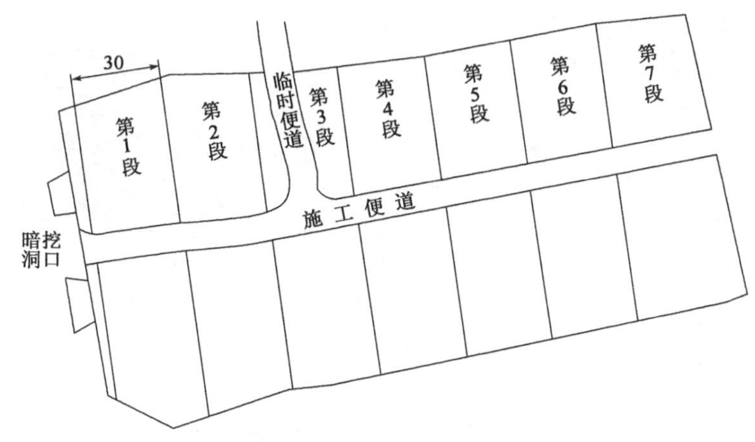

图 2-3 老虎山隧道出口土石方施工段落划分示意图

2.1.2 明洞施工方案

老虎山隧道洞口明洞总长 222m,既有普通明洞,也有单压式明洞,老虎山隧道明洞概况如表 2-1 所示。

老虎山隧道明洞设计概况统计表 表 2-1

隧道名称			长度(m)	段落	备注
老虎山隧道	进口	左线	27	ZK2 +080 ~ ZK2 +107	普通明洞
		右线	155	YK1 +950 ~ YK2 +105	单压式明洞
	出口	左线	20	ZK3 +800 ~ ZK3 +820	普通明洞
		右线	20	YK3 +818 ~ YK3 +838	

普通明洞采用 90cm 厚整体式现浇防水钢筋混凝土衬砌结构,明洞开挖形成的临时边仰坡采用喷锚防护;明洞衬砌建成后两侧边墙底以上 7m 范围采用浆砌片石回填以使结构受力均匀,明洞基底置于稳定基岩上,浆砌片石上分层夯填碎石土,拱顶回填厚度不小于 1.5m。回填土顶面夯填 30cm 厚黏土隔水层,以防地表水下渗。

老虎山隧道右线进口端 YK1 +950 ~ YK2 +080 段紧邻二环东路小半径拐弯路段,坡陡弯急,为事故多发路段。为保证运营期间新建道路安全,防止交通意外,设计采用单压式明洞结构,单压式明洞采用 100cm 厚整体式现浇防水钢筋混凝土衬砌结构。为保证施工安全,明洞开挖过程中对现有二环东路进行交通管制。

老虎山隧道明洞衬砌断面如图 2-4 和图 2-5 所示。

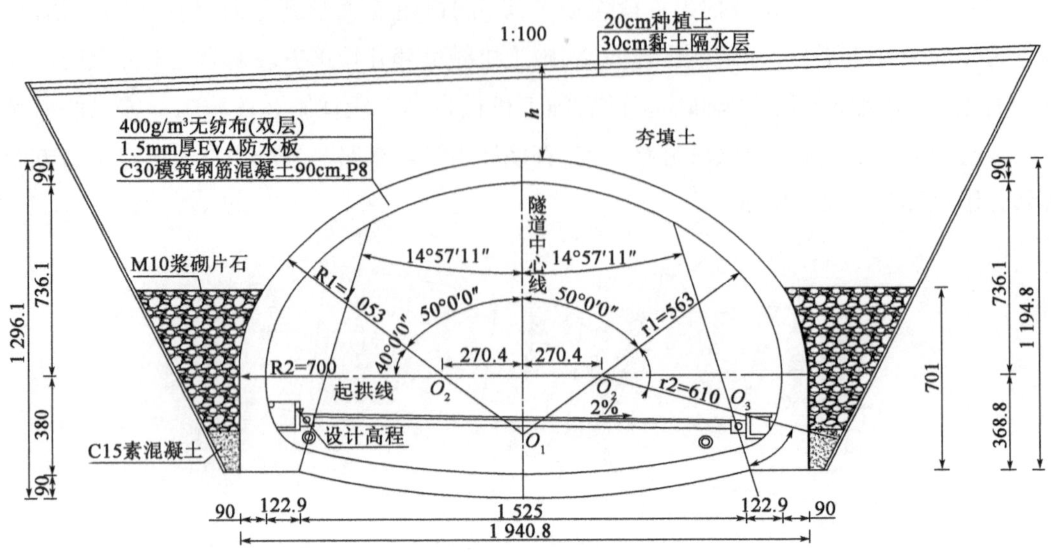

图 2-4　老虎山隧道普通明洞衬砌示意图(尺寸单位:cm)

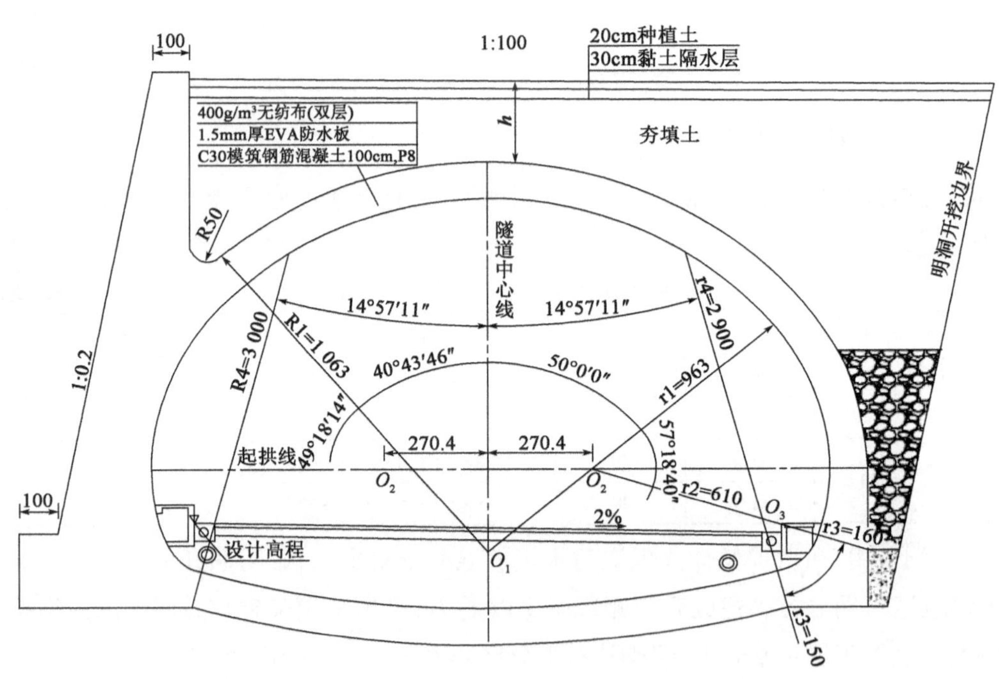

图 2-5　老虎山隧道单压式明洞衬砌示意图(尺寸单位:cm)

隧道明洞先仰拱后拱墙顺序组织施工,明洞仰拱全幅施工,分段开挖,分段浇筑。仰拱施作完成后待混凝土强度达到设计强度 90% 后,安设仰拱填充模板,进行仰拱填充。采用液压整体式衬砌台车作为明洞施工的内模,台车就位固定,经测量检查合格后绑扎钢筋,利用木模现场拼装作为明洞施工的外模进行二次衬砌。拱墙采用一次性整体灌注施工。混凝土在洞外采用拌和站集中拌和,混凝土搅拌运输车运至洞内,混凝土输送泵泵送入模。

2.1.2.1 老虎山隧道进口段明洞施工方案

老虎山隧道进口段左线明洞长 27m,右线明洞长 155m,其中 YK1 +950 ~ YK2 +080 段设计为单压明洞。左、右线洞口各段土石方施工时应同时开挖明洞仰拱并及时浇筑、养护。

老虎山隧道进口第 1 段明洞仰拱施作完成后,隧道左、右线两部二衬台车先同时施工隧道右线明洞。左线二衬台车(1 号台车)在 YK2 +075 ~ YK2 +105 段组装、调试完成后,负责 YK2 +080 ~ YK2 +105 段(3 模)普通明洞衬砌施工,施工顺序为由洞口往路线起点方向后退施工。

施工完毕平移至左线 ZK2 +066.5 ~ ZK2 +077 段硬化场地,然后走行到隧道左线明暗交界位置(ZK2 +107),施工 ZK2 +080 ~ ZK2 +107 段明洞衬砌,施工完毕后转入洞身衬砌施工。

右线二衬台车(2 号台车)在 YK1 +950 ~ YK1 +960.5 段组装、调试完成后,顺次施工隧道左线 YK1 +950 ~ YK2 +080(13 模)单压明洞衬砌,施工完毕后转入洞内二衬施工。

老虎山隧道进口明洞段施工计划如表 2-2 所示。

老虎山隧道进口明洞段施工节点计划表 表 2-2

序号	施工内容			工期(d)	节点日期
1	洞口土石方	清表、施工马道		2	2015.12.1—2015.12.2
2		第 1 层开挖、防护		2	2015.12.3—2015.12.4
3		第 2 层开挖、防护		2	2015.12.5—2015.12.6
4		第 3 层开挖、防护		2	2015.12.7—2015.12.8
5		第 4 层开挖、防护		2	2015.12.9—2015.12.10
6		第 5 层开挖、防护		2	2015.12.11—2015.12.12
7		第 6 层开挖、防护		3	2015.12.13—2015.12.15
8		第 7 层开挖、防护		3	2015.12.16—2015.12.18
9	超前大管棚施工	导向墙施工		5	2015.12.2—2015.12.6
10		管棚钻孔、顶管、注浆		20	2015.12.7—2015.12.26
11		洞口修面		5	2015.12.27—2015.12.31
12	明洞施工	左洞	明洞仰拱	43	2016.2.10—2016.3.15
13			明洞衬砌	30	2016.3.16—2016.4.15
14			洞门施工	40	2016.6.1—2016.7.10
15			明洞回填	30	2016.9.1—2016.9.30
16		右洞	明洞仰拱	75	2016.2.14—2016.4.30
17			明洞衬砌	105	2016.3.16—2016.6.30
18			洞门施工	61	2016.8.1—2016.9.30
19			明洞回填	61	2016.9.1—2016.10.31

2.1.2.2 老虎山隧道出口段明洞施工方案

老虎山隧道出口段左、右线明洞长均为 20m。左、右线洞口各段土石方施工时应同时开挖明洞仰拱并及时浇筑、养护。

老虎山隧道出口第1段明洞仰拱施作完成后，先施工左线隧道明洞，左线二衬台车(1号台车)在ZK3 +806.3 ~ ZK3 +820段明洞仰拱组装、调试完成后，行走至隧道明暗分界线位置，开始施工ZK3 +800 ~ ZK3 +820(2组)明洞衬砌，施工顺序为由洞口往路线终点方向后退施工，施工完毕后行走回左线洞口开始洞内二衬施工。

右线二衬台车(2号台车)适时进场后，在YK3 +827.5 ~ YK3 +838段组装、调试完成后，行走至隧道明暗分界线位置，开始施工YK3 +818 ~ YK3 +838(2组)明洞衬砌，施工顺序为由洞口往路线终点方向后退施工，施工完毕后行走回左线洞口开始洞内二衬施工。

老虎山隧道出口明洞段施工计划如表2-3所示。

老虎山隧道出口明洞段施工节点计划表 表2-3

<table>
<tr><th>序号</th><th colspan="3">施工内容</th><th>工期(d)</th><th>节点日期</th></tr>
<tr><td>1</td><td rowspan="8">洞口土石方</td><td colspan="2">清表、施工马道</td><td>3</td><td>2015.12.1—2015.12.3</td></tr>
<tr><td>2</td><td colspan="2">第1层开挖、防护</td><td>3</td><td>2015.12.4—2015.12.6</td></tr>
<tr><td>3</td><td colspan="2">第2层开挖、防护</td><td>3</td><td>2015.12.7—2015.12.9</td></tr>
<tr><td>4</td><td colspan="2">第3层开挖、防护</td><td>3</td><td>2015.12.10—2015.12.12</td></tr>
<tr><td>5</td><td colspan="2">第4层开挖、防护</td><td>3</td><td>2015.12.13—2015.12.15</td></tr>
<tr><td>6</td><td colspan="2">第5层开挖、防护</td><td>3</td><td>2015.12.16—2015.12.18</td></tr>
<tr><td>7</td><td colspan="2">第6层开挖、防护</td><td>3</td><td>2015.12.19—2015.12.21</td></tr>
<tr><td>8</td><td colspan="2">第7层开挖、防护</td><td>3</td><td>2015.12.22—2015.12.24</td></tr>
<tr><td>9</td><td rowspan="3">超前大管棚施工</td><td colspan="2">套拱导向墙施工</td><td>7</td><td>2016.12.19—2016.12.25</td></tr>
<tr><td>10</td><td colspan="2">管棚钻孔、顶管、注浆</td><td>31</td><td>2016.12.26—2016.1.25</td></tr>
<tr><td>11</td><td colspan="2">洞口修面</td><td>7</td><td>2016.1.26—2016.2.1</td></tr>
<tr><td>12</td><td rowspan="8">明洞施工</td><td rowspan="4">左线</td><td>明洞仰拱</td><td>15</td><td>2016.4.1—2016.4.15</td></tr>
<tr><td>13</td><td>明洞衬砌</td><td>15</td><td>2016.5.16—2016.5.31</td></tr>
<tr><td>14</td><td>洞门施工</td><td>30</td><td>2016.6.1—2016.6.30</td></tr>
<tr><td>15</td><td>明洞回填</td><td>15</td><td>2016.9.1—2016.9.15</td></tr>
<tr><td>16</td><td rowspan="4">右线</td><td>明洞仰拱</td><td>31</td><td>2016.3.1—2016.3.31</td></tr>
<tr><td>17</td><td>明洞衬砌</td><td>30</td><td>2016.4.1—2016.4.30</td></tr>
<tr><td>18</td><td>洞门施工</td><td>41</td><td>2016.5.1—2016.6.10</td></tr>
<tr><td>19</td><td>明洞回填</td><td>15</td><td>2016.8.1—2016.8.15</td></tr>
</table>

2.1.3 具体施工方案

2.1.3.1 前期准备工作

(1)现场测设老虎山隧道明暗洞分界里程、隧道中线、洞身开挖高程、洞身开挖边线，并明显标记。

(2)考虑老虎山隧道洞口现场地形、地貌特点,测设隧道洞顶截水沟的位置,用白灰勾出截水沟的形状,水沟走向应确保排水畅通。

(3)进洞前将隧道洞顶松散堆积物清除卸载,及时施作边坡临时防护。

2.1.3.2　施工工艺

老虎山隧道洞口清表施工工艺流程如图2-6所示。

1)施工步及要点

(1)现场调查。调查施工场区及影响范围内地上、地下设施现状,结合设计图纸及其他技术资料,确定现场工作界线(设计红线)。

(2)测量放样。测设老虎山隧道洞口设计红线,核实原设计红线范围。

(3)清理场地。

①老虎山隧道洞口开挖红线范围内的树木、灌木丛等均应在施工前砍伐或移植,砍伐的树木应妥善处理。

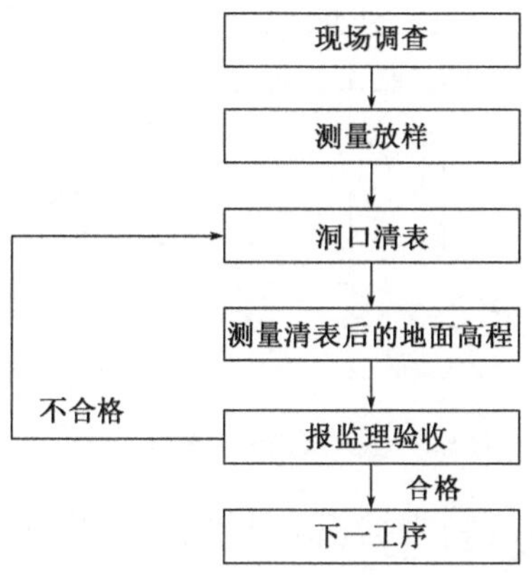

图2-6　隧道洞口清表施工作业流程

②老虎山隧道洞口开挖红线范围内原地表的坑、洞、墓穴等,应在清除沉积物后,分层回填、压实,压实度不小于90%。

③老虎山隧道洞口开挖红线范围内原地基为耕地或松土时,应先清除有机土、种植土、草皮等,清除深度应达到设计要求,一般不小于30cm。

④老虎山隧道洞口开挖红线范围内的树根应全部挖除,并将坑穴填平夯实。

⑤老虎山隧道洞口开挖红线范围内既有建(构)筑物全部予以拆除,必须在老虎山隧道进洞施工前拆除完毕。

⑥老虎山隧道进口毗邻高档小区,老虎山隧道洞口开挖红线范围内既有建(构)筑物拆除以物理拆除为主,尽量不使用爆破拆除。

⑦拆除作业中所产生的废弃材料,应按业主及监理工程师的指示妥善处理。

⑧应将所有因拆除施工造成的坑穴回填并压实。

(4)场地清理、拆除并回填压实后,重测地面高程。

(5)清理及拆除工作完成后,由监理工程师现场检查验收,验收合格后才能进行下一工序的施工。

2)施工注意事项

(1)保护所有要求保留和指定保留的植物及构造物。

(2)路基清表时避免破坏施工现场附近不需拆迁的建筑物、地上或地下的管线设施、热力管道、道路、树木、光缆等公共设施。

(3)指派专人负责外部协调工作,争取当地居民与机关单位谅解,保证工程顺利进行。

2.1.3.3 截、排水沟施工

老虎山隧道洞口边、仰坡5m以外设截水天沟,将地表水截流排入地表自然水沟或路基边沟。首先施工截水天沟,截水天沟结构如图2-7所示,排水沟结构如图2-8所示。

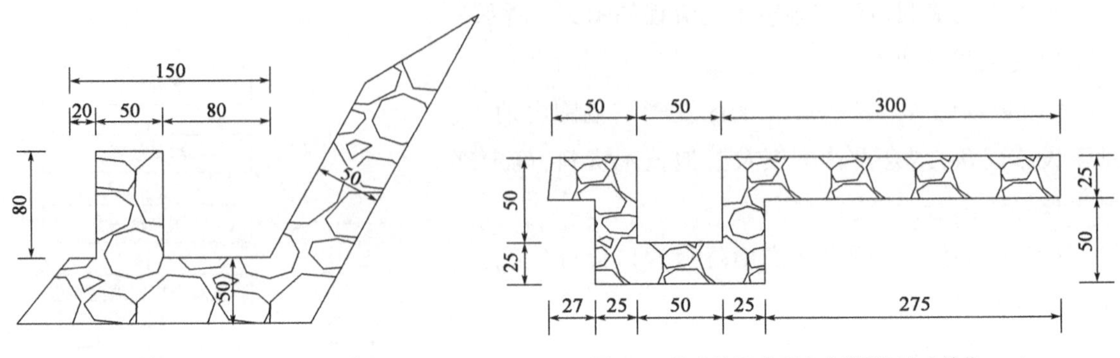

图2-7 截水天沟大样图(尺寸单位:cm)

图2-8 排水沟及碎落台大样图(尺寸单位:cm)

(1)根据现场地形、地貌及设计要求测量放线,确定隧道洞口截、排水沟的具体位置,并明显标示,确保截、排水沟线性顺直、沟底平整、排水顺畅。

(2)洞顶地表凹坑,采用黏土填平、压实后再人工开挖截水沟基槽,基槽开挖中注意开挖段面尺寸、纵坡、边沟坡度、直顺度等符合设计及规范要求。

(3)陡坎处开挖开台阶施工,并设急流槽,急流槽转弯处应顺直过渡,并同洞口路基边坡合理衔接。

(4)截、排水沟开挖采用人工辅助机械开挖,局部采用松动爆破辅助施工。在截、排水沟开挖过程中尽量减少对山体和周边植被的破坏,同时务必将截、排沟内植被根系彻底清理干净,防止后期破坏。

(5)根据洞口地形,压实截、排水沟基底、构筑沟壁、清除四周松散浮土和虚碴,尤其是截、排水沟的底部;在压实和清理过程中对可用片石换填处理,利用碎石补塞缝隙、孔洞,将开挖面清理平整、夯实,务必保证沟底平整,坡度一致。

(6)洞口截、排水沟基底、沟帮夯实平整后,严格按照设计及规范要求进行浆砌施工;浆砌片石采用未风化的片石(片石厚度不小于15cm),表面清洁无污染;砂浆强度等级不低于M7.5,砌体施工过程中全部采用挤浆法分层、分段砌筑,保证砌体中砂浆的饱满度。

(7)截、排水沟浆砌片石完成后必须进行勾缝作业,全部采用凸缝形式,砌缝宽度不大于2cm,勾缝深度不小于2cm,勾缝砂浆强度不低于M10,浆砌勾缝要求线条清晰、平顺整齐、颜色协调。

2.1.3.4 土石方开挖

(1)开挖流程。

①洞口纵向开挖:自洞口开口线向外依次采用台阶法开挖,台阶开挖高度为3.0m,台阶开

挖长度为30m。

②洞口横向开挖：拟先施工左线隧道，即洞口开挖顺序为从左向右，拟分2个台阶进行施工，台阶高度为3.0m，台阶长度根据各隧道洞口实际情况进行确定。

③左线开挖至洞顶设计高程，洞口开挖采用预留核心土法施工，台阶开挖高度不变，向下开挖至设计高程，即左线管棚施作范围全部露出时，进行洞口大管棚导向墙施工，进行管棚施工，同时继续进行右线隧道边仰坡施工。

④左线管棚施做完毕后，进行右线导向墙施工，继而右线管棚施工。

(2)洞口开挖尽量避开雨季施工，开挖前按设计准确放出开挖轮廓线后，经监理工程师审批并完善洞口排水设施后，再逐级分段自上而下开挖，不得掏底开挖或上下重叠开挖。

(3)及时施作边仰坡截水天沟、边沟等洞口排水设施，坡面遭冲刷而失稳；截水天沟设于边、仰坡设计线以外不小于5m，采用M10浆砌片石砌筑，沟底坡度根据地形设置，但不小于3%，以免淤积；洞口排水系统须与路基永久排水相结合。

(4)开挖时清除洞口上方有可能滑塌的表土、山坡浮石、危石等。

(5)开挖土方时提前做好相应坡度尺，边坡边挖边检查坡度，保证边、仰坡平顺；石方边坡开挖采用松动爆破施工技术，不得采用深孔爆破，一般地段采用梯段潜孔爆破，开挖一级、支护一级，确保边仰坡稳定及坡面平顺。

(6)严格控制爆破区飞石范围、空气冲击波强度、地震波效应，确保周围建筑物、道路、人畜、输电线路等安全。

(7)洞口开挖坚持边开挖，边防护的原则，二次开挖完成后，及时按照设计进行边仰坡坡面防护，以防破坏坡面稳定性和整体性。

老虎山隧道洞口土石方开挖横断面、纵断面示意图如图2-9和图2-10所示。

(8)洞口爆破施工。

老虎山隧道出口段石方采用减少装药量的弱松动爆破技术分台阶开挖，开挖台阶3m，爆破孔钻孔直径38mm，松动爆破参数计算公式如下：

$$Q = qwaH\text{(单排孔爆破)或} Q = qabH\text{(多排孔爆破)}$$

式中：Q——爆破孔装药量，kg；

w——最小抵抗线，m；

a——炮孔间距，m；$a = (S/0.866)1/2(\mathrm{m})$

b——排距，m；

H——台阶高度，m；

q——单位炸药消耗量，$\mathrm{kg/m^3}$；$q = 0.15\mathrm{kg/m^3}$。

老虎山隧道出口段松动爆破参数表如表2-4所示。

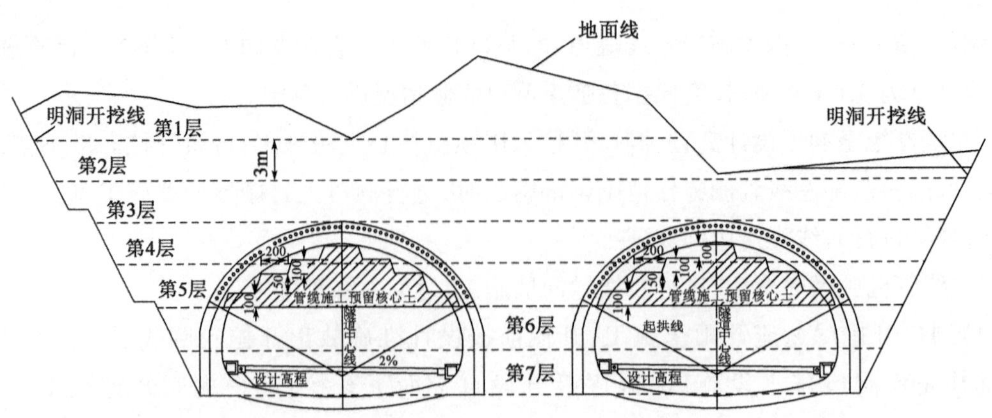

图 2-9 洞口段开挖横断面示意图

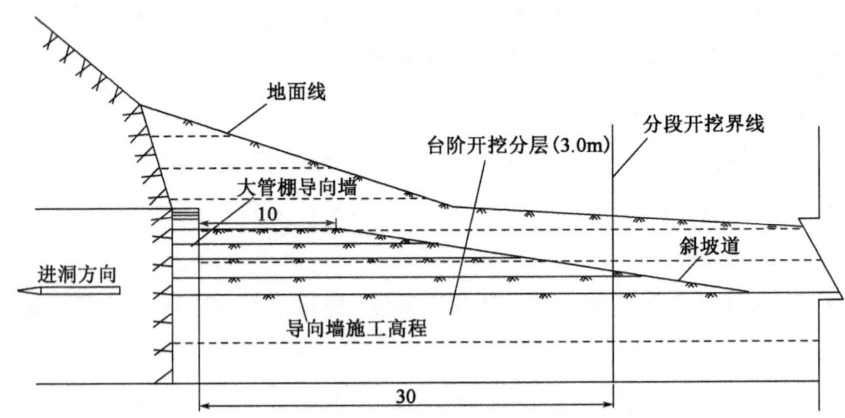

图 2-10 洞口段开挖纵断面示意图(尺寸单位:m)

老虎山隧道出口段松动爆破参数表 表 2-4

参 数	高度 H(m)		
	1	2	3
炮孔直径 D(mm)	38	38	38
底盘抵抗线 W(m)	1.9	2.3	1.7
炮孔超深(m)	0.3	0.3	0.5
炮孔深度(m)	1.3	2.3	3.5
装药长度 L_1(m)	0.2	0.6	1
填塞长度 L_2(m)	1.1	1.7	2.5
每米炮孔装药量 q_1(kg/m)	1.3	1.3	1.3
单孔装药量 Q(kg)	0.26	0.78	1.3
炸药单耗 q(kg/m^3)	0.15	0.15	0.15
每炮负担体积(m^3)	1.73	8.2	8.67

续上表

参　　数	高度 H(m)		
	1	2	3
每炮负担面积(m^2)	1.73	2.6	2.89
炮孔间距 a(m)	1.4	1.7	1.8
炮孔排距 b(m)	1.2	1.5	1.6

2.1.3.5　施工质量检验标准

1)边坡坡度

边坡坡度及轮廓线满足设计要求,超挖不大于50cm,欠挖不大于30cm,平整度控制在15cm范围内,不允许出现反坡,在保证边坡稳定的情况下,允许局部孤石欠挖不大于80cm。

2)截水沟质量检验

(1)基本要求

截水沟砌体砂浆和构件混凝土配合比准确,砌缝砂浆饱满均匀,勾缝密实,伸缩缝对其,填缝材料饱满。

(2)实测项目

截水沟实测项目见《公路隧道施工技术规范》(JTGF60—2009)如表2-5所示。

洞口排水沟施工质量标准　　表2-5

序　　号	项　　目	规定值或允许偏差	检 查 方 法
1	轴线偏差(mm)	±50	仪器测量:每条排水沟不少于5处
2	沟底高程(mm)	±15	
3	排水沟纵坡(%)	±0.5,不积水	
4	排水沟宽度(mm)	+30,0	尺量:每条排水沟不少于4处
5	排水沟侧墙高度(mm)	-10	
6	壁厚(mm)	-10	

(3)外观鉴定

砌体内侧及沟底平顺、整齐,无裂隙、空鼓现象。

2.2　边、仰坡防护施工

老虎山隧道洞口段及洞口临时边坡(右边坡除外)设计采用喷锚防护,其中洞口段临时边坡采用1:0.5坡率,仰坡根据地质情况采用1:0.3或1:0.5坡率,右线进口段紧邻二环东路小半径拐弯路段,边坡坡率采用1:0.3~1:0.75,坡高采用8m一级设置,坡顶设1m平台。

老虎山隧道洞口边仰坡(右边坡除外)设计采用喷锚防护,隧道右线土质边坡设计采用锚索格构梁+土钉网喷混凝土坡面防护,石质边坡设计采用小导管注浆加固。

老虎山隧道进口洞门及边仰坡设计示意图如图 2-11 所示，出口洞门及边仰坡设计示意图如图 2-12 所示。

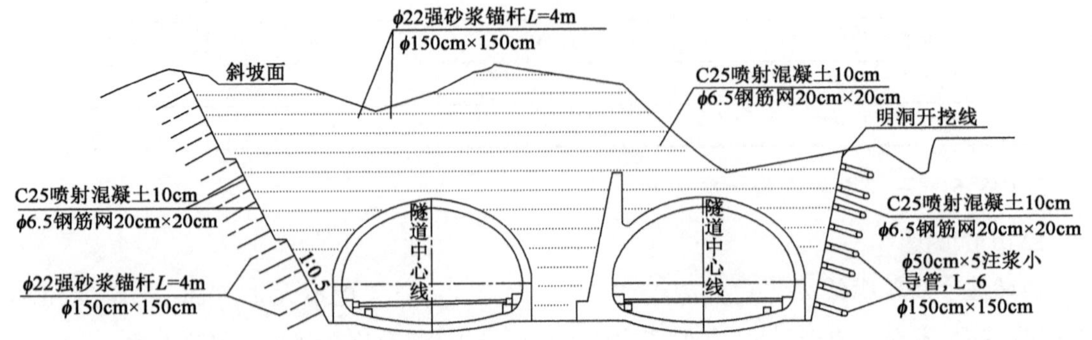

图 2-11　老虎山隧道进口洞门及边仰坡设计示意图

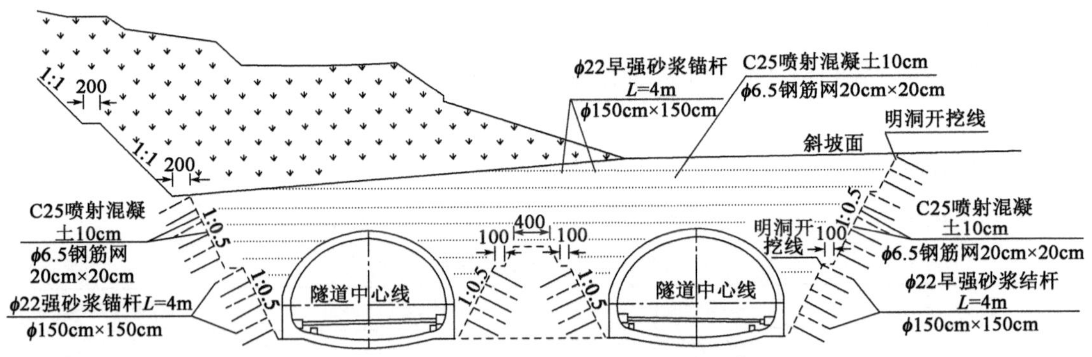

图 2-12　老虎山隧道出口洞门及边仰坡设计示意图(尺寸单位:cm)

2.2.1　喷锚防护

2.2.1.1　设计参数

隧道洞口段边、仰坡(右边坡除外)喷锚防护参数为:C25 喷射混凝土(10cm)+砂浆锚杆(L=4m,@1.5m×1.5m)+ϕ6.5 钢筋网(@20cm×20cm)。

2.2.1.2　施工方法

1)锚杆施工

(1)在坡面上测定锚杆位置,使用 YT28 风动凿岩机钻孔,钻孔直径 42~50mm,孔深不小于杆体有效长度且不应大于杆体有效长度 30mm,锚杆钻孔作业如图 2-13 所示。

(2)成孔后,清除孔内石粉等杂物,排尽孔内积水,检查孔径、倾斜度、孔深等,合格后方可进行下一步操作。

(3)本工程选用早强砂浆卷或快硬水泥卷作为锚固剂,早强砂浆卷施工方法如下:

①用直径 2~3mm,长 150mm 的锥子,在早强砂浆卷端头扎 2 个孔,将砂浆卷竖立放入清

洁水中，保持水面高出水泥卷 10cm；浸水时间以不冒气泡为准，但不得超过砂浆的初凝时间。

②将浸好水的砂浆药卷用锚杆送到孔底，并轻轻捣实，若中途受阻，应及时处理，若处理时间超过砂浆的终凝时间，则应换新砂浆卷或钻孔作废。

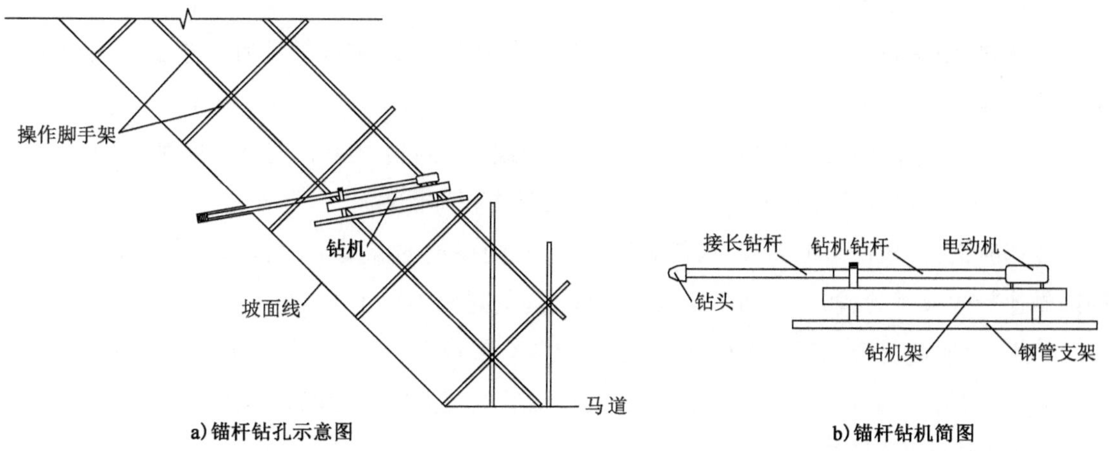

图 2-13　锚杆钻孔作业示意图

注：施工时，首先搭设操作脚手架，然后根据钻孔位置及锚杆入射角固定锚杆钻机。固定机时，采用扣将钻机的钢管支架与脚手架管固定即可，固定好后采用孔斜仪测量入射角，确认无误后即可开钻。

（4）锚杆外露长度不超过 10cm。

2）钢筋网施工

钢筋网构造如图 2-14 所示。

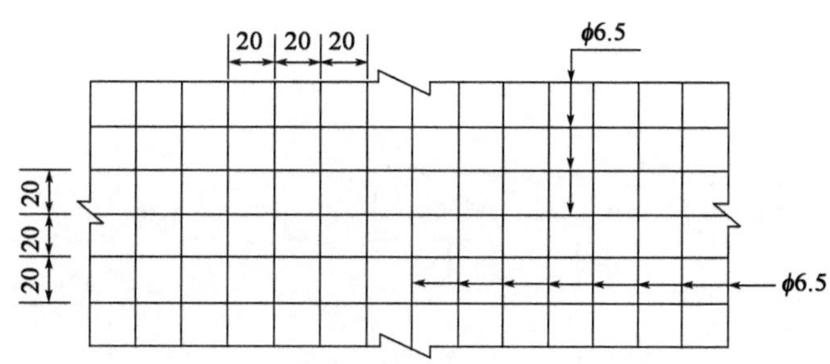

图 2-14　钢筋网构造示意图（尺寸单位：mm）

（1）钢筋保护层厚度不宜小于 20mm。

（2）钢筋网应与锚杆连接牢固。

（3）应在初喷一层混凝土（4cm 厚）后再铺设钢筋网，再喷射混凝土至设计厚度（10cm 厚）；钢筋网应随受喷岩面起伏铺设，与受喷面的最大间隙不大于 30mm。

（4）钢筋搭接长度不小于 30d（d 为钢筋公称直径），并不小于一个网格长边尺寸。

3）喷射混凝土施工

设计采用 C25 混凝土，厚度 10cm。喷混凝土要密实，表面平整，并保证厚度（可在坡面上先做好厚 10cm 的标志)。

施工要点:

(1)材料

①水泥:选用 P. O 42.5 普通硅酸盐水泥。

②集料:粗集料粒径不宜大于 16mm,细集料选用中粗砂,细度模数宜大于 2.5,集料级配采用连续级配。

③外加剂:应对混凝土的强度及围岩稳定性无影响,对混凝土和钢材无腐蚀作用,易于保存,不污染环境,对人体无伤害,外加剂使用前必须进行性能试验。

④速凝剂:应根据水泥品种、水灰比等,通过不同掺量的混凝土试验选择合适的掺量。使用前做速凝效果试验,初凝时间不应大于 5min,终凝时间不大于 10min。

⑤水:水质应符合工程用水标准,水中不应含有影响水泥正常凝结与硬化的有害杂质。

⑥外掺料:外掺料剂量应通过试验确定,掺加后的喷混凝土性能必须满足设计要求。

(2)喷射混凝土前准备工作

①检查开挖面空间尺寸是否符合设计要求,清除松动岩块,清洗岩面的粉尘,清理边脚处的岩屑、杂物等。

②岩面有集中渗水出露,应先引排,妥善处理。

③设置控制喷射混凝土厚度的标志。

④检查机具设备和风、水、电等管线路,并试运转,作业面具有良好的通风和照明条件。

(3)喷射混凝土施工

喷射混凝土施工如图 2-15 所示。

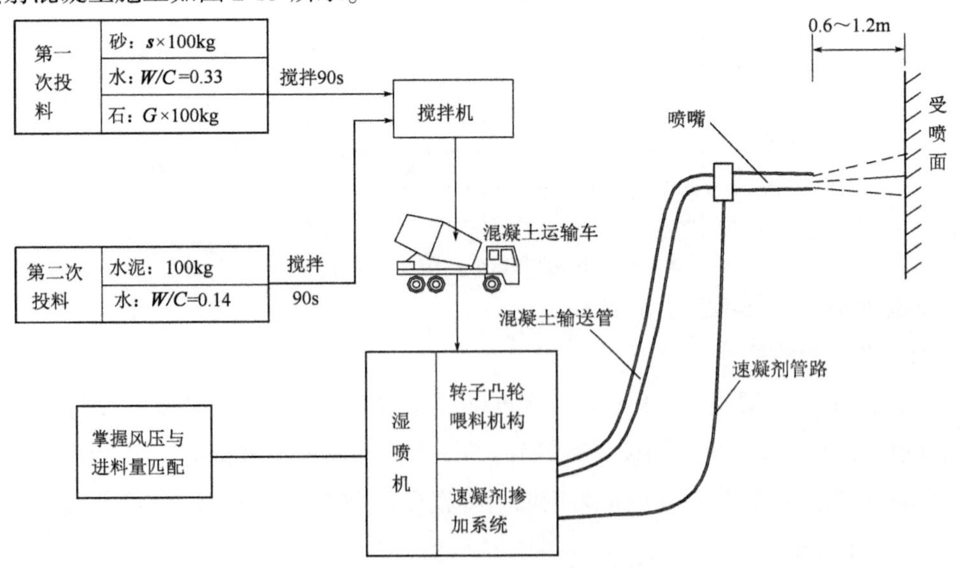

图 2-15　湿式喷射混凝土作业程序示意图

①喷射作业应分段、分片由上而下顺序进行。

②喷射混凝土作业时喷嘴应垂直岩面，喷射混凝土必须直接喷在岩面上。喷枪头到喷射面距离宜为0.6～1.2m，喷射机工作压力控制在0.4～0.8MPa。

③喷射混凝土终凝2h后，喷水养护，养护时间不应少于7d。

2.2.2　小导管注浆加固

2.2.2.1　设计参数

老虎山隧道右线洞口段石质边坡采用小导管注浆加固软弱及破碎岩层。

小导管采用长度6m的ϕ50×5mm无缝钢管，间距1.5m，梅花形布置，垂直坡面打入土体；钢筋网采用ϕ6.5钢筋，网格尺寸20cm×20cm，网片尺寸1.5m×2m；相邻网片搭接宽度不小于20cm。喷射混凝土采用C25混凝土，厚度10cm。

2.2.2.2　施工方法

1）测量定位

施工前由测量班使用全站仪测设小导管施工位置，用红油漆在作业面上作好小导管位置标记。

2）钻孔

钻孔直径应大于设计导管直径3～5mm，孔深大于设计长度10cm；钻孔顺序由一端向另一端同步推进，钻孔时钻机立轴方向必须准确控制，每钻完一孔便顶进一根钢管。注浆导管布置可根据实际地形进行适当布孔调整。

（1）钻孔、灌浆时，对岩层、岩性以及孔内各种情况进行详细记录。

（2）钻孔遇有洞穴、塌孔或掉块难以钻进时，先进行灌浆处理，而后继续钻进。如发现集中漏水，应查明漏水部位、漏水量和漏水原因，经处理后再行钻进。

（3）钻进结束待灌浆或灌浆结束待钻进时，孔口应堵盖保护。

（4）土（砂）质岩层中灌浆孔不进行冲洗，也不做压水试验，以避免恶化地质情况。

3）清孔验孔

（1）用高压风从孔底向孔口扫孔，清除浮渣至孔底，确保孔径、孔深符合要求，防止堵孔，高压风扫孔时，人员应避开孔口位置。

（2）用测斜仪等检测孔深、倾角、外插角。

4）安装小导管

注浆小导管采用ϕ50mm、壁厚5mm的热轧无缝钢管，钢管长度为4.0m；纵向水平搭接长度为1.0m，外插角为5°～10°，环向间距40cm。

（1）钻孔完成后及时安设小导管，避免出现塌孔。

(2)小导管顶进采用凿岩机和钎尾套管顶进钢管。

5)注浆

(1)材料

①选用普通硅酸盐水泥,强度等级不小于P.O 42.5。

②注浆用水泥符合相关标准,不使用受潮结块的水泥。

③水泥浆采用纯水泥浆液。

④注浆用水泥在使用前经过试验合格。

(2)制浆

①水泥浆配制时,根据水灰比,计算水泥和水的用量,机械搅拌均匀备用。

②制浆材料必须称量,称量误差应小于5%,水泥和水均采用重量控制。

③浆液必须搅拌均匀并测定浆液密度。

④浆液的搅拌时间:使用普通搅拌机时,不少于3min,使用高速搅拌机应不少于30s。浆液使用前应过筛,制备至用完时间间隔小于4h。

(3)注浆

采用注浆泵压注水泥浆。注浆前先喷射混凝土5~10cm厚封闭掌子面,形成止浆盘。

注浆前先冲洗管内沉积物,由下至上顺序进行;注浆压力为0.5~1.0MPa,单孔注浆压力达到设计要求值,持续注浆10min且进浆速度为开始进浆速度的1/4或进浆量达到设计进浆量的80%及以上时,注浆可结束。

注浆施工中认真填写注浆记录,随时分析和改进作业,并注意观察施工支护工作面的状态;注浆参数应根据注浆试验结果及现场情况及时调整。

6)其他注意事项

(1)严格按配合比调配水泥浆,根据施工需要进行不同配合比的水泥浆液调配,达到最佳效果。

(2)正常情况下,注浆按照分序加密的原则进行,即排间间隔注浆,孔间间隔注浆,保证注浆质量。

(3)施工中发现管道堵塞或其他故障应及时关闭控制开关和注浆机,将管道清洗干净,防止凝结。

(4)灌浆管的外径与钻孔孔径之差不大于20mm。

(5)灌浆过程中,发现冒浆、漏浆,应根据具体情况采用嵌缝、表面封堵、低压、浓浆、限流、限量、间歇灌浆等方法进行处理。

2.2.3 锚索格构梁+土钉网喷混凝土坡面防护

2.2.3.1 设计参数

老虎山隧道洞口段右线土质边坡设计采用锚索格构梁加固,坡面防护采用土钉网喷混凝土。

锚索格构梁设计参数:钢筋混凝土结构,横断面30cm×30cm;主筋为16螺纹钢筋,保护层厚度3cm;格构梁网格尺寸为3m×3m;同一排相邻锚索间距6m,排间距3m,相邻两排锚索梅花形布置。自上而下锚索长度依次为,第1排长度20m;第2排长度18m;第三排16m;第四排14m。锚索角度垂直坡面,梅花形布置;锚索由5ϕj18.24高强度、低松弛钢绞线组成,强度为1 860级,锚索孔径108mm。

土钉网喷防护设计参数:土钉采用长度3m的ϕ22螺纹钢筋,间距1.5m,梅花形布置。钢筋网采用ϕ6.5钢筋,网格尺寸20cm×20cm,网片尺寸1.5m×2m;相邻网片搭接宽度不小于20cm。喷射混凝土采用C25混凝土,厚度10cm。

2.2.3.2　施工方法

1)锚索格构梁施工工艺流程

放线→修坡→钻孔→穿索→注浆→框架钢筋制安→框架混凝土浇灌→锚孔张拉锁定→验收、封锚。

与锚固工程相配套的其他防护,将在每段坡面的张拉封锚全部结束后进行。

施工准备:在开工前,首先提前做好锚筋材料试验、浆体材料试验、配合比试验、相关机械设备等准备工作,同时做好相关张拉机械设备的标定。

安装锚索前,先进行钻孔深度、钻孔倾角、锚索长度的检验;然后安装经现场监理检验制作合格的锚索并注浆;锚索施工完成后,按规范要求进行锚索验收试验和长度检验。

2)测量放样及施工准备

测量放样工作应分两步进行,首先每隔10~20m测量一断面,在米格纸上绘出各断面位置、坡率和设计图纸的差异,然后根据规范上"不陡于设计坡率"和"不小于设计宽度"的要求,遵循"顺适、稳固、经济"的原则,确定一个合适的坡率进行外业放样。放样用全站仪进行,利用坐标在坡面上放出每道纵、横肋梁的中线,再通过高程测定将拟定的坡率通过拉设工程线的方法实地布设,在坡面上形成方格网,根据方格网与坡面的垂直距离进行修坡调整。

修坡结束后,应再精确放线,用白灰在坡面上标出锚孔的位置,其纵横误差不得超过5cm,经检查无误后方可进行钻孔作业。

3)钻孔

(1)钻机施工在钢管脚手架作业平台上进行,脚手架应稳定、牢固,平台架板应满铺,外侧拉设护栏或护网。

(2)钻机就位时应利用地质罗盘对倾角和方位进行校验,钻机导轨倾角误差不得大于10°,方位角误差不得大于20°。

(3)钻孔进采用无水钻法,进尺速度根据钻机性能和岩层情况严格控制,防止孔道偏斜、扭曲或变形。

(4)在钻进达到设计要求的深度后(为确保锚孔深度,实际钻孔深度要求大于设计深度0.5m),要稳钻3~5min,以防止孔底"尖灭",钻孔完成后必须使用高压空气(风压0.2~0.4MPa)将孔中岩粉和水全部清除出孔外,以免降低泥砂浆与孔壁岩体的黏结强度。然后经过现场监理检查合格后,方可进行锚筋体安装施工。

(5)钻进过程中应对每个孔的地层变化、钻进状态(钻压、钻速),地下水及一些特殊情况作现场记录,如遇地层松散、破碎时,应采用跟管钻进技术,以使钻孔完整不坍。若遇坍孔,应立即停钻,进行灌浆固壁处理(灌浆压力0.1~0.2MPa),待水泥砂浆初凝且24h后,重新扫孔钻进。锚孔造好后,须经监理验收检查后,方可进行下道工序。锚孔钻进时,应做好记录,若地形条件和设计不符时,应及时通知设计单位,以便及时变更设计。

4)锚索制作和安装

本工程采用的锚索是低松弛预应力钢绞线,锚索由5ϕj18.24高强度、低松弛钢绞线组成,强度为1 860级,锚索孔径108mm;锚具采用OVM15型(包括配套的锚垫板、锚板、夹片和螺旋筋)。

首先在施工场区搭设简单的防晒防雨棚,平整硬化,平台长度不小于30m、宽度不小于1m、高度不小于0.5m,用来进行下料、编索,以防止污染钢绞线。

钢绞线下料用纱轮切割机进行,要求每根长度误差不大于5cm,不得有机械损伤、死弯或锈坑。钢绞线应沿轴线方向每隔1.0~2.0m设置一个隔离支架,并在锚固段两个隔离支架或钢质承载体之间用16号铁丝设一道紧箍环,以保证锚筋保护层厚度。

锚索编束(包括注浆管)应捆扎牢固,捆扎材料不宜用镀锌材料。

锚索用带螺纹的高强连接器连接。

挤压头的组装、挤压套、挤压簧安装准确,挤压推进应均匀充分,施工中严格控制钢绞线挤压套挤压工艺,并抽取3%进行检验,确保单根挤压强度不低于200kN。

组装承载体时应定位准确,挤压套通过螺栓要承载体和限位片之间栓接牢固。架线环间距1.0~1.5m,应准确定位,绑接牢固,锚孔孔位必需设置一个架线环。注浆管穿索安装准确定位,绑扎结实牢固,深入导向帽5~10cm。导向帽可点焊固定于最前端承载板上,并应留有溢浆孔,保证孔底泛浆。

对自由端采用首先刷防锈油漆,然后涂脱水黄油,最后外套塑料管处理,自由段钢绞线涂抹黄油作防腐处理后再套具有一定强度的PVC软管(直径ϕ=16mm,PVC软管不得有破损)。外套塑料管内端,即自由段与锚固段的分界处,应缠绕胶布进行固接密塞处理,缠绕长度伸入两侧不得小于10cm,对处于自由段的连接器,也应进行防腐及裹缠胶布处理。

锚筋制作完成后,应对其按有关规范标准进行检查,合格后即可进行安装。

锚筋安装前要对锚孔的孔深、孔径、倾角、方位等进行全面检查,有问题的要及时处理。锚筋安装由人工进行操作，安装前要用铁丝在锚筋上固定对中器和导向帽，不得使用电焊。在安装时要均匀平衡地将锚筋推入孔内，尽量避免碰撞孔壁，严禁抖动、扭转和串动，防止中途散束和卡阻，如遇障碍无法继续穿入，应将锚筋拔出，重新清孔后再行安装。安装完成后不得随意敲击锚筋和悬挂重物。

5）锚孔注浆

锚孔钻造完成后应及时进行锚筋体安装和锚孔注浆，原则上不超过24h；

根据设计要求，锚筋注浆使用水灰比为0.4～0.5的纯水泥浆，采用二次高压劈裂注浆法来提高地层锚固力。

注浆材料要求严格按照试验合格的配比配料，注浆浆液应严格按照配合比搅拌均匀，随拌随用，浆体强度不低于30MPa。

注浆使用活塞式泥浆泵进行，采用孔底返浆方法，注浆压力应保持在2.0MPa左右，当孔口出现溢浆并将压力保持2min左右后，方可停止注浆，严禁抽拔注浆管或孔口注浆。如果发现孔口浆面回落，应在30min内进行孔底压注补浆2～3次，确保孔口浆体充满。在注浆作业开始和中途停止较长时间作业时，应用水或水泥稀浆润滑注浆泵和注浆管路。

二次注浆法时，高压注浆管从钢质承载板中央通过，普通注浆管则可绑附于钢质承载板上。前后两次注浆的时间间隔应控制在30～40min，其压力一般控制在2～5MPa内，持压时间约为1min。

压浆所用注浆管应与锚筋体牢固绑扎，保持通畅，注浆管头距锚筋体末端宜为5～10cm。二次注浆需另设镀锌铁管或钢管，与一次注浆管一起捆扎，但管口要和胶布封堵严密，并按设计要求预留花管孔眼和安放止浆装置。浆体未到设计强度的70%时，不得在锚筋端悬持重物或碰撞外锚头。

每批次注浆都应进行浆体强度试验，试件不少于两组。

6）格构梁施工

当注浆浆体强度达到80%以后，即可进行格构梁纵横肋梁的钢筋安装。钢筋在施工现场拼装，当锚筋与框架钢筋相干扰时，可适当移动钢筋的位置。

在进行钢筋施工以及固定安装锚具时，要特别注意防止电焊灼伤锚筋，同时要严格把握锚具的方向与位置。

格构梁混凝土模板采用竹木胶合板，后背方木以增加刚度和保持线形直顺。模板要支设稳固防止漏浆，其顶面高程在支模时须严格控制、满足设计要求。混凝土在钢筋、模型验收合格后宜尽快浇筑，使用塌落度在1～3cm的半干硬性混凝土，由人工挑抬入模，插入式振动器捣施工。浇筑时要注意锚具周围混凝土的振捣质量，并防止碰撞锚具内漏浆，必要时可辅以人工插捣。

格构梁框架混凝土分片施工，浇筑纵梁时须安装顶模，以确保振捣质量。相邻框架的接触处，先以2cm厚泡沫板相隔，最后再以沥青木板填塞。混凝土施工结束后应及时覆盖，并与试块进行同体养护，为张拉施工提供指导。

7）张拉与封锚

预应力施工使用张拉力为150t，最大行程为200mm的穿心式千斤顶进行。自动千斤顶和油泵在正式施工前要进行标定，并换算出相应拉力时的油表读数。张拉时锚固端浆体强度不得低于设计强度。锚泵正式张拉前，应取10% ~20%设计张拉荷载，对其预张拉1 ~2次，使其各部位接触紧密，钢绞线完全平直。

锚索预应力分4级施加，即设计荷载的30%、50%、75%、100%。每级荷载施加后，稳定观测时间10 ~15min后卸荷锁定。钢索锁定后48h内，若发现有明显的应力松弛现象，则应进行补偿张拉。

锚索张拉完成后及时对锚头进行补浆和封锚，外锚头应用与锚梁同强度等级的混凝土封头，以防锈破坏。

注浆和张拉的施工应严格遵循《土层锚杆设计与施工规范》CECS22:90及《锚杆喷射混凝土支护技术规范》GBJ86—85的有关要求和验收规定。

8）基本试验和验收试验

（1）基本试验

锚杆试验用加荷设备的额定压力应大于试验压力；试验用反力装置在最大试验荷载作用下应保持足够的强度和刚度；试验用检测设备应满足设计要求的精度。

基本试验用锚索不少于3根，用于基本试验的锚孔参数、材料、施工工艺和工程锚索相同，最大试验荷载不超过锚筋强度标准值的0.8倍；锚索基本试验加荷等级和测读锚头位移应遵守相关规定要求。

基本试验结束后应绘制荷载－位移（Q-S）曲线、荷载－弹性位移（Q-Se）曲线、荷载－塑性位移（Q-Sp）曲线，试验所得的总弹性位移应超过自由段长度理论弹性伸长的80%，且小于自由段长度与1/2锚固段长度之和的理论弹性伸长。

（2）验收试验

①验收试验锚索数量不少于工程锚索（杆）总数的5%，且不得少于3根。验收试验锚索孔位应在指定边坡或项目全部已施工锚索范围内由业主、监理和设计代表根据普遍性和代表性的原则进行随机抽样。

②验收试验应分级加荷，起始荷载宜为锚索（杆）设计荷载的30%，分级加荷值分别为设计荷载的0.5、0.75、1.0、1.33和1.5倍，最大试验荷载不能大于锚筋承载力标准值的0.8倍。

③验收试验中，当荷载每增加一级，均应持荷稳定10min，并记录位移读数。最后一级试验荷载也应维持10min。如果在历时10min内位移超过1mm，则该级荷载应再维持50min，并在15min、20min、25min、30min、45min和60min时记录其位移量。

④验收试验中，从50%设计荷载到最大试验荷载之间所测得的总位移量，应当超过该荷载范围内锚筋自由段长度的预应力筋理论弹性伸长量的80%，且小于自由段与1/2锚段长度之和的预应力筋的理论弹性伸长值。

⑤在最后一级荷载作用下的位移观测期内，锚头位移稳定，即在历时10min内位移不超过1mm，或者2h蠕变量不大于2mm。

⑥如果试验结果同时满足上述④、⑤两款条件，则认为验收试验锚索（杆）合格；如发现一孔试验锚索（杆）不能同时满足上述④、⑤两款条件，则需增加抽样三孔锚索（杆）进行验收试验，直至验收试验锚索（杆）全部同时满足上述④、⑤两款条件，方可认为验收试验锚索（杆）合格。不合格锚孔数不得超过工程锚孔总数的5%。

如果发现验收试验锚索（杆）不合格，则应及时上报有关部门并调查分析产生原因，根据实际情况，具体分析，对指定验收工程锚索做如下处理：报废或重新安装；降低锚固力使用；进行补救性重新张拉等其他特殊处理措施。

在全部锚索经抽样进行验收试验并符合上述有关规定和要求条件后，方可按照有关设计要求张拉锁定程序进行张拉锁定和封锚工作。对验收试验锚索一般应从1.5倍设计荷载全部退荷至零后，再重新进行张拉锁定作业。

锚索张拉完成后应及时对锚头进行补浆和封锚，外锚头应用与锚梁同强度等级的混凝土封头，以防锈蚀破坏。对于锚具和锚梁等空隙的补浆应作为锚头防腐的一项关键工序在现场监理旁站的条件下认真进行，补浆管应插入锚梁底面以下进行返式补充浆，直至补浆孔溢为止。对于锚具及锚筋外露部分应严格进行去锈除油后并及时采用与锚梁同标号混凝土进行封锚。

2.2.4　施工监测要求

边坡施工期监测主要采取地表位移监测，必要时采用深孔位移监测，以坡体变形数据来修正设计，指导施工，以确保施工安全，并且检验工程效果。

2.2.4.1　地表位移监测的频率

（1）地表位移监测2～3次/周，变形时1次/天，变形剧烈时每天数次。

（2）地下位移监测1～2次/月，变形时1～2次/周，变形剧烈时1次/天。

（3）锚杆（索）应力监测在张拉锁定后头两个月内1次/周，其后2～3次/月。

2.2.4.2　锚杆（索）应力监测方法

（1）长期监测预应力值的永久性锚索（杆）的数量不少于锚索（杆）总数的5%～10%，监测时间不少于12个月。

（2）锚杆预应力监测采用专用的钢铸弦式、应变式、液压式传感式器和读数计进行监测；

锚杆(索)应力监测在张拉锁定后头两个月内1次/周,其后2~3次/月。

(3)预应力上限值不宜大于锚索(杆)设计轴向拉力值的110%,下限值不宜小于设计值的50%,必要时采取重复张拉或适当放松以控制预应力变化。

2.2.5 施工质量检测标准

2.2.5.1 锚杆

(1)实测项目

隧道锚杆支护实测项目《公路工程质量检验评定标准》(JTGF80/1—2004),如表2-6所示。

锚杆支护实测项目 表2-6

项　次	检 查 项 目	规定值或允许偏差	检查方法和频率
1	锚杆数量(根)	不少于设计	按分项工程统计
2	锚杆拔力(kN)	28d拔力平均值≥设计值,最小拔力≥0.9设计值	按锚杆数1%做拔力试验,且不小于3根做拔力试验
3	孔位(mm)	±50	尺量:检查锚杆数的10%
4	钻孔深度(mm)	±50	尺量:检查锚杆数的10%
5	孔径(mm)	砂浆锚杆:>杆体直径+15;其他锚杆:符合设计要求	尺量:检查锚杆数的10%
6	锚杆垫板	与岩面紧贴	检查锚杆数的10%

(2)外观鉴定

钻孔方向应尽量与围岩和岩层主要结构面垂直,锚杆垫板与岩面紧贴。

2.2.5.2 钢筋网

(1)实测项目

隧道初期支护钢筋网实测项目见《公路工程质量检验评定标准》(JTGF80/1—2004)表10.9.2,如表2-7所示。

钢筋网支护实测项目 表2-7

项　次	检 查 项 目	规定值或允许偏差	检查方法和频率
1	网格尺寸(mm)	±10	尺量:每50m^2检查2个网眼
2	钢筋保护层厚(mm)	≥10	凿孔检查:每20m检查5点
3	与受喷岩面的间隙(mm)	≤30	尺量:每20m检查10点
4	网的长、宽(mm)	±10	尺量

(2)外观鉴定

钢筋网与锚杆或其他固定装置连接牢固,喷射混凝土时不得晃动。

2.2.5.3 喷射混凝土

(1)实测项目

《公路工程质量检验评定标准》(JTGF80—2004)表10.8.2,如表2-8所示。

(钢纤维)喷射混凝土支护实测项目 表2-8

项次	检查项目	规定值或允许偏差	检查方法和频率	权值
1	喷射混凝土强度(MPa)	在合格标准内	按附录E检查	3
2	喷层厚度(mm)	平均厚度≥设计厚度;检查点的60%≥设计厚度;最小厚度≥0.5设计厚度,且≥50	凿孔法或雷达检测仪:每10m检查一个断面,每个断面从拱顶中线起每3m检查1点	2
3	空洞检测	无空洞、无杂物	凿孔或雷达检测仪:每10m检查一个断面,每个断面从拱顶中线起每3m检查1点	2

注:发现一处空洞本分项工程为不合格。

(2)外观鉴定

无漏喷、离鼓、裂缝、钢筋网外露现象,不符合要求返工处理。

2.2.5.4 锚索格构梁

(1)实测项目

《公路工程质量检验评定标准》(JTGF80—2004)表6.8.2,如表2-9所示。

锚喷防护实测项目 表2-9

项次	检查项目	规定值或允许偏差	检查方法和频率
1	混凝土强度(MPa)	在合格标准内	按附录E检查
2	砂浆强度(MPa)	在合格标准内	按附录F检查
3	锚孔深度(mm)	不小于设计	尺量:抽查10%
4	锚杆(索)间距(mm)	±100	尺量:抽查10%
5	锚杆拔力(kN)	拔力平均值≥设计值,最小拔力≥0.9设计值	拔力试验:锚杆数1%,且不小于3根
6	喷层厚度(mm)	平均厚≥设计厚;60%检查点的厚度≥设计厚;最小厚度≥0.5设计厚,且不小于设计规定	尺量(凿孔)或雷达断面仪:每10m检查1个断面,每3m检查1点
7	锚索张拉应力(MPa)	符合设计要求	油压表:每索由读数反算
8	张拉伸长率(%)	符合设计规定;设计未规定时采用±6	尺量:每索
9	断丝、滑丝数	每束一根,且每根横断面不超过钢丝总数的1%	目测:逐根(束)检查

(2)外观鉴定

混凝土表面密实,不得有突变;与原表面结合紧密,不应起鼓。

2.3 仰拱施工

2.3.1 施工方法

仰拱施工时,开挖和浇筑仰拱混凝土使用移动式仰拱栈桥保证车辆通行。移动栈桥长15m,采用5根I30工字钢加工,宽1.0m,130工字钢上面用$\phi22$钢筋连接焊牢,间距25cm,底面用10槽钢焊接,以保证栈桥的整体性。

移动式仰拱栈桥结构如图2-16所示。

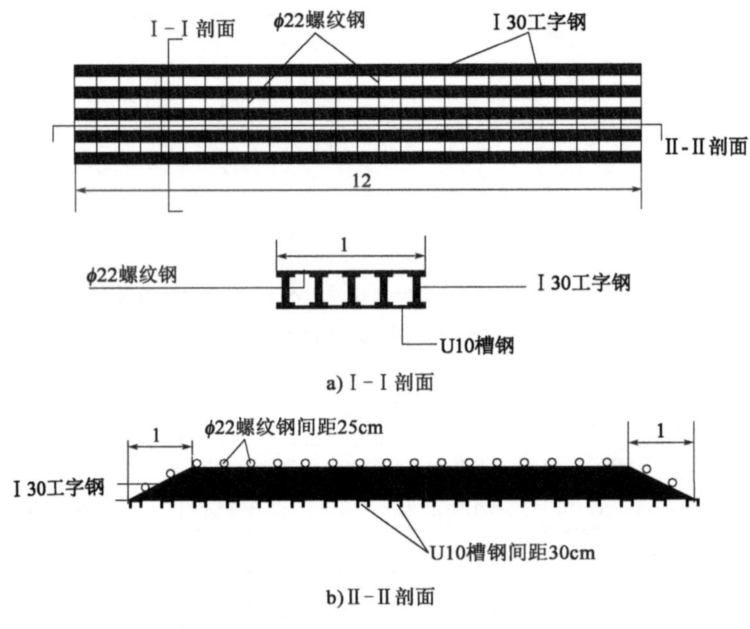

图2-16 移动式仰拱栈桥结构示意图(尺寸单位:m)

仰拱与仰拱填充混凝土全幅分段浇筑,超前二次衬砌20~30m,仰拱与仰拱填充不得同时浇筑,按照设计厚度一次灌注成型,一般浇筑段长不大于9m。仰拱填充浇筑时两边预留临时水沟。

Ⅳ、Ⅴ级围岩包括仰拱混凝土的浇筑、仰拱填充层的浇筑;Ⅲ级围岩包括铺底混凝土的浇筑。仰拱和仰拱填充施工工艺流程如图2-17所示。

仰拱施工示意图如图2-18所示,仰拱施工与掌子面和二次衬砌间安全距离如表2-10所示。

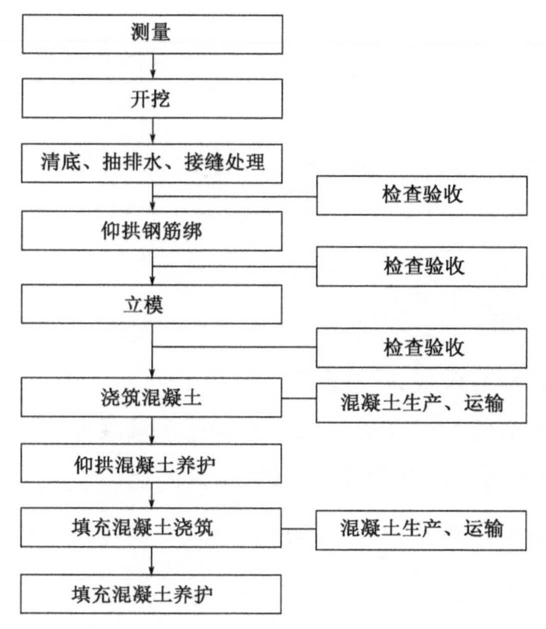

图2-17 仰拱和仰拱填充施工工艺流程

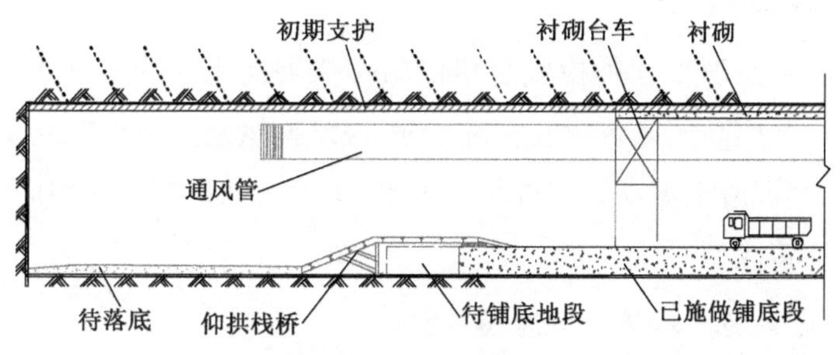

图2-18 仰拱施工示意图

仰拱施工安全距离 表2-10

序号	围岩段落	掌子面至仰拱安全距离(L_1)	仰拱至二次衬砌安全距离(L_1)	备注
1	一般段	2～3D	≤5D	D为隧道跨径
2	浅埋、小净距段	2D	≤3D	

老虎山隧道明洞仰拱主要施工工艺如下。

2.3.1.1 仰拱开挖

开挖工班根据测量班放样正确开挖仰拱。按照钻爆设计布置好炮眼间距、深度。钻眼完毕后按炮眼布置图进行检查并做好记录,对不符合要求的炮眼应重钻,经检查合格后方可装药。待仰拱开挖到位后需经测量班和现场技术员共同验收。仰拱开挖完后,为了不干扰前面施工,需搭设仰拱栈桥,才能满足平行施工作业。仰拱栈桥的长度需满足仰拱施工需要。

2.3.1.2 接缝处理

(1)纵向和横向止水带的埋设必须符合设计要求，不得有发生未埋入混凝土或埋入混凝土过深的现象。

(2)纵向施工缝的止水带埋设时，前进方向封端位置的模板必须刻槽，以便止水带穿过与下次的止水带进行连接。止水带连接采用热搭或冷粘。热硫化搭接长度不小于10cm，专用胶水粘贴搭接长度不小于20cm。

2.3.1.3 绑扎仰拱钢筋

(1)Ⅳ、Ⅴ级围岩仰拱内有配筋，按照图纸要求下料弯制成型，采用钢筋接驳器连接，接头钢筋在受弯构件的受拉区不得大于50%。同一根钢筋尽量减少接头。

(2)钢筋在加工前应调直，并不应有削弱钢筋截面的伤痕。

(3)安装钢筋时，钢筋的位置和混凝土保护层厚度应符合设计要求。

2.3.1.4 立模

钢筋绑扎完毕，架立仰拱端模及边模，还要根据实际情况，在内侧增设加强模板。

2.3.1.5 浇筑仰拱混凝土

仰拱钢筋和模板经监理工程师检验合格浇筑仰拱混凝土。仰拱施工前，将隧底虚渣、杂物、积水等清除干净，并用高压风将隧底吹洗干净；浇筑仰拱及隧道填充混凝土时，用罐车向仰拱中间及两侧倾倒，用混凝土振动棒将混凝土摊平、振捣。仰拱超挖采用同级混凝土回填。仰拱混凝土整体一次浇筑成型。

2.3.1.6 排水暗沟施工和排水边沟模板立设

在进行填充混凝土施工前，需先施工排水暗沟，排水暗沟施工完毕后，立设排水暗沟水沟模板，水沟的中心坡度，段落坡度要协调一致，并符合设计要求，不得高低起伏。

2.3.1.7 浇筑仰拱填充混凝土

排水边沟模板架设好，检查无误后，浇筑填充混凝土。填充混凝土达到强度5MPa后允许行人通行。达到设计强度的100%后方可允许车辆通行。

2.3.2 仰拱质量检验标准

2.3.2.1 基本要求

(1)仰拱应结合拱墙施工及时进行，使支护结构尽快封闭。

(2)仰拱浇筑前应清除积水、杂物、虚渣等。

(3)仰拱超挖严禁用虚土虚渣回填。

2.3.2.2　实测项目

仰拱实测项目见《公路工程质量检验评定标准》(JTGF80—2004)表2.2,如表2-11所示。

仰拱实测项目　表2-11

编号	检查项目	规定值或允许偏差	检查方法和频率
1	混凝土强度(MPa)	在合格标准内	按设计及规范要求
2	仰拱厚度(mm)	不小于设计值	水准仪:每20m检查一个断面,每个断面检查5点
3	钢筋保护层厚度(mm)	≥50	凿孔检查:每20m检查一个断面,每个断面检查5点

2.3.2.3　外观鉴定

混凝土表面密实,无漏筋。

2.3.2.4　施工质量标准

仰拱及底板施工质量应符合《公路隧道施工技术规范》(JTGF60—2004)表8.9.7要求,如表2-12所示。

仰拱及底板施工质量标准　表2-12

序　号	检查项目	规定值或允许偏差	检查方法和频率
1	混凝土强度	在合格标准内	试件强度试验报告
2	仰拱(底板)厚度	不小于设计值	水准仪:每10m检查一个断面,每个断面检查5点
3	钢筋保护层厚度(mm)	≥50	凿孔检查:每10m检查一个断面,每个断面检查3点
4	顶面高程	±15	水准仪:每一浇筑段检查一个断面

2.4　明洞施工

老虎山隧道明洞施工采用衬砌台车作为内模,外模采用木模进行现场拼做。衬砌台车按照隧道内净空尺寸进行设计和制造,钢结构及钢模具有足够的强度、刚度和稳定性。衬砌台车经施工单位会同监理单位验收合格后方可投入使用。模板台车长度宜为9m,模板台车侧壁作业窗宜分层布置,层高不宜大于1.5m,每层宜设置3~4个窗口,其大小不宜小于45cm×45cm。模板安装稳固牢靠,接缝严密,不得漏浆。模板表面光滑,与混凝土的接触面必须清理干净并涂刷隔离剂。

模板的安装允许偏差和检验方法如表2-13所示。

模板安装允许偏差和检验方法　表2-13

序　号	项　目	允许偏差(mm)	检验方法
1	边墙角	±15	尺量
2	起拱线	±10	尺量
3	拱顶	+10、0	水准测量
4	模板表面平整度	5	2m靠尺和塞尺
5	相邻浇筑段表面高低差	±10	尺量

2.4.1 衬砌钢筋

老虎山隧道明洞衬砌钢筋构造详如图 2-19 所示，明洞每延米衬砌钢筋数量如表 2-14 所示。

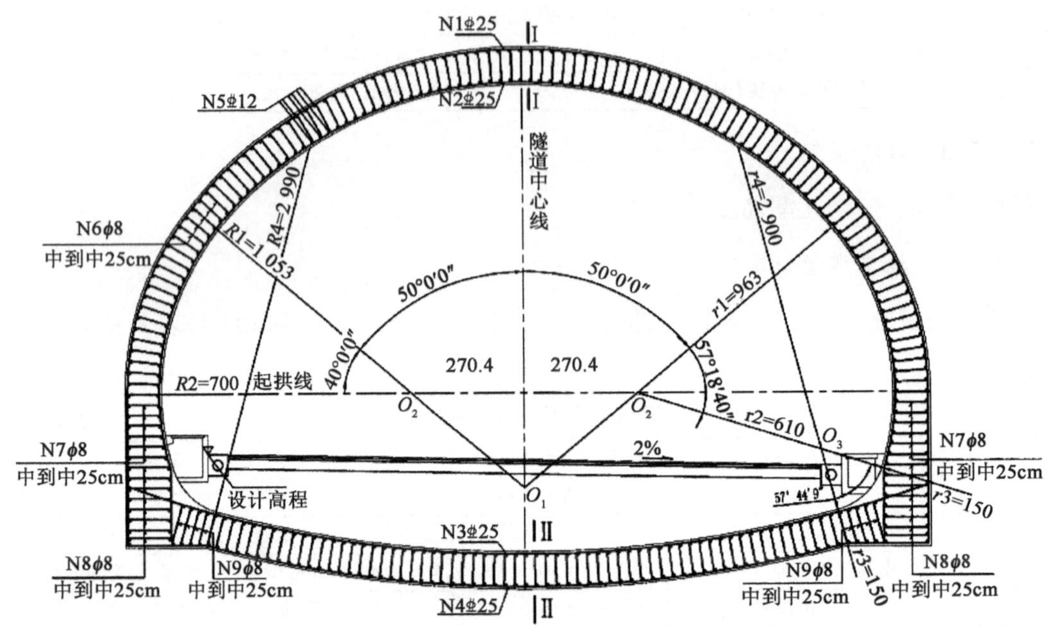

图 2-19 老虎山隧道明洞衬砌钢筋构造图(尺寸单位:cm)

老虎山隧道明洞每延米衬砌钢筋数量表

表 2-14

编　号	规格(mm)	单根长(cm)	根数	共长(m)	单位重(kg/m)	共重(kg)	合计(kg)
1	⌀25	3 580.47	5	179.02	3.850	689.23	2 108.14
2	⌀25	3 341.06	5	167.05	3.850	643.14	
3	⌀25	2 024.71	5	101.24	3.850	389.77	
4	⌀25	2 005.10	5	100.26	3.850	386.00	
5	⌀12	100.0	416	416.00	0.888	369.40	369.41
6	ϕ8	97.30	855	831.91	0.395	32.60	411.55
7	ϕ8	平均 110.24	60	66.14	0.395	26.13	
8	ϕ8	125.20	80	100.16	0.395	39.56	
9	ϕ8	平均 109.26	40	43.70	0.395	17.26	
合计(kg)	HPB300 钢筋:411.55			HRB400 钢筋:2 477.55			

钢筋加工弯制前应调直，并将表面油渍、水泥浆和浮皮铁锈等均应清除干净；加工后的钢筋表面不应有削弱钢筋截面的伤痕；利用冷拉方法矫直伸长率：Ⅰ级钢筋不得超过 2%，Ⅱ级钢筋不得超过 1%。

1）钢筋的加工应符合设计要求，其允许偏差和检验方法符合表 2-15 所示规定。

钢筋加工允许偏差和检验方法　　表2-15

序　　号	名　　称	允许偏差(mm)	检 验 方 法
1	受力钢筋顺长度方向的全长	±10	尺量
2	弯起钢筋的弯折位置	20	
3	箍筋内净尺寸	±3	

2)钢筋安装和保护层厚度允许偏差和检验方法应符合表2-16所示规定。

钢筋安装和保护层厚度允许偏差和检验方法　　表2-16

序　　号	名　　称	允许偏差(mm)	检 验 方 法
1	双排钢筋,上排钢筋与下排钢筋间距	±5	尺量两端、中间各1处
2	同一排中受力钢筋水平间距	±20	
3	分布钢筋间距	±20	尺量连续3处
4	箍筋间距	±20	
5	钢筋保护层厚度	+10、-5	尺量两端、中间各2处

3)钢筋接头应设置在承受应力较小处,并应分散布置。配制在“同一截面”内受力钢筋接头的截面面积,占受力钢筋总截面面积的百分率,应符合设计要求。当设计未提出要求时,应符合下列规定。

(1)焊(连)接接头在受弯构件的受拉区不得大于50%,轴心受拉构件不得大于25%。

(2)在构件的受拉区,绑扎接头不得大于25%,在受压区不得大于50%。

(3)钢筋接头应避开钢筋的弯曲处,距离弯曲点的距离不得小于钢筋直径的10倍。

(4)在同一根钢筋上应少设接头,“同一截面”内,同一根钢筋上不得超过一个接头。

(5)采用电弧焊焊接,单面搭接焊,其搭接长度不得小于$10d$,双面搭接焊,其搭接长度不得小于$5d$,焊缝宽度不小于$0.8d$且不小于10mm,焊缝高度不小于$0.3d$且不小于4mm。

2.4.2　衬砌浇筑

老虎山隧道明洞衬砌采用全断面整体钢模衬砌台车、混凝土搅拌运输车运输、泵送混凝土的方法进行一次性浇筑成型,混凝土采用插入式振捣器配合附着式振动器捣固密实。混凝土浇筑要左右对称进行,防止钢模台车偏移。混凝土生产采用自动计量拌和站拌和。

2.4.2.1　施工顺序

(1)进行中线、高程测量放样。

(2)根据中线和高程铺设衬砌台车轨道,要求使用标准枕木和鱼尾板;轨距与台车轮距一致,左右轨面高差<10mm。起动电动机使衬砌台车就位。涂刷脱模剂。

(3)起动衬砌台车液压系统,根据测量资料使钢模定位,保证钢模衬砌台车中线与隧道中线一致,拱墙模板成型后固定,测量复核无误。

(4)清理基底杂物、积水和浮渣;装设钢制或木制挡头模板,按设计要求装设橡胶止水带,并自检防水系统设置情况。

(5)自检合格后报请监理工程师隐蔽检查,经监理工程师签证同意后灌注混凝土。

2.4.2.2 原材料选择及其控制

1)水泥的使用和保管

(1)水泥进场必须有出厂合格证,并经检验合格后方可使用。

(2)水泥进库后要注意保管,防止受潮。

(3)各种不同品种、强度等级的水泥应分别堆放,堆放时要考虑到先进先用的顺序,以免储存时期过长而失效。

(4)水泥出厂超过3个月有效期,或发现水泥有受潮结块现象时,均应经过鉴定后按情况使用。

2)粗集料

粗集料粒径应控制在0.3~0.4D(D为管径)范围之内,D=100mm时最大粒径不能超过25mm;D=125mm时,最大粒径不能超过30mm;D=150mm时,最大粒径不能超过40mm,且应采用连续级配,针片状颗粒含量不宜大于10%。

3)细集料

细集料宜采用中砂,通过0.315mm筛孔的砂不应少于15%。

2.4.2.3 混凝土搅拌

(1)混凝土各种原材料的质量应符合配合比设计要求,并应根据原材料情况的变化及时调整配合比。严格按照经批准的施工配合比准确称量混凝土原材料,其最大允许偏差应符合下列规定(按重量计):胶凝材料(水泥、矿物掺合料)为±1%,外加剂±1%,粗细集料为±2%,拌和用水为±1%。

(2)混凝土原材料计量后,宜先向搅拌机投放细集料、水泥和矿物掺和料,搅拌均匀后加水并将其搅拌成砂浆,再向搅拌机投入粗集料,充分搅拌后再投入外加剂,并搅拌均匀。

(3)水泥、砂、石储备要满足混凝土不间断施工需要。

(4)泵送混凝土搅拌的时间,不应小于3.0min。

2.4.2.4 混凝土运输

1)混凝土在运输中应保持其匀质性,做到不分层、不离析、不漏浆。运到灌注点时,要满足坍落度的要求。

2)混凝土宜在搅拌后60min内泵送完毕,且在1/2初凝时间内入泵,并在初凝前浇筑完毕。

3)混凝土搅拌运输车装料前,必须将拌筒内积水倒净。当运至现场的混凝土发生离析现象时,应在浇筑前对混凝土进行二次搅拌,但不得再次加水。

4)混凝土搅拌运输车在运输途中,拌筒应保持2~4r/min的慢速转动。当搅拌运输车到达浇筑现场时,应高速旋转20~30s后再将混凝土拌和物喂入泵车受料斗。

5)混凝土搅拌运输车给混凝土泵喂料时,应符合下列要求。

(1)喂料前,中、高速旋转拌筒,使混凝土拌和均匀,若大石子夹着水泥浆先流出,说明发生沉淀,应立即停止出料,再顺转搅拌2~3min,方可出料。

(2)喂料时,反转卸料应配合泵送均匀进行,且应使混凝土保持在集料斗内高度标志线以上。

(3)中断喂料作业时,应使拌筒低速搅拌混凝土。

(4)严禁将质量不符合泵送要求的混凝土入泵。

(5)混凝土搅拌运输车喂料完毕后,应及时清洗拌筒并排尽积水。

2.4.2.5 混凝土灌筑及捣固

混凝土自模板窗口灌入,应由下向上,对称分层,倾落自由高度不超过2.0m。在混凝土浇筑过程中,观察模板、支架、钢筋、预埋件和预留孔洞的情况,当发现有变形、移位时,应及时采取加固措施。混凝土浇筑应连续进行。混凝土浇筑分层厚度(指捣实后厚度)宜为振捣器作用部分长度的1.25倍,但最大摊铺厚度不宜大于600mm。在新浇筑完成的下层混凝土上再浇筑新混凝土时,应在下层混凝土初凝或能重塑前浇筑完成上层混凝土。浇筑混凝土时,应填写混凝土施工记录。采用插入式振动棒捣固,应符合下列规定。

(1)每一振点的捣固延续时间宜为20~30s,以混凝土不再沉落、不出现气泡、表面呈现浮浆为度,防止过振、漏振。

(2)采用插入式振动器振捣混凝土时,振捣器的移动间距不大于振捣器作用半径的1.5倍,且插入下层混凝土内的深度宜为50~100mm,与侧模应保持50~100mm的距离,并避免碰撞钢筋、模板、预埋件等。

当振捣完毕后,应竖向缓慢拔出,不得在浇筑仓内平拖。泵送下料口应及时移动,不得用插入式振动棒平拖驱赶下料口处堆积的拌和物将其推向远处。

(3)对于有预留洞、预埋件和钢筋太密的部位,应预先制定技术措施,确保顺利布料和振捣密实。在浇筑混凝土时,应经常观察,当发现混凝土有不密实等现象,应立即采取措施予以纠正。

2.4.2.6 拆模和养护

1)衬砌拆模时间应符合下列规定。

(1)在初期支护变形稳定后施工的,衬砌混凝土强度应达到8.0MPa以上。

(2)特殊情况下,应根据试验和监控量测结果确定拆模时间。

2)混凝土浇筑完毕后的12h以内开始对混凝土进行养护,混凝土养护的最低期限应符合要求,且养护不得中断。混凝土养护期间,混凝土内部温度与表面温度之差、表面温度与环境温度之差不宜大于20℃,养护用水温度与混凝土表面温度之差不得大于15℃。浇水次数应能保持混凝土处于湿润状态。当环境气温低于5℃时不应浇水。

2.4.3 防排水施工

老虎山隧道明洞结构防水采用双层 $400g/m^2$ 的无纺布 +1.5mm 厚的 EVA 板组成，无纺布外每 10m 设环向塑料排水盲沟一道，并与纵向排水管连通，通过 ϕ116mm 横向引水管排至隧道侧式排水暗沟。

老虎山隧道明洞防排水设计详如图 2-20 和图 2-21 所示。

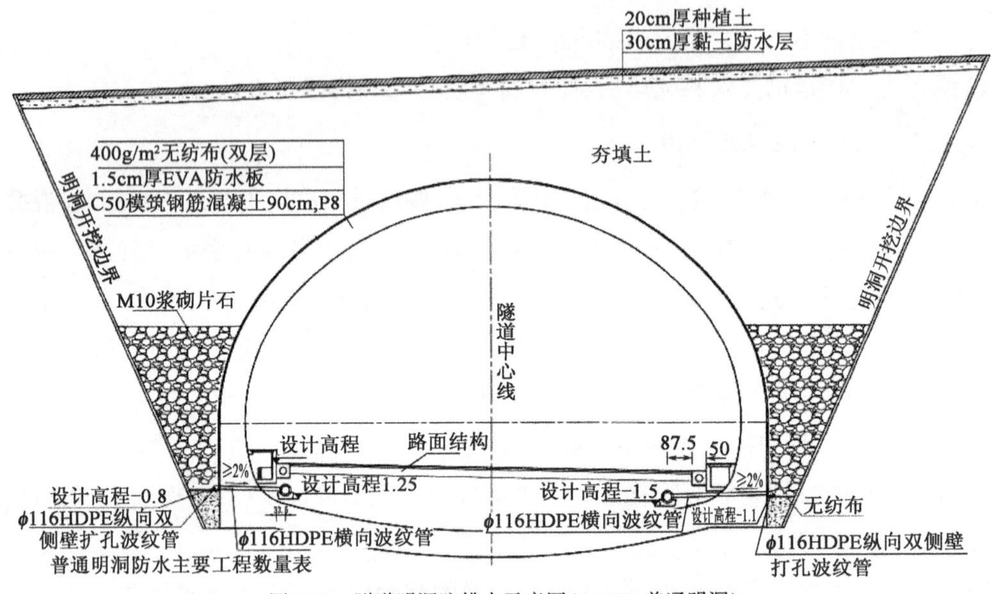

图 2-20 隧道明洞防排水示意图(1:100,普通明洞)

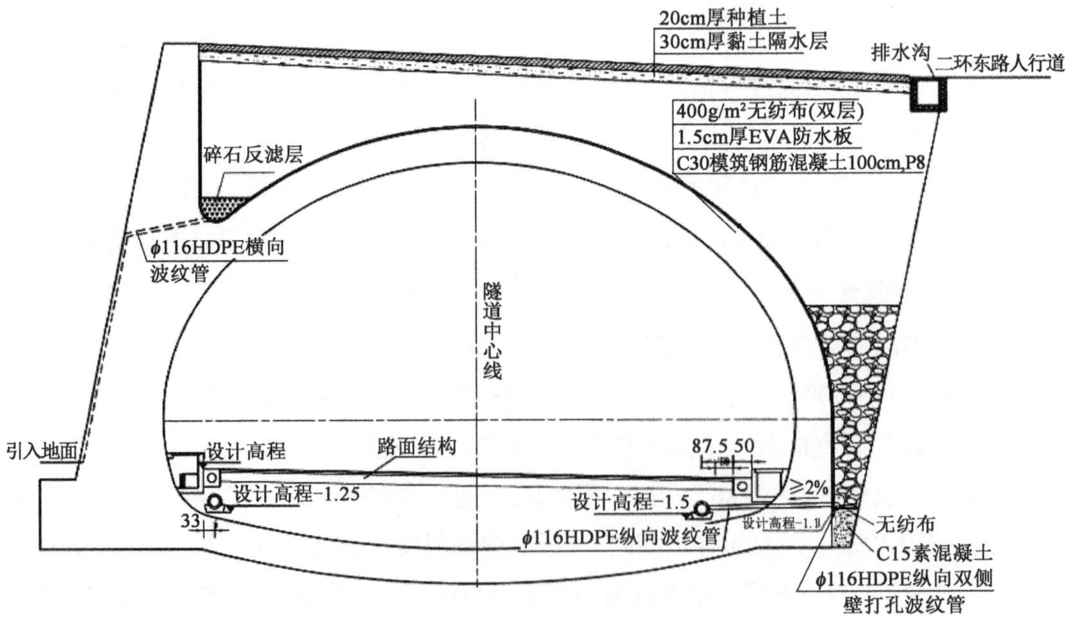

图 2-21 隧道明洞防排水示意图(1:100,单压式明洞)

2.4.3.1　施工准备

(1)材料准备:检验防水板质量,用铅笔画焊接线和拱顶分中线,按每循环设计长度截取,对称卷起备用。

(2)断面量测:准确测放拱顶分中线。

(3)基面处理:钢筋等凸出部分,先切断后用锤铆平抹砂浆素灰,防止其刺破防水材料。

2.4.3.2　防水板安设

隧道防水板铺设如图2-22所示。

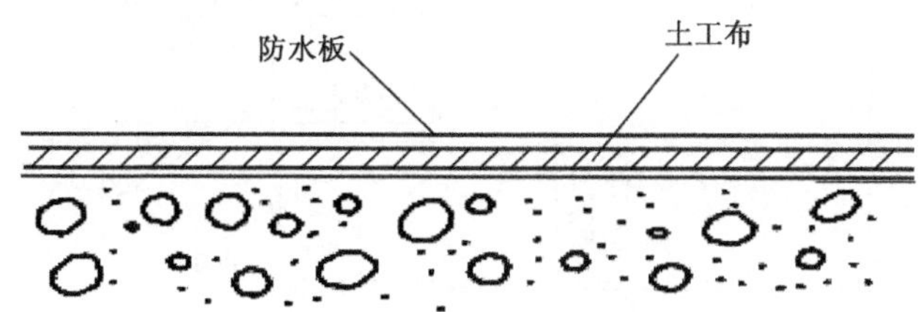

图2-22　隧道防水板铺设示意图

(1)防水板之间的搭接缝应采用双焊缝、调温、调速热楔式功能的自动爬行式热合机热熔焊接,细部处理或修补采用手持焊枪,单条焊缝的有效焊接宽度不应小于10mm,焊接严密,不得焊焦焊穿。

(2)防水板纵向搭接和环向搭接处,除按正常施工外,应再覆盖一层同类材料的防水板材,用热焊焊接。

(3)3层以上塑料防水板的搭接形式必须是"T"形接头。

(4)分段铺设的卷材的边缘部位预留至少60cm的搭接余量并且对预留部分边缘部位进行有效的保护。

(5)防水板的搭接缝焊接质量检查应按充气法检查,将5号注射针与压力表相接,用打气筒进行充气,当压力表达到0.25MPa时停止充气,保持15min,压力下降在10%以内,说明焊缝合格;如压力下降过快,说明有未焊好处。用肥皂水涂在焊缝上,有气泡的地方重新补焊,直到不漏气为止。

(6)施工要点控制

①防水板表面平顺,无褶皱、无气泡、无破损等现象。

②当基面轮廓凸凹不平时,要预留足够的松散系数,使其留有余地,保证缓冲面与混凝土表面密贴。

③防水板搭接用热焊器进行焊接,接缝为双焊缝,焊接温度、焊接速度根据试验确定。太快焊缝不牢固,太慢焊缝易焊穿、烤焦。

④焊缝若有漏焊、假焊应予补焊;若有烤焦、焊穿处以及外露的固定点,必须用塑料片焊接

覆盖。

⑤所有防水材料必须采用合格厂家生产的定型产品，所有产品必须有出厂合格证和质量检验证明。

2.4.3.3　止水带安装

止水带安装定位如图 2-23 所示。

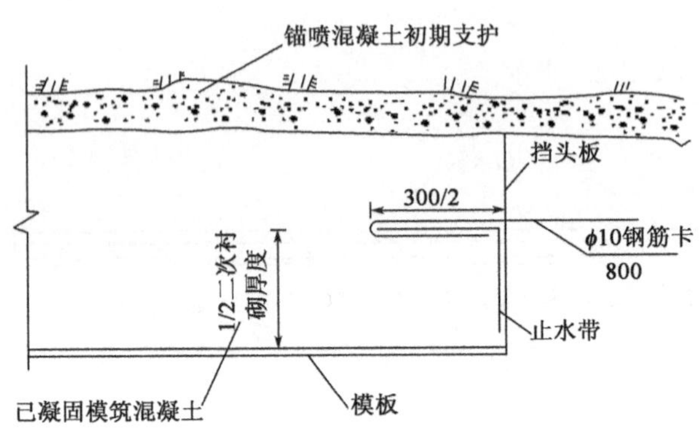

图 2-23　止水带安装定位示意图(二衬台车就位前)

2.4.4　洞顶回填

明洞衬砌浇筑完成后，进行基面处理，修凿平整混凝土表面凹凸不平之处，对于不平整、尖锐物体进行处理，确保基层的平整度以防止损坏防水板，并作 1 ~ 2cm 水泥砂浆找平层；防水板铺设完毕后，应施作 3 ~ 5cm 厚的水泥砂浆保护层，以免回填土石方时破坏防水板。

回填采用人工对称分层回填，逐层夯实；填料要经土工试验选定，夯实机具、回填层厚和夯实遍数经试验确定，保证压实度满足设计要求。

回填过程中精心保护防水层不被破坏。黏土隔水层与边仰坡搭接良好，封闭密实，防止地表水渗漏。种植土采用人工填筑整平。

2.4.4.1　具体施工顺序

(1)检查地基承载能力，同时检查边坡坡率。

(2)清理基底杂物，修整基础底和平整度。

(3)上述施工完成检查合格后进行浆砌片石施工。

(4)待筑物强度达到要求进行洞顶回填。

2.4.4.2　施工控制要点

(1)基础承载能力和边坡坡率符合设计要求，对地基承载能力不满足要求时进行基础换填，边坡坡率不满足要求采用人工修整确保其满足要求。

(2)洞顶回填应待明洞混凝土强度达到设计强度的100%后方可进行填筑,填筑前应确保明洞防水系统施工完成且质量符合要求。填筑采取人工配合小型机具进行,采取对称分层填筑,分层夯实,分层厚度不大于30cm。

2.4.5　施工质量检验标准

2.4.5.1　明洞浇筑

(1)实测项目

实测项目见《公路工程质量检验评定标准》(JTG F80/1—2004)表10.3.2,如表2-17所示。

明洞浇筑实测项目　　表2-17

项次	检查项目	规定值或允许偏差	检查方法和频率	权值
1	混凝土强度(MPa)	在合格标准内	按附录D检查	3
2	混凝土厚度(mm)	不小于设计	尺量或地质雷达:每20m检查一个断面,每个断面自拱顶每3m检查1点	3
3	混凝土平整度(mm)	20	2m直尺:每10m每侧检查2处	1

(2)外观鉴定

①混凝土表面密实,每延米的隧道面积中,蜂窝麻面和气泡面积不超过0.5%。蜂窝麻面深度超过10mm时应处理。

②结构轮廓线条顺直美观,混凝土颜色均匀一致。

③施工缝平顺无错台。

④混凝土施工养护不得产生裂缝。

2.4.5.2　明洞防水层

(1)实测项目

隧道明洞防水层实测项目见《公路工程质量检验评定标准》(JTG F80/1—2004)表10.4.2,如表2-18所示。

防水层实测项目　　表2-18

项次	检查项目(mm)	规定值或允许偏差(mm)	检查方法和频率	权值
1	搭接长度	≥100	尺量:每环测3处	2
2	卷材向隧道延伸长度	≥500	尺量:检查5处	2
3	卷材向基底的横向长度	≥500	尺量:检查5处	2
4	沥青防水层每层厚度	2	尺量:检查10点	3

(2)外观鉴定

防水卷材无破损,接合处无气泡、折皱和空隙。不符合要求时,采取修补措施或返工处理。

2.4.5.3 明洞回填

(1)实测项目

明洞回填实测项目见《公路工程质量检验评定标准》(JTG F80—2004)表10.8.2,如表2-19所示。

明洞回填实测项目　　表2-19

项　次	检查项目	规定值或允许偏差	检查方法和频率	权　值
1	回填厚度(mm)	≤300	尺量:回填一层检查一次,每次每侧检查5点	2
2	两侧回填高差(mm)	≤500	水准仪:每层测3次	2
3	坡度	不大于设计	尺量:检查3处	1
4	回填压实质量	符合设计要求	层厚及碾压遍数	3

(2)外观鉴定

坡面平顺、密实,排水通畅。

(3)施作方法

沿衬砌轴线每隔不大于1m钻一$\phi8$的钢筋孔。将制成的钢筋卡,由待灌混凝土侧向另一侧穿过挡头模板,内侧卡进止水带一半,另一半止水带平靠在挡头板上。待混凝土凝固后拆除挡头板,将止水带拉直,然后弯钢筋卡紧止水带。

(4)施工控制要点

①检查待处理的施工缝附近1m范围内围岩表面不得有明显的渗漏水,如有则采取必要的挡堵(防水板隔离)和引排措施。

②按断面环向长度截取止水带,使每个施工缝用一整条止水带,尽量不采取搭接,除材料长度原因外只允许有左右两侧边基上部两个接头,接头搭接长度不小于30cm,且要将搭接位置设置在大跨以下或起拱线以下边墙位置。

③止水带对称安装,伸入模内和外露部分宽度必须相等,沿环向每1m设2根$\phi8$mm短钢筋夹住,以保证止水带在整个施工过程中位置的正确。止水带处混凝土表面质量应达到宽度均匀、缝身竖直,环向贯通,填塞密实,外表光洁。止水带安装定位如图2-24所示。

④浇筑混凝土时,注意在止水带附近振捣密实,但不得碰止水带,防止止水带走位。止水带施工中泡沫塑料对止水带进行定位,避免其在混凝土浇筑中发生移位。

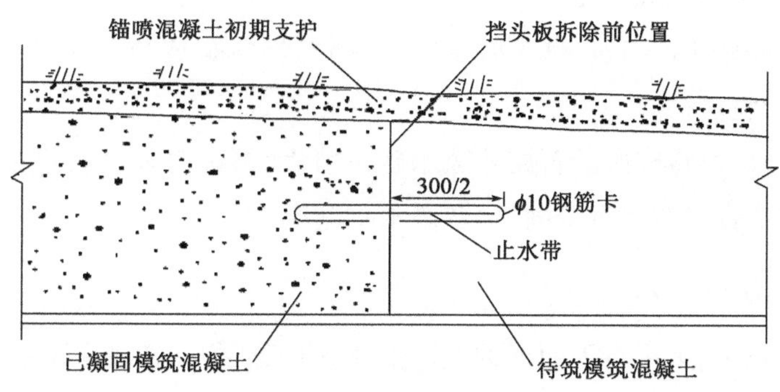

图 2-24　止水带安装定位示意图(二衬台车就位后)

2.4.6　洞门施工

老虎山隧道进、出口洞门均设计为端墙式洞门,端墙式洞门采用 M10 浆砌片石洞门,花岗岩镶面,洞门坡度 1:0.1。洞门应在明洞衬砌完成、暗洞施工进入正常循环后,避开雨季,适时安排洞门施工。

2.4.6.1　基础施工

洞门基础开挖时,土质地段采用机械开挖,石质地段采用松动爆破,人工清底。基础的部位尺寸、形状埋置深度均按设计要求进行施工,基地承载力$[\sigma]\geqslant$300kPa。当基础开挖后若发现与设计情况有出入时,及时向设计单位汇报。

2.4.6.2　脚手架施工

采用无缝钢管搭设满堂红脚手架,中部悬挂吊篮,用于吊起预制好的砌块。

2.4.6.3　浆砌片石施工

浆砌片石采用坐浆法砌筑,砌筑前应将石料表面泥垢清扫干净,并用水湿润。砌筑时必须两面立杆挂线或样板挂线,外面线应顺直整齐、逐层收坡,内面线可大致适顺以保证砌体各部尺寸符合设计要求,浆砌石底面应卧浆铺砌,立缝填浆补实,不得有空隙和立缝贯通现象。

将预制好的砌块运到现场进行砌筑,砌体施工前,应将基础面按高程找平,依据砌筑图放出第一批砌块的轴线、砌体边线。砌筑方式一丁一顺。砌块缝隙采用 M10 砂浆进行填缝,缝隙高度为 1.5cm,每砌筑 3 块砌块(即 90cm)沿隧道在纵向预埋一根 $L-1$m、ϕ14 螺纹钢,横向间距为 1m。端翼墙两端同步堆砌,用细线在两侧每隔高度 60cm 挂设法线,以确保端翼墙面部保证在同一法线上。

在端翼墙前部砌块堆砌至 3m 高度时,采用混凝土输送泵将端墙背部混凝土浇筑完成,按

3m 为一个循环浇筑至端翼墙顶部，以确保端翼墙前部砌块的稳定性。在每 3m 施工缝预埋 $L-1$m、$\phi22$ 螺纹钢间距 1m×1m，梅花形布置，钢筋两端弯折成 90°，并将接触面进行凿毛处理，以保证混凝土的整体性。

砌筑工作中断时，可将砌好的石层孔隙用砂浆填满，再砌时表面要仔细清扫干净、洒水湿润。工作段的分段位置设宜在沉降缝处，各段水平缝应一致。

2.4.6.4 花岗岩镶面施工

采用干挂工艺施工，采用自下而上的顺序安装：施工准备→弹线定位→龙骨架安装→花岗岩面板安装→嵌缝→清理花岗岩表面。

弹线定位：清理基层结构表面，弹出垂直线和水平线，根据设计并结合实际弹出安装石材的位置线和分块线。

骨架安装：主龙骨架采用 5 号槽钢，次龙骨采用 5 号角钢，材料需进行防腐处理。在预先弹好的点上打孔，孔深 6～8cm，安放膨胀螺栓。用膨胀螺栓和紧固螺栓将横竖杆件和结构固定，为保证装饰板材的安装精度，用经纬仪催杆件进行贯通，安装骨架位置要准确牢固，安装后进行全面检查。

花岗岩面板安装：自下向上安装，安装第一块时，用直尺找平，调整连接件端部钢板与石材插孔正对，调整固定面板，依次安装底层面板，待其全部就位后，检查上口是否水平，以此进行面板安装，每安装完 3～4 排板材，对整个安装面进行检查，以便及时消除误差。

嵌缝：花岗岩之间的缝隙一般用中性硅胶填塞。沿面板边缘贴防污条，选用纸带胶带；在花岗岩板间缝处嵌弹性背衬条，之后在背衬条外用嵌缝枪把中性胶打入缝内，嵌缝宽窄一致，无错台。

清理表面：安装完毕进行全面检查、清洗，同时将防污条掀掉。

2.4.6.5 洞门施工质量检验标准

（1）洞门端墙、翼墙和挡土墙基坑开挖施工质量应符合《公路隧道施工技术规范》（JYG F60—2009）表 6.4.1 相关要求，如表 2-20 所示。

洞门端墙、翼墙和挡土墙基坑开挖施工质量标准 表 2-20

序号	项目	规定值或允许误差(mm)	检验方法
1	基坑中线到路线中线距离	+50.0	尺量：每边不少于 5 处
2	基坑长度、宽度	+100.0	尺量：每边不少于 5 处
3	基坑高程	0，-100	水准仪测量：每边不少于 5 处

（2）洞门端墙、翼墙和挡土墙模板安装质量应符合《公路隧道施工技术规范》（JYG F60—

2009)表6.4.2相关要求,如表2-21所示。

洞门端墙、翼墙和挡土墙模板安装质量标准　表2-21

序号	项目	规定值或允许误差(mm)	检验方法
1	基础边缘位置	+15,0	测量:每边不少于4处
2	基础顶面高程	±10	
3	边缘边墙位置	±10,0	
4	边墙拱脚、端翼墙面顶面高程	±10	
5	模板表面平整度	5	2m靠尺测量:不少于4处
6	模板表面错台	2	尺量
7	预留孔洞	+10,0	尺量

(3)洞门端墙、翼墙和挡土墙质量应符合《公路隧道施工技术规范》(JYG F60—2009)表6.4.3相关要求,如表2-22所示。

洞门端墙、翼墙和挡土墙质量标准　表2-22

序号	项目	规定值或允许误差(mm)	检验方法
1	强度	在合格标准内	按规范要求检验
2	平面位置	50	仪器测量:每边不少于4处
3	断面尺寸	不小于设计	
4	顶面高程	±20	
5	底面高程	±50	
6	表面平整度	5	2m靠尺测量:拱部不少于4处,墙身不少于4处
7	竖直坡或坡度(%)	0.5	吊垂线:每边不少于4处

(4)洞门砌体端墙、翼墙和挡土墙质量应符合《公路隧道施工技术规范》(JYG F60—2009)表6.4.4相关要求,如表2-23所示。

洞门砌体端墙、翼墙和挡土墙质量标准　表2-23

序号	项目		规定值或允许误差(mm)	检验方法
1	砂浆强度		在合格标准内	按规范要求检验
2	平面位置		50	仪器测量:每边不少于4处
3	断面尺寸		不小于设计	
4	顶面高程		±20	
5	底面高程		±50	
6	表面平整度	块石	20	2m靠尺测量:拱部不少于4处,墙身不少于4处
		料石	30	
		混凝土块料石	10	
7	竖直坡或坡度(%)		0.5	吊垂线:每边不少于4处

2.5 进洞施工方案

老虎山隧道洞口段围岩较破碎，且为浅埋小净距段，进洞施工安全风险较大，设计采用双侧壁导坑法开挖进洞，辅以超前大管棚、超前小导管注浆加固洞周围岩，改善结构受力状况，确保安全进洞。

2.5.1 超前大管棚

2.5.1.1 设计参数

钢管规格：老虎山隧道进口长管棚采用 ϕ108 ×6mm 钢管，隧道出口长管棚采用 ϕ152 ×6mm 钢管，环向间距 40cm，管棚长度均为 40m。钢管设置于衬砌拱部，管心与衬砌设计外轮廓线间距大于 20cm，平行路面中线布置。

老虎山隧道洞口超前大管棚结构详如图 2-25 所示。

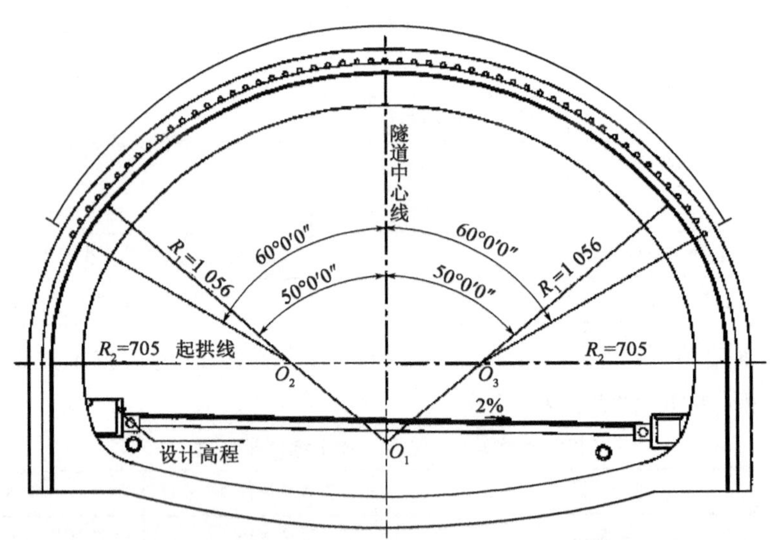

图 2-25 老虎山隧道洞口超前大管棚示意图（尺寸单位：cm）

钢管长 40m，钢管前端呈尖锥状，钢管接头采用丝扣连接，丝扣长 15cm，尾部焊接 ϕ10mm 加筋箍，管壁四周钻 2 排 ϕ12mm 注浆孔，节长 4m、8m。

钢管接头错开，管棚编号为奇数的第一节管采用 4m 钢管，编号为偶数的第一节钢管采用 8m 钢管，以后每节采用 8m 长钢管。钢管内设钢筋笼，在安装时插入。钢管大样图和正面、侧面图如图 2-26 和图 2-27 所示。

钢管布设范围：洞口拱部 120°布设，数量 55 根，间距 40cm。

钢管倾角：按设计外插角为 1°。

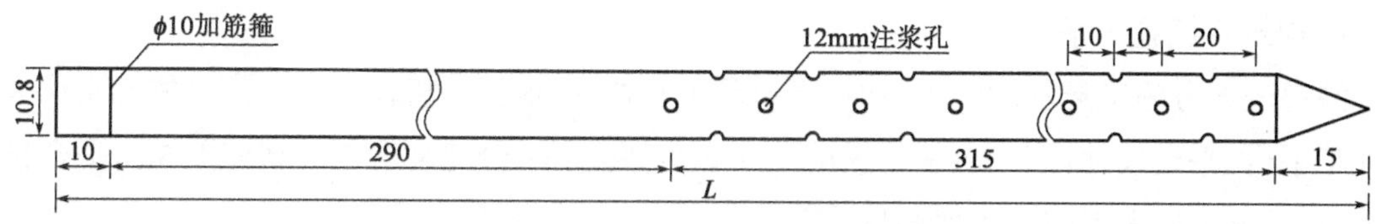

图 2-26　钢管大样图(尺寸单位:cm)

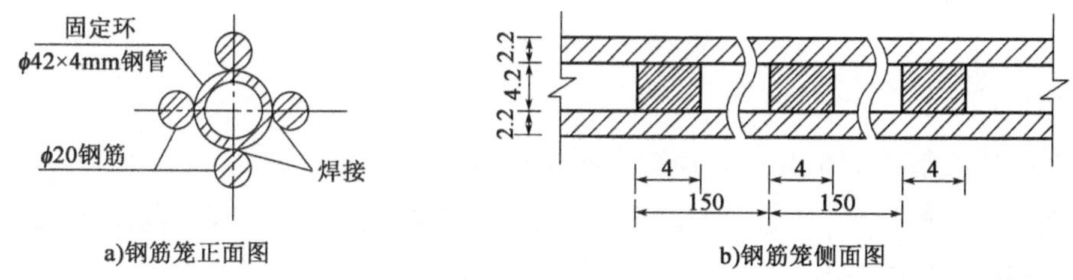

图 2-27　钢管正面、侧面图(尺寸单位:cm)

注浆:注浆采用1:1水泥浆,注浆压力初压为0.5~1.0MPa,终压为2MPa,压浆完毕后采用M30砂浆对管棚进行填充。

2.5.1.2　施工工艺

老虎山隧道超前大管棚施工工艺流程如图2-28所示。

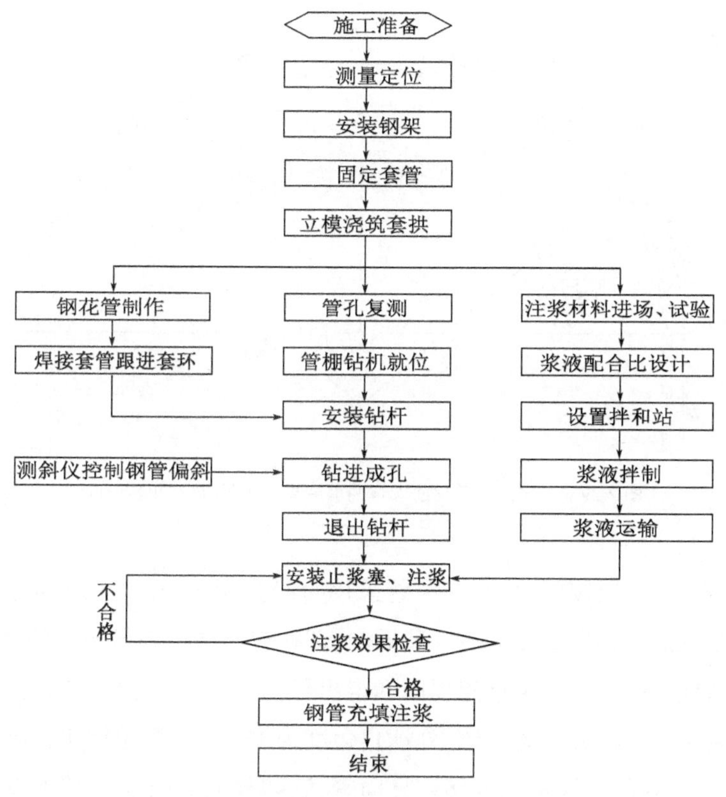

图 2-28　超前大管棚施工工艺流程图

1)构筑管棚施工平台

洞口土石方施工至管棚施工段时,下台阶不开挖,并根据钻机尺寸预留部分核心土作为管棚施工平台,平台尺寸:第一层平台宽度5.0m,两侧施工平台宽度2.5m,高度1.5m,平台长度为10m,具体根据实际施工条件调整。

管棚施工平台开挖主要采用机械开挖,人工用风镐配合,挖机、装载机装渣、汽车运输出渣。

2)测量放线

根据线路中心线控制桩和高程控制点测设隧道中心线和外拱顶高程,并根据暗洞开挖轮廓线在仰坡面画出外拱弧,作为导向墙立模的依据,根据导向墙的里程控制好导向墙内外模的高度,并预留相应的沉降量。

3)导向墙施工

(1)钢拱架架立

为保证管棚刚度,导向墙内按60cm的间距设置4榀I25a型钢拱架,钢架严格按设计位置架设,钢架落底需置于稳固的基岩上,拱脚开挖超深时,需加设钢板或混凝土垫块。钢拱架间以$\phi22$钢筋纵向链接,纵向连接筋环向间距1m,导向墙内钢拱架如图2-29所示。

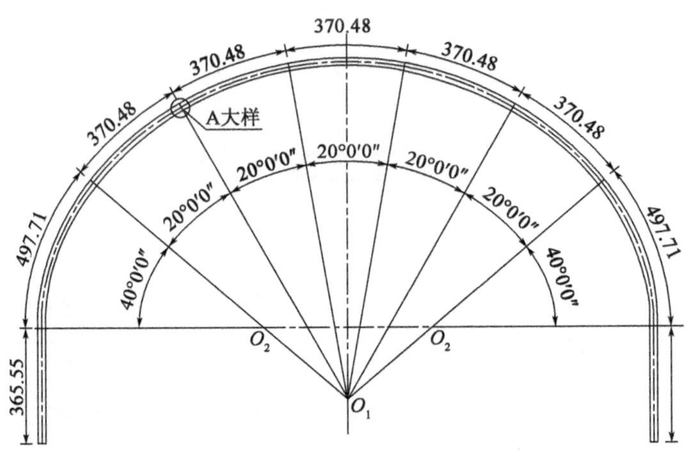

图2-29 老虎山隧道超前大管棚钢拱架大样图(尺寸单位:cm)

(2)导向管安装

钢拱架施工完成后,焊接导向管,导向管采用直径为133mm或180mm的热轧无缝钢管,壁厚6mm,长度2.0m,环向间距40cm;安装导向管时,应严格控制导向管的环向间距和纵向位置。为满足设计要求,可先在工字钢架顶面标定出导向管的位置,并按间距、方向角要求布置导向管,导向管纵向与线路方向需一致,外插角角度为1°,以免管棚钻机钻孔侵入洞身开挖断面。为避免混凝土浇筑时砂浆进入并堵塞导向管,安装导向管时需与端模抵紧并采取措施使其牢牢固定在端模上。

(3)模板安装

导向墙模板采用钢模板,钢模板之间通过螺栓连接;端模采用5cm厚木板,木板间连接采用加背撑方式进行加固;木模板与钢模板之间采用扒钉或钢钉连接牢固。在安装模板前应检查模板尺寸,模板安装需牢固可靠,模板与混凝土接触面需涂刷脱模剂。

钢拱架架立、模板安装和各种预埋件埋设完成并自检合格后,报监理工程师检查,检查合格后方可进行下道工序施工。

(4)混凝土浇筑

混凝土浇筑前,需再次对模板、导向管进行检查,并作必要的较正。模板的中线、水平及尺寸必须符合设计要求,预埋件的位置必须正确,模板安装和支架必须牢固紧密。

导向墙混凝土施工过程中,严格控制原材料的质量、加强混凝土的拌和、运输、浇筑、养护等各个环节质量控制。混凝土统一由拌和站集中供应,混凝土罐车运输,人工配合机械浇筑并捣固密实,浇筑顺序为自拱脚两侧对称浇筑,直至拱顶。

(5)混凝土拆模和养护

混凝土浇筑完毕后,需及时进行养护,养护龄期不得少于7d。混凝土强度达到设计强度的70%后可拆除非承重模板(外模)和端模板,强度达到设计强度的100%后可拆除内模和支架。

(6)封闭开挖面

隧道开挖面C25喷混凝土封闭,形成止浆墙,防止浆液回流影响注浆效果。

4)钻孔

(1)管棚钻机成孔,钻机平台的高度根据钻机的可调控范围以及钻孔顺序进行确定,由于钻机钻孔顺序按高孔位向低孔位进行,平台位置相应自上而下进行逐步降低,以满足钻孔需要。

(2)为了便于安装钢管,先施工奇数孔后施工偶数孔。

(3)岩质较好的可以一次成孔。钻进时产生坍孔、卡钻时,需补注浆后再钻进。

(4)钻机开钻时,应低速低压,待成孔10m后可根据地质情况逐渐调整钻速和风压。

(5)钻进过程中经常测定其位置,并根据钻机钻进的状态判断成孔质量,及时处理钻进过程中出现的事故。

(6)钻进过程中确保动力器、扶正器、合金钻头按同心圆钻进。

(7)认真做好钻进过程的原始记录,及时对孔口岩屑进行地质判断、描述,作为洞身开挖时的地质预测预报参考资料,从而指导洞身开挖。

(8)工艺要求

①钻机就位时用全站仪、挂线、钻杆导向相结合的方法,反复调整,确保钻机钻杆轴线和导向轴线相吻合。

②需要搭设钻机平台时,应满足承受机具、材料、人员荷载要求,连接牢固、稳定,防止施钻时产生不均匀的下沉、摆动、位移等影响钻孔的质量。

③钻孔时经常测量孔的斜度,发现误差超限应及时纠正,至终孔仍超限应封孔,原位重钻。

④在钻孔时,若出现卡钻、塌孔时应注浆后再钻。钻孔时,应认真填好钻孔记录,除记录钻孔深度、方向角外,还应根据钻孔出屑或取芯情况记录不同孔时的围岩情况,达到超前探测围岩的目的;孔钻完之后应进行清孔。

5)清孔验孔

管棚在安装前用高压风对孔内进行扫孔、清孔,清除孔内浮渣,确保孔径(孔径不得小于127cm)、孔深符合要求,防止堵孔。

6)管棚加工

(1)钢管在专用的管床上加工好丝扣,导管四周钻设孔径12mm注浆孔(靠孔口2.9m处的棚管不钻孔),孔间距10~20cm,呈梅花形布置。管头焊成圆锥形,便于入孔。

(2)采用多用钻床对管棚钢管进行加工,根据长管棚的长度,来确定下料长度,一般长度控制在4m或8m,丝扣长度为15cm,丝扣为2mm的螺旋方丝,钢管一端为内丝,另一端为外丝,丝扣加工端正,不得偏位;钢管上每隔10~20cm交错钻孔直径为12mm的注浆孔。先下奇数管孔,第一节用4m长的钢管,偶数孔时第一节采用8m长的钢管,以后每节均采用8m长钢管。每孔第一节端头加工成锥形,长为15cm,最后一节尾部焊ϕ10mm加强箍。末端可以不加工丝扣,在距孔口2.9m内不得加工注浆孔。

7)管棚安装

管棚顶进采用挖掘机和管棚机钻进相结合的工艺,即先钻大于管棚直径的引导孔,然后用挖掘机在人工配合下顶进钢管。按设计位置布孔并标注,架设管棚钻机,配备电动油压钻机1台,钻孔和推进钢管,钻孔时钻机立轴方向必须准确控制,每钻完一孔便顶进一根钢管。钢管接头采用丝扣连接,丝扣长15cm。各钻孔均应做好施工记录。

接长钢管应满足受力要求,相邻钢管的接头应前后错开。同一横断面内的接头数不大于50%,相邻钢管接头至少错开1m。

8)注浆

管棚和钢筋笼安装完成后进行注浆,浆液采用水灰比为1:1的水泥浆液,压浆完毕后采用M30水泥砂浆对管棚进行填充。

(1)注浆用C25喷混凝土封闭开挖面进行封闭,形成止浆墙,防止浆液回流影响注浆效果。

(2)注浆的顺序由低向高依次进行,有水时从无水孔向有水孔进行,逐孔注浆。

(3)注浆压力根据岩层性质、地下水情况和注浆材料的不同而定,注浆压力0.5~1.0MPa,终压2.0MPa。

(4)注浆方式:在管棚口直接注浆,注浆管深入管棚0.2~0.5m。

(5)以单孔设计注浆量和注浆压力作为注浆结束标准,其中应以单孔注浆量控制为主,注浆压力控制为辅,注浆至钢管与导向管之间的空隙连续流出水泥浆为止;注浆时要注意对地表以及四周进行观察,如压力一直不上升,应采取间隙注浆方法,以控制注浆范围。

(6)注浆时,应对注浆管进行编号(注浆编号应和埋设导向管的编号一致),每个注浆孔的注浆量、注浆时间、注浆压力做出记录,以保证注浆质量。注浆记录包括:注浆孔号、注浆机型号、注浆日期、注浆起止时间、压力、水泥品种及强度等级、浆液容重和注浆量。

(7)灌浆的质量直接影响管棚的支护刚度,因此必须设法保证、检验灌浆的饱满、密实。

(8)注浆孔封堵方式:采用钢板在钢管口焊接封堵,预留注浆管,注浆管必须安装阀门,堵头必须封闭严实。注浆完成后采用M30水泥砂浆进行封堵钢管与导向管之间的空隙。

2.5.1.3　施工质量检验标准

(1)实测项目

管棚实测项目见《公路工程质量检验评定标准》(JTG F80/1—2004)表10.18.2,如表2-24所示。

超前钢管实测项目　　表2-24

项　次	检查项目	规定值或允许偏差	检查方法和频率
1	长度(m)	不小于设计	尺量:检查10%
2	孔位(mm)	±50	尺量:检查10%
3	钻孔深度(mm)	±50	尺量:检查10%
4	孔径(mm)	大于杆体直径+20	尺量:检查10%

(2)外观鉴定

钢管沿开挖轮廓线周边均匀布置,尾端与钢架焊接牢固,入孔长度符合要求。

2.5.2　超前小导管

2.5.2.1　设计参数

设计采用ϕ50×5mm钢管,Ⅴ级浅埋和Ⅴ级加强围岩设计为双排小导管,第一排长度600cm,外插角6°,第二排长300cm,外插角为15°,搭接长度120cm;Ⅴ级一般和Ⅳ级围岩小导管长度400cm,外插角5°~7°;小导管间距40cm。分部开挖导洞临时支护小导管设计为ϕ42×4mm,长度4m,环向间距50cm。老虎山隧道超前小导管横断面布置图如图2-30所示,立面布置图如图2-31所示,超前小导管大样图如图2-32所示(以Ⅴ级加强衬砌为例)。

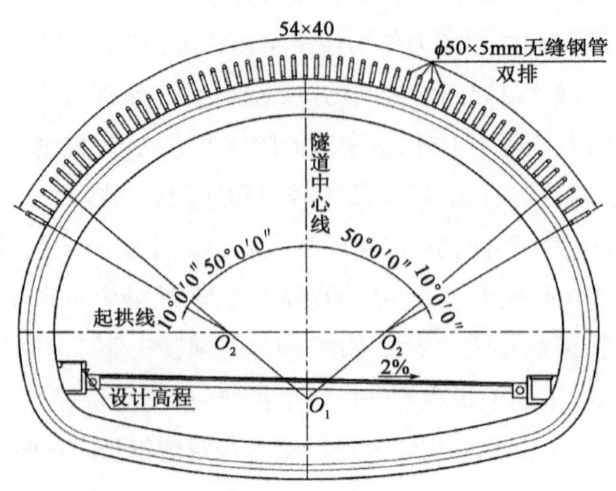

图 2-30　超前小导管横断面布置图（V级加强衬砌，尺寸单位：cm）

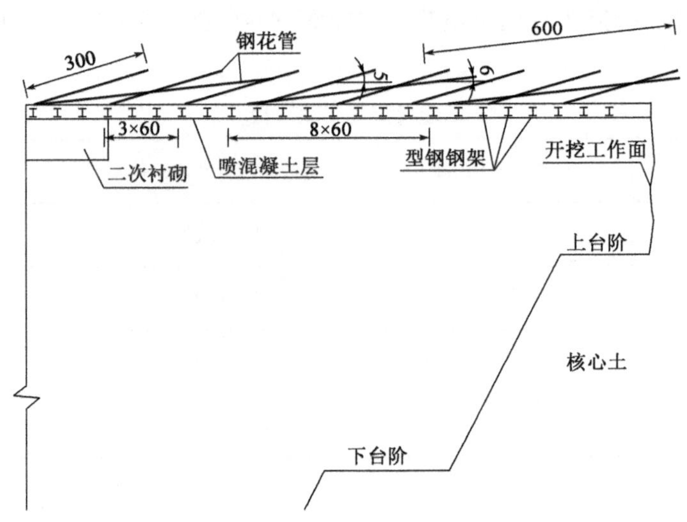

图 2-31　超前小导管立面布置图（V级加强衬砌，尺寸单位：cm）

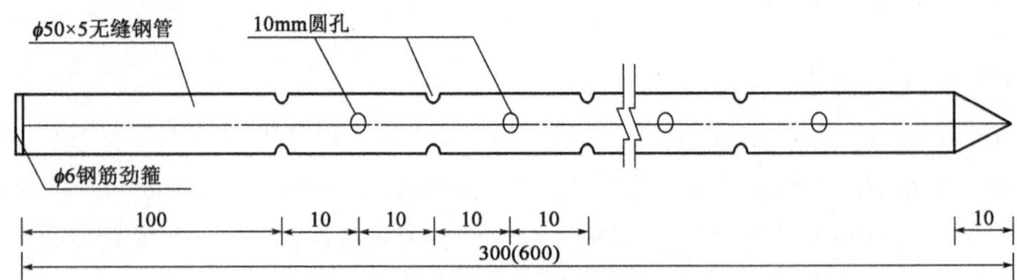

图 2-32　超前小导管大样图（尺寸单位：cm）

2.5.2.2　施工工艺

超前小导管注浆加固支护施工工艺如图2-33所示。

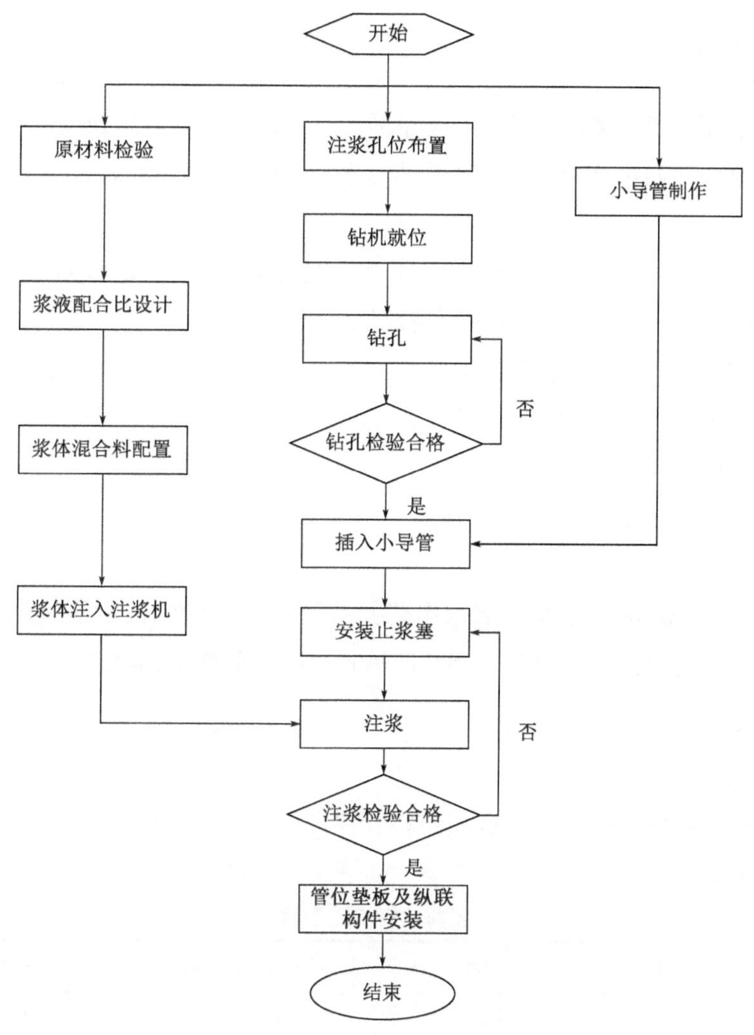

图2-33　超前小导管施工工艺流程图

(1)制作小导管

小导管采用无缝热轧钢管制成,前端做成尖锥形,尾部焊接 ϕ6.5mm 钢筋加劲箍,管壁上每隔 10cm 梅花形钻眼,眼孔直径为 10mm,尾部长度不小于 100cm 作为止浆段。

(2)钻孔安装

喷射混凝土封闭岩面,利用凿岩机钻孔,成孔后采用吹管法清孔。

在孔口端用粘有 CS 胶泥的麻丝缠绕成不小于孔径的纺锤形柱塞,把小导管插入孔内,戴好螺纹保护帽,用风钻或风镐打入到设计深度,使麻丝柱塞与孔壁压紧。

小导管外露长度一般为30cm，以便连接孔口阀门和管路。

超前小导管以紧靠开挖面的钢架为支点，小导管尾段与钢架焊联，打入钢管后注浆，形成管栅支护环。

(3)注浆

采用注浆泵压注水泥浆。注浆前先喷射混凝土5~10cm厚封闭掌子面，形成止浆盘。

注浆前先冲洗管内沉积物，由下至上顺序进行。单孔注浆压力达到设计要求值，持续注浆10min且进浆速度为开始进浆速度的1/4或进浆量达到设计进浆量的80%及以上时，注浆方可结束。

注浆施工中认真填写注浆记录，随时分析和改进作业，并注意观察施工支护工作面的状态。注浆参数应根据注浆试验结果及现场情况调整。

注浆参数可参照以下数据进行选择：

注浆压力：一般为0.5~1.0MPa。

浆液初凝时间：1~2min。

水泥：P.O 32.5普通硅酸盐水泥。

砂：中细砂。

注浆异常现象处理：串浆时及时堵塞串浆孔；泵压突然升高时，可能发生堵管，应停机检查；进浆量很大，压力长时间不升高，应重新调整砂浓度和配合比，缩短胶凝时间。

2.5.2.3 施工质量检验标准

(1)实测项目

超前小导管实测项目见《公路工程质量检验评定标准》(JTG F80/1—2004)表10.18.2，如表2-25所示。

超前钢管实测项目 表2-25

项次	检查项目	规定值或允许偏差	检查方法和频率
1	长度(m)	不小于设计	尺量：检查10%
2	孔位(mm)	±50	尺量：检查10%
3	钻孔深度(mm)	±50	尺量：检查10%
4	孔径(mm)	符合设计要求	尺量：检查10%

(2)外观鉴定

钢管沿开挖轮廓线周边均匀布置，尾端与钢架焊接牢固，入孔长度符合要求

2.5.3 进洞开挖工法

老虎山隧道出口段为碎石土、强风化灰岩，V级围岩，层间结合差，岩体很破碎，围岩条件

差,部分段落上覆土层厚度小于10m,且左、右洞间距小于1倍洞跨,属于浅埋小净距隧道,施工难度高,施工风险大。

我单位结合类似工程经验,计划在老虎山隧道洞口Ⅴ级围岩浅埋小净距段采用双侧壁导坑法施工,双侧壁导坑法是先开挖隧道两侧导坑,并及时施作导坑初期支护,再根据隧道具体情况,对剩余部分断面进行一次或二次开挖、支护。待整个开挖面支护成环且围岩变形稳定后拆除临时支护,及时施作二次衬砌的隧道开挖方法,尤其适用于大断面隧道开挖。

为确保进洞阶段施工安全,双侧壁导坑法每循环进尺长度为2榀拱架间距(1.2m),左、右洞掌子面间距≤2倍洞跨,掌子面到二衬安全距离≤50m,各开挖分部间距保持在3~5m。

2.5.3.1　施工工艺

双侧壁导坑法开挖工艺见流程如图2-34所示,双侧壁导坑法施工工序横断面、纵断面、平面示意图如图2-35~图2-37所示。

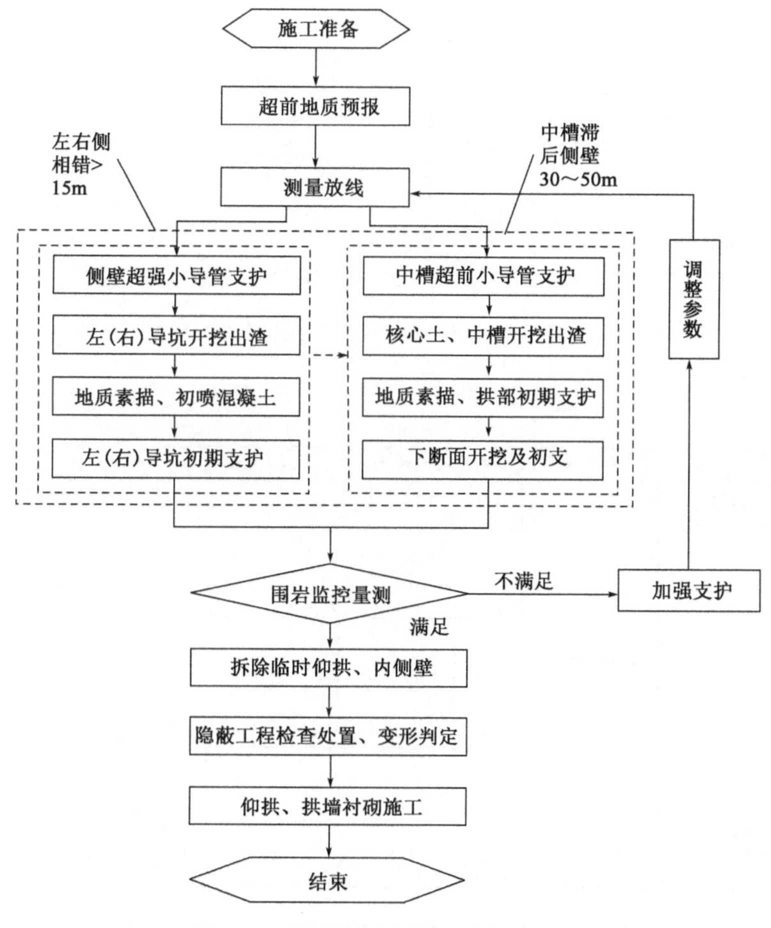

图2-34　双侧壁导坑开挖施工工艺流程图

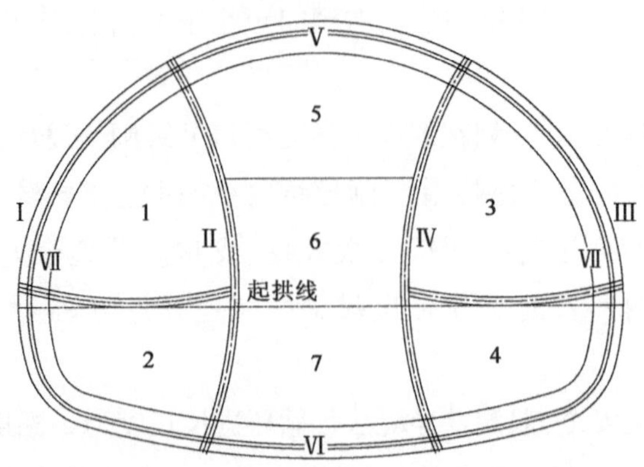

图 2-35　双侧壁导坑法施工工序横断面示意图

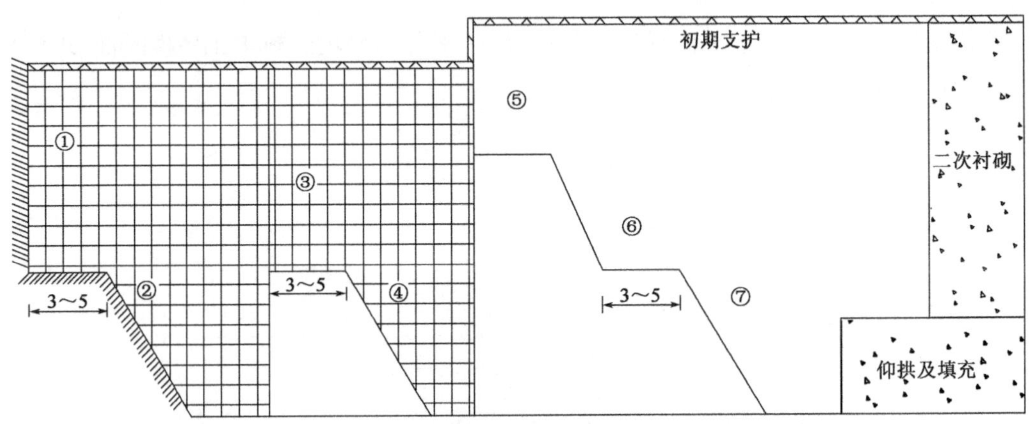

图 2-36　双侧壁导坑法施工工序纵断面示意图(尺寸单位:m)

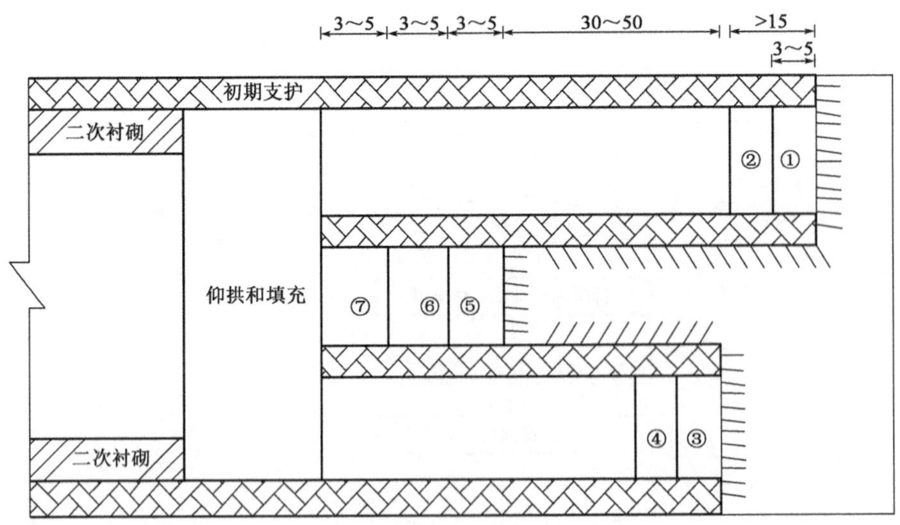

图 2-37　双侧壁导坑法施工工序平面示意图(尺寸单位:m)

2.5.3.2　施工步骤

(1)开挖先行导坑上台阶1部。

(2)施工初期支护Ⅰ、Ⅱ上部,必要时(Ⅴ级浅埋、Ⅴ级加强段)设临时仰拱。

(3)开挖先行导坑下台阶2部。

(4)施工初期支护Ⅰ、Ⅱ下部和仰拱初期支护。

(5)开挖后行导坑上台阶3部。

(6)施工初期支护Ⅲ、Ⅳ上部,必要时(Ⅴ级浅埋、Ⅴ级加强段)设临时仰拱。

(7)开挖后行导坑下台阶4部。

(8)施工初期支护Ⅲ、Ⅳ下部和仰拱初期支护。

(9)预留核心土开挖环形开挖5部。

(10)施工初期支护Ⅴ。

(11)预留核心土及余部6、7开挖。

(12)底部仰拱初期支护。

(13)拆除临时支护Ⅱ、Ⅳ。

(14)仰拱模筑、填充和拱墙混凝土。

老虎山隧道双侧壁导坑法小净距浅埋段施工安全步距详见附图11。

2.5.3.3　施工方法

(1)超前支护

Ⅴ围岩洞口浅埋段采用双排小导管,第一排长6m,外插角6°,第二排长3m,外插角15°,导洞侧壁采用ϕ42×4mm超前小导管支护。

超前小导管采用风动凿岩机钻孔并导入。小导管注浆采用注浆机压注,浆液为水泥单液浆,注浆压力控制在0.5~1.0MPa。

(2)先行导坑开挖

采用两台阶方式开挖导坑,采用弱爆破施工,软弱破碎岩层采用机械开挖方式,开挖进尺控制在1榀钢架间距。

上台阶超前长度3~5m,采用微台阶方法开挖导坑,缩短仰拱封闭时间,改善初期支护受力条件。施工期间做好施工安排及协调,避免施工干扰。

机械开挖时,要委派专人对开挖作业进行指挥,严格限制机械作业界限,以防止碰撞钢架。

(3)先行导坑初期支护紧跟掌子面

主洞洞身及导坑侧壁墙初喷后,进行初期支护。

主洞洞身支护采用ϕ25mm中空注浆锚杆、钢筋网片、H200×200型钢拱架,型钢拱架纵向间距70cm一榀(Ⅴ级浅埋和加强段60cm一榀);导坑侧壁支护采用Φ22mm早强砂浆锚杆、钢筋网片、I20b 临时型钢拱架，纵向间距同主洞洞身工字钢；工字钢间采用纵向连接钢筋连接，拱脚处施作锁脚锚杆(管)，以加强钢支撑的稳定；V 级加强和 V 级浅埋段上台阶设临时仰拱。

主洞喷射 C25 混凝土 30cm 厚，导坑侧壁墙湿喷 C25 混凝土(20cm 厚)，喷射混凝土采用湿喷工艺，使隧道开挖侧壁形成闭合圈。

(4)后行导洞开挖及支护

先行导洞开挖 15m 后，开挖后行导洞，开挖及支护施工方法同前。

(5)中槽开挖和支护

中槽上断面开挖采用预留核心土环形开挖，预留核心土面积不小于开挖断面的 50%，开挖采用弱爆破，围岩较差地段采用机械开挖。开挖进尺为 1 榀钢架间距，台阶长度不大于 1 倍开挖宽度；开挖后支护紧跟掌子面。中槽下断面开挖后及时安设导坑底部钢架封闭成环，复喷混凝土至设计厚度。

(6)两侧导坑施工时，前后拉开距离不宜小于 15m；导坑与中间土体同时施工时，导坑超前长度一般为 30 ~ 50m。

(7)临时支撑拆除及二次衬砌

临时支撑拆除要等围岩变形稳定后进行，不得过早拆除，防止围岩加速变形，导致失稳、坍塌。一次拆除长度应根据量测数据分析确定，拆除后应立即施作二次衬砌。

临时支撑拆除采用风镐人工拆除，减少拆除对围岩的扰动。先由上至下逐榀拆除钢支撑之间的喷射混凝土以及附着在钢架上的喷射混凝土；采用气焊方式将临时钢构件将割除；最后进行喷射混凝土表面处理，保证混凝土表面平顺无突出。

第3章 明洞边坡注浆和稳定性分析

3.1 边坡工程概况

济南绕城高速济南连接线工程老虎山隧道进口段路基较二环东路高程低4~17m,目前将进行该路基的施作,施作时需在二环东路东侧放坡至设计高程,放坡坡度在1:0.2~1:0.75,坡高采用8m一级设置,放坡段桩号为K1+692.9~YK2+105,其中K1+692.9~K1+845段为山体,K1+845~K1+950为路基段,YK1+950~YK2+105为明洞段,其中K1+845处下挖深度约8m,YK2+105处下挖深度约15m。本段范围内边坡岩体为碎石土、强风化灰岩,且部分位置为垃圾回填,自稳能力较差。

3.1.1 工程地质

项目所经区域主要为奥陶系亮甲组、寒武系凤山组、崮山组灰岩,项目路段见有燕山期闪长岩侵入体。受燕山运动的影响,其单斜构造中发育有多条规模较大的NNW向断裂,由东向西依次有文祖断裂、东坞断裂、千佛山断裂、长清断裂和马山断裂还有规模较小的冷水沟断裂、文化桥断裂、石马断裂、平安店断裂、NE走向的港沟断裂、NNE走向的炒米店断裂。这些断裂在大地区域构造中归属鲁西旋卷构造体系中外旋卷层的伴生构造,属于序次较低的构造。距拟建场地较近的断裂主要为千佛山断裂,根据地质资料,千佛山断裂在勘区东侧,走向NNW、倾向SWW,具早期张扭性后期压扭性特征,为高角度正断层,在市区隐伏于第四系地层之下,由南郊宾馆,大致经跳伞塔、普利门、国棉一厂、洛口附近向北延伸,切割下伏石灰岩及辉长岩体。根据省地震局提供的有关资料,以上断裂为第四纪晚期不活动或弱活动断裂,与线位不相交,对拟建场地的区域稳定性无影响,但由于千佛山断裂产生的褶皱、扭曲与破碎带对隧址区岩层整体性有明显影响,如岩体较破碎,岩溶较发育和伴生次级破碎带分布较多。

3.1.2 水文地质

地表水系主要属小清河水系,为排泄山洪之季节性河流。对沿线地下水有影响主要为浆水泉水库、兴隆水库、小岭水库和大岭水库等山洪季节性蓄水水库,小岭村内有季节性冲沟,雨季有水。

沿线地下水类型主要为第四系松散堆积孔隙水和石灰岩岩溶裂隙水。岩溶裂隙水赋存于溶蚀裂隙、溶洞、岩溶管道中,水量丰富,但分布极不均匀,具承压性。经钻探岩芯观察,基岩裂隙多呈闭合型裂隙且多由泥质填充,地下水在基岩中的赋存量较小,径流条件也差,透水性弱。岩层的涌水量和透水性主要有其裂隙所控制,存在明显的不均匀性。

第四系松散堆积孔隙水主要受大气降水和场地上部大气降水渗入地下沿基岩面及其以上第四系地层渗流补给和南部山区水库与周边河道渗流补给。第四系孔隙水受季节影响较大,地表水与地下水水力联系密切,雨季南部山区汇水并下渗,地下水向北渗流。雨季后可能沿基岩表面及其以上碎石土中形成季节性第四系孔隙潜水。在枯水期,潜水静止水位逐渐降低,直至消失。

3.2 边坡监测方案实施

3.2.1 监测方案

3.2.1.1 监测目的

本边坡坡长412m,坡高最高15m,边坡的设计与施工直接关系二环东路道路的安全。根据《建筑边坡工程监测技术规范》(GB 50497—2009)及《建筑边坡工程技术规范》(GB 50330—2013)的有关要求,宜将本段边坡划分为一级边坡,须对边坡工程进行监测。

由于岩土工程的复杂性,边坡支护系统受到许多难以确定因素的影响,因此在边坡施工过程中和竣工结束后一段时间内对边坡变形等进行监测,应用监测所得的信息指导设计、施工,及时、详细的掌握支护系统的变化和稳定状况,以确保支护系统和周围环境的安全。

3.2.1.2 监测内容

根据《建筑边坡工程技术规范》(GB 50330—2013)和设计图纸中的有关规定,结合本工程的具体情况,本工程实施以下3项监测:坡顶水平位移监测;坡顶垂直位移监测;深层水平位移监测。

边坡监测依据:

(1)《建筑边坡工程技术规范》(GB 50330—2013)

(2)《建筑边坡工程监测技术规范》(GB50497—2009)

(3)《工程测量规范》(GB50026—93)

(4)设计图纸等相关文件

3.2.2 监测点布置

3.2.2.1 坡顶水平和垂直位移监测

根据规范要求和工程实际需要,在坡顶距坡面边线1m处,每10~20m布置一个监测点,共布置 17 个测点。坡顶水平和垂直位移监测点为共用点,测点布置断面桩号如表 3-1 所示。

坡顶水平和垂直位移监测断面桩号　　表 3-1

序　号	桩　号	备　注	序　号	桩　号	备　注
1	K1 +845	场地不平整	10	YK2 +025	
2	K1 +865	场地不平整	11	YK2 +035	墙边
3	K1 +885		12	YK2 +045	墙边
4	K1 +905		13	YK2 +055	板房内
5	K1 +925		14	YK2 +065	钢筋加工厂内
6	K1 +945		15	YK2 +075	
7	YK1 +965		16	YK2 +085	
8	YK1 +985		17	YK2 +095	
9	YK2 +005		—	—	—

3.2.2.2　深层水平位移监测

根据规范要求和工程实际需要,在坡顶距坡面边线 1m 处,每 20 ~ 50m 布置一个深层水平位移监测点,共布置 10 个测点,并尽量与水平位移监测点位于同一断面上,测斜管长度不小于边坡开挖深度的 1.5 倍。测点布置断面桩号如表 3-2 所示。

深层水平位移监测断面桩号　　表 3-2

序　号	桩　号	基坑深度(m)	测斜管长度(m)	备　注
1	K1 +865	7.0	10.5	场地不平整
2	K1 +905	7.3	11.0	场地不平整
3	K1 +945	9.0	13.5	
4	YK1 +985	12.5	18.8	K1 +980 有勘探孔
5	YK2 +005	13.8	20.7	K2 +007 有勘探孔
6	YK2 +025	14.0	21.0	
7	YK2 +045	13.5	20.3	在墙边
8	YK2 +065	14.0	21.0	钢筋加工厂内
9	YK2 +085	14.5	21.8	下部可能有管线
10	YK2 +095	15.0	22.5	

坡顶水平位移、垂直位移和深层水平位移测点布置示意图如图 3-1 所示。

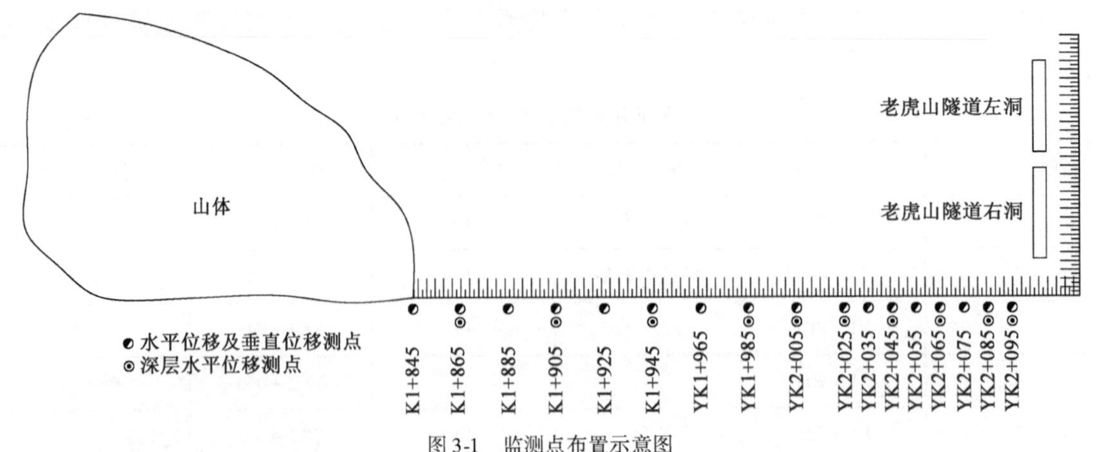

图 3-1　监测点布置示意图

3.2.2.3　监测方法及仪器设备

主要仪器设备如表 3-3 所示。

主要仪器设备　　表 3-3

序　　号	项　　目	主要仪器设备
1	坡顶水平位移	徕卡 TCA-2003A 全站仪
2	坡顶垂直位移	徕卡 TCA-2003A 全站仪
3	深层水平位移	IC35000 测斜仪

3.2.3　测量方法

3.2.3.1　坡顶水平位移监测

1)监测目的

了解边坡开挖过程中边坡顶部地表的变形规律,掌握变形趋势,控制最大水平位移值,为调整边坡开挖顺序和开挖速度提供依据,以确保边坡支护结构和周边环境的安全。

2)监测基准点的设置

基准点的形式和埋设可参考三等水准点的要求进行,其数目不少于 3 个,以便组成水准控制网。对基准点定期进行校核,防止其本身发生变化,以保证沉降监测结果的准确性。基准点应在沉降监测的初次观测之前 1 个月埋设好。

埋设基准点应考虑如下因素。

(1)基准点应布设在监测对象的沉降影响范围以外,保证其坚固稳定。

(2)尽量远离道路和空压机房等,以防受到碾压和震动的影响。

(3)力求通视良好,与观测点接近,其距离不宜超过 100m,以保证监测量精度。

(4)避免将基准点埋设在低洼容易积水处。

3)坡顶地表水平位移监测仪器

使用全站仪进行监测。

4)坡顶水平位移测点的埋设

(1)预埋件制作尺寸:采用直径 $\phi 20$ 螺纹钢筋,长 100cm,端部用钢锯切十字丝。

(2)预埋件埋设:在测点位置挖深 100cm 的坑,然后放入测点预埋件,测点四周用混凝土填实,待混凝土固结后,即可量测。测点埋设示意图如图 3-2 所示。

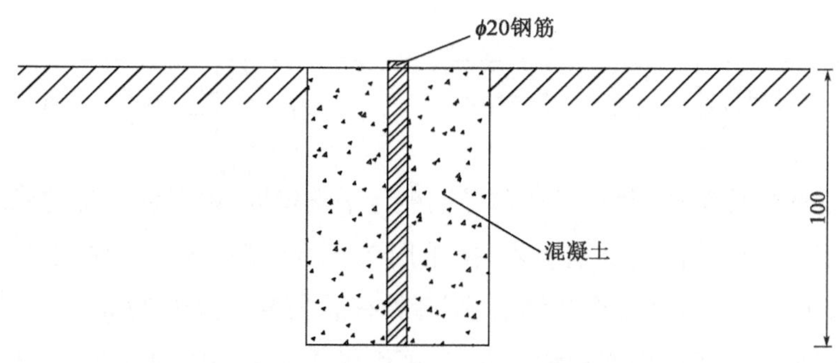

图 3-2　地表测点埋设示意图(尺寸单位:cm)

5)坡顶水平位移监测与计算

利用全站仪按国家三等位移观测要求极坐标法每次测定观测点的坐标,两次观测坐标差值即为该点的位移量。每次观测应用同台仪器,相同的人员观测,并应检测基准点的可靠性。

假设局部坐标系,以边坡轴向为 x 轴,垂直方向为 y 轴,施工前,采用三角网测量出测点的初始坐标(x_0,y_0),在施工过程中测出测点坐标为(x_n,y_n),则按下式计算坡顶水平位移:

$$S = \sqrt{(x_0 - x_n)^2 + (y_0 - y_n)^2} \tag{3-1}$$

3.2.3.2　坡顶垂直位移监测

沉降观测点的测量从沉降工作点起。丈量前后视距离,使同一测站前后视距离基本相等,满足不调焦进行读数的要求。转站时用钢钉砸入坚固地点,确保稳固可靠。第一次沉降测量 2 次,取平均值后作为本工程沉降测量的初始值。以后各次可单程观测,如高差有异常,即认真复测。观测方法以沉降观测基准点为起算点,测出每点的高程,然后将本次高程值减去上次高程值,得到沉降变化量。

3.2.3.3　深层水平位移监测

1)监测目的

了解边坡开挖过程中沿边坡不同深度、不同土层的水平位移和变化趋势,判断边坡支护结构的工作状况,分析支护结构的作用,验证设计计算结果,为优化设计,调整下步施工提供数据支持,确保边坡支护结构和周边环境的安全。

2)测斜监测仪器

使用钻孔测斜仪,测斜管进行监测。

3)测斜管的埋设

(1)定位

测斜导管埋设于边坡上口外缘1.0m左右的位置。使用全站仪在设计的断面处放点,并计算放样点的高程和坡底高程,计算出边坡高度及钻孔深度。

(2)钻孔

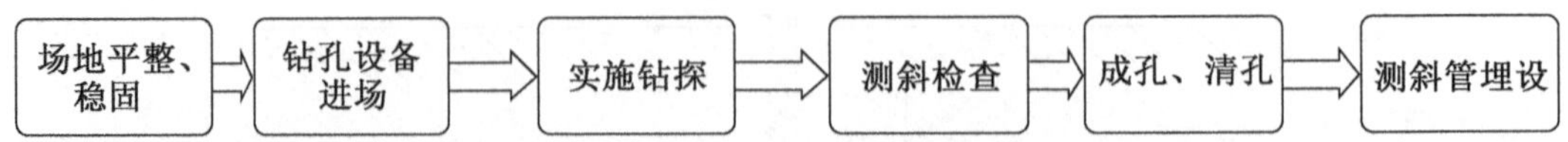

场地:在选定的部位钻孔,及时对钻孔场地进行平整稳固,以保证设备的稳定。

设备:根据场地地层特性和工期要求,拟采用XY-100型百米地质钻机2台,钻探孔径为ϕ110mm,钻头采用硬质合金和复合片钻头,配套钻杆总长度不低于22m。

钻孔护壁:根据孔壁稳定程度和钻进方法,采用优质泥浆护壁,并配以泥球、套管加固。当孔壁坍塌严重,泥球、泥浆护壁失效,下管困难时,采用水泥浆灌注护壁,必要时需在钻孔顶部段设置套管。钻进循环冲洗液先采用膨润土泥浆,泥浆比重随钻进过程及时调整,考虑该段漏浆严重且局部易产生塌孔现象,拟备用水泥、玻璃水作为固化剂以保证钻探过程顺利。

钻进过程:钻进过程宜采用增大钻压、降低钻速、小回次进尺的方式进行钻探;钻孔深度按照要求超钻,保证测斜管能到达指定深度;钻进过程中每3~5m提钻检查钻孔是否歪斜,保证钻孔垂直偏差不大于±1度,当发现不正常时及时提钻检查,产生偏斜时及时采取纠偏措施。

清孔及埋管:钻孔完成后及时进行清孔和测斜管埋设,以防时间过长孔内泥浆沉淀和孔壁坍塌。

(3)测斜管埋设

在钻机钻孔洗孔完毕后应尽快将测斜管埋设进入钻孔内,防止长时间后出现塌孔。

将有底盖的测斜导管放入钻孔内,用管接头将测斜导管连接,量好预留段长度,然后逐根边铆接、边封闭边下入孔内,注意应使测斜导管内的一对导槽向预计位移的主方向靠近。在测斜导管下入钻孔过程中应向导管内注入清水来减小钻孔内水产生的浮力,提高埋设速度。同时,必须保证测斜导管内清洁干净。

(4)钻孔回填

测斜管埋设完毕后,测斜管与钻孔之间的孔隙应用细沙填充密实。

(5)测点保护

测斜管埋设完毕后,管口应尽量与地面平齐,管口加盖保护盖,管口周边砌50cm×50cm,高20cm的保护墙,并在顶部加盖盖板。埋设示意图如图3-3所示。

在边坡锚杆和小导管施工时,应避开测斜管的位置至少1m,防止锚杆施工将测斜管打穿。

4）边坡边坡测斜监测方法

（1）监测开始前，测斜仪应按规定进行严格标定。

（2）测斜管应在边坡开挖前一周埋设完毕，在开挖前1～2天内重复监测2～3次，待判明测斜管已处于稳定状态后，将其作为初始值，开始正式测试工作。

（3）每次监测时，将探头导轮对准与所测位移方向一致的槽口，缓缓放至管底，待探头与管内温度基本一致、显示仪读数稳定后开始监测。

（4）按探头电缆上的刻度分划，均速提升，每隔0.5m读一次数据，记录测点深度和读数。测读完毕后，将探头旋转180°插入同一对导槽内，以上述方法再测一次，测点深度同第一次相同。测读完毕后，将测头旋转90°，按相同程序，测量另一对导槽的两个方向的读数。

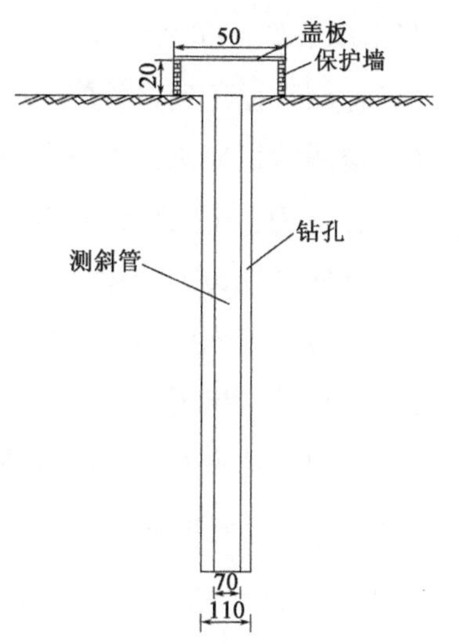

图3-3　测斜管的埋设示意图（尺寸单位：cm）

（5）每一深度的正反两读数的绝对值宜相同，当读数有异常时应及时补测。

5）测斜计算

测试时沿预先埋好的测斜管垂直于边坡开挖轴线方向（A向）导槽，自下而上每隔0.5m测读一次直至孔口，得各测点位置上读数$A_i(+)$、$A_i(-)$。其中"+"向为顺应导管轴的方向，"-"向探头绕导管轴旋转180°位置。然后以同样的方法测平行支护结构轴线方向的位移。

水平位移值计算：第i次监测值$=A_i(+)-A_i(-)$

变量$\delta_i=$本次监测值－上次监测值

本次i点相对$(i-1)$点的位移$\Delta S_i=K\times\delta_i(K=0.02)$，单位为mm计。

第i点的绝对位移＝各测点相对于孔底测点的位移。

3.2.4　监测警戒值和监测频率

监测警戒值和监测频率如表3-4所示。

监测报警值和监测频率　　表3-4

项　目	累计值（mm）		变化速率（mm/d）	监测频率			备注
	绝对值（mm）	相对基坑深度（h）控制值		边坡开挖深度H（m）			
				$H\leqslant5$	$5\leqslant H\leqslant10$	$10\leqslant H\leqslant15$	
坡顶水平位移	30～35	0.3%～0.4%	5～10				
坡顶竖向位移	20～40	0.3%～0.4%	3～5	1次/2d	1次/1d	2次/1d	
深层水平位移	30～35	0.3%～0.4%	5～10				

注：①h为基坑设计开挖深度；②累计值取绝对值和相对基坑深度（h）控制值两者的小值；③当检测项目的变化速率达到表中规定值或连续3d超过该值的70%，应报警。

3.2.4.1 监测频率

当出现下列情况之一时,应提高监测频率。

(1)监测数据达到报警值。

(2)监测数据变化较大或者速率加快。

(3)存在勘察未发现的不良地质。

(4)坡底及周边大量积水、长时间连续降雨。

(5)边坡附近地面荷载突然增大或超过设计限值。

(6)支护结构出现开裂。

(7)周边地面突发较大沉降或出现严重开裂。

3.2.4.2 监测报警

当出现下列情况之一时,必须立即进行危险报警,并应对支护结构和周边环境中的保护对象采取应急措施。

(1)检测数据达到检测报警值的累计值。

(2)边坡支护结构或周边土体的位移值突然明显增大或边坡出现流沙、管涌或较严重的渗漏等。

(3)边坡支护结构的锚杆体系出现过大变形、压屈、断裂、松弛或拔出的迹象。

(4)根据当地工程经验判断,出现其他必须进行危险报警的情况。

3.2.4.3 现场配合事项

(1)按照方案中的设计加工位移测点预埋件、埋设、锚固等工作。

(2)提供不少于3个通视的坐标网。

(3)按照方案中的设计对深层水平位移测点进行保护。

(4)边坡锚杆和小导管施工时应避开深层水平位移测点的断面,防止将测斜管破坏。

(5)现场加强对测点的保护工作,如有损坏,应及时协助修复。

3.2.4.4 存在的问题

(1)YK2+085下部可能存在管线,在钻孔时需确认管线的具体位置,其余部位钻孔前也须确认底部有无管线。

(2)YK2+065、YK2+075位于钢筋加工厂内,YK2+055位于板房内,YK2+045、YK2+035位于墙边,对点的设置和保护均较难实现。

(3)K1+865、K1+845两测点附近场地不平整,布设测点较为困难,需现场协助清理。

(4)坡面顶部的围墙在后期拆除中有可能会对测点造成损坏,能否在场地平整完成后再进行测点的布设。

3.3　明洞边坡加固注浆和稳定性分析

3.3.1　注浆加注方案

3.3.1.1　边坡工程概况

边坡地质概况复杂性和施工扰动等因素极易造成地质体移动、变形,破坏边坡稳定状态,从而诱发各种边坡问题。在施工过程中,规范有序的安全操作与施工质量紧密相连,操作不当易引发各种安全问题,造成经济损失。

在公路和铁路工程中,路基边坡施工通常作为主体工程中的辅助性工程,研究重视程度一直处于较弱势地位,因此在修建过程中对其灾害产生原因研究程度不够深入。随着我国基础设施建设工程量的增长,边坡工程占据比重也随之上升,科研工作者对边坡稳定性问题也逐渐深入,大大避免了由于对边坡灾害产生原因认识不足而造成的各种次生灾害,从而有效地节约了施工成本,创造了优异的经济效益。通常边坡稳定性判定方式有极限平衡及数值极限分析等手段,以此为基础衍生出多种判定方法,例如混沌优化、随机法等。其中前者在边坡失稳动态阶段的力学演化机制分析欠缺,相对而言,以强度折减为核心的数值极限分析则更具优势。

济南绕城高速济南连接线工程老虎山隧道进口段路基较二环东路高程低 4 ~ 17m,目前将进行该路基的施作,施作时需在二环东路东侧放坡至设计高程,放坡坡度在 1:0.2 ~ 1:0.75,坡高采用 8m 一级设置,放坡段桩号为 K1 + 692.9 ~ YK2 + 105,其中 K1 + 692.9 ~ K1 + 845 段为山体,K1 + 845 ~ K1 + 950 为路基段,YK1 + 950 ~ YK2 + 105 为明洞段。其中 K1 + 845 处下挖深度约 8m,YK2 + 105 处下挖深度约 15m。同时本段范围内边坡岩体为碎石土、强风化灰岩,且部分位置为垃圾回填,自稳能力较差。如图 3-4 所示。

随着路基东侧放坡施工进行,路面局部出现开裂现象,并呈现出扩展趋势,如图 3-5 所示。因此,需要根据施工现场情况进行边坡稳定加固,以保证明洞段施工的顺利进行。

图 3-4　路基边坡整体概况图

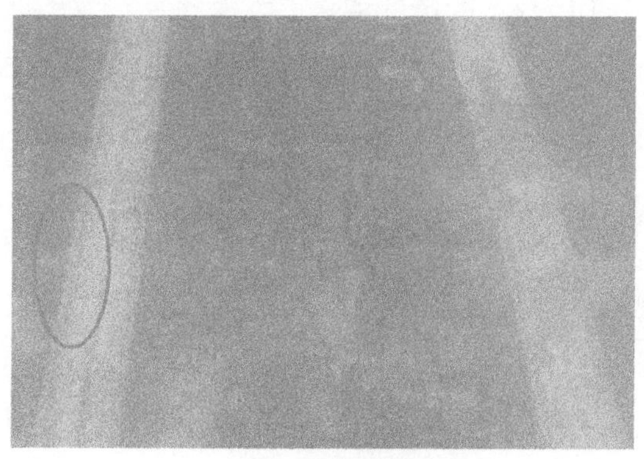

图 3-5　路面开裂图

本方案为济南绕城高速济南连接线老虎山隧道边坡钢管桩加固治理方案，在总结分析隧道工程地质资料、水文地质资料的基础上，通过对注浆工艺、施工参数及注浆材料的设计与应用，对边坡实施加固，提高边坡土体的力学强度以及整体稳定性，确保隧道开挖顺利安全进行。

3.3.1.2 编制依据

(1)《公路工程技术标准》(JTGB01—2014)

(2)《公路路基施工技术规范》(JTG F10—2006)

(3)《公路隧道施工技术规范》(JTG F60—2009)

(4)《公路隧道施工技术细则》(JTG/T F60—2009)

(5)《公路土钉支护技术指南》(交公便字[2006]02 号)

(6)《公路工程质量检验评定标准》第一册　土建工程(JTG F80/1—2004)

(7)《公路工程施工安全技术规范》(JTJ F90—2015)

(8)《工程建设标准强制性条文》(公路工程部分)

(9)《岩土锚杆与喷射混凝土支护工程技术规范》(GB 50086—2015)

(10)《建筑边坡工程技术规范》(GB 50330—2013)

(11)《建筑基坑支护技术规程》(JGJ 120—2012)

(12)济南绕城高速济南连接线设计资料

(13)济南绕城高速济南连接线工程实施性施工组织设计

(14)山东省、济南市、山东高速集团相关规定

(15)施工现场调查报告

(16)地质补充勘察资料

3.3.1.3 治理原则

为确保项目成功实施，制定以下治理原则。

(1)技术经济合理

项目设计与实施过程中，秉承技术可行、经济合理的原则，在能够满足施工要求的前提下，努力节约经济成本。

(2)全寿命周期

本项目实施过程中，将以质量为本，切实完成边坡加固工程。项目施工完毕后，按照国家规范进行质量监测，实现加强工程的持久有效。

(3)环境友好

在项目实施过程中，坚守环境友好的原则，选择环保无污染的注浆材料，通过调控凝胶时间和注浆参数，控制浆液扩散区域，避免过量注浆对周边建筑物造成破坏。

3.3.2 钻孔设计

3.3.2.1 钻孔布置设计

1)平面布置

钻孔平面布置方式主要根据以下几方面。

(1)根据现场施工条件及勘查资料,设计钻孔分3排布置,排间距为1.5m,最外排钻孔中心线距二环东路为2.5m。

(2)每排中各钻孔孔间距为1.5m,施工平面内钻孔呈梅花形布置状态,如图3-6所示。

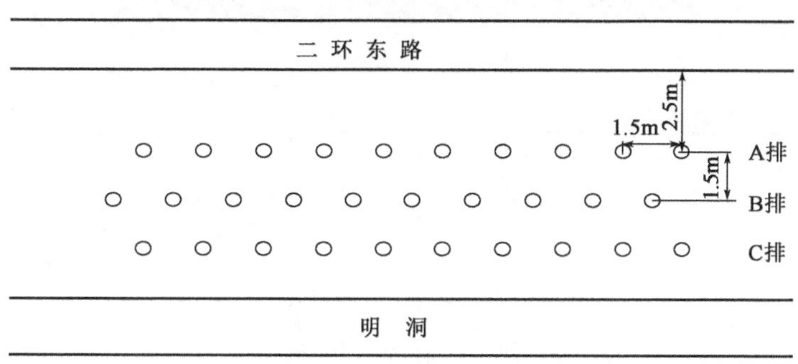

图3-6 钻孔平面布置图

2)剖面布置

本项目的难点之一在于获取潜在滑动面的位置,并以此确定钢管桩长度以及加固范围。传统的边坡稳定性分析方法均采用人为预设滑动面位置与形态,与实际情况有较大出入。本方案中,基于强度折减法并借助数值分析软件对边坡稳定性进行了计算分析。依据式(2),以折减系数F对整个边坡的强度参数进行折减,由此获得的极限状态下的F作为安全系数。其动态稳定性评价流程如图3-7所示。

$$\left.\begin{aligned} c' &= \frac{c}{F} \\ \phi' &= \arctan\frac{\tan\varphi}{F} \end{aligned}\right\} \tag{3-2}$$

计算结果如图3-8所示。因此,将钢管桩长度设置为隧道仰拱以下0.4倍坡高时,可确保其完全穿过潜在滑动面并留有足够嵌入深度。

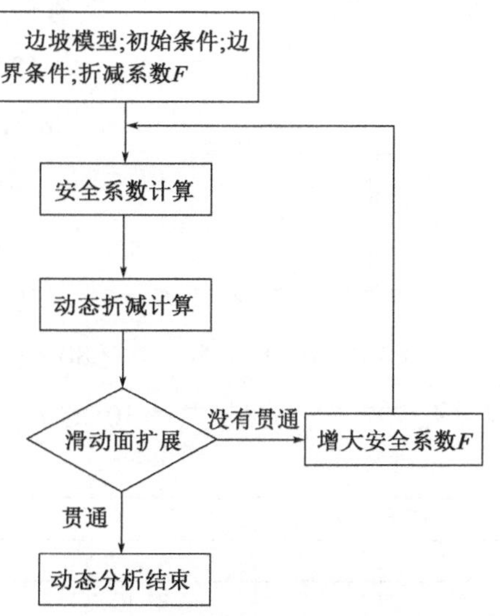

图3-7 动态稳定性评价流程图

由于地面高程存在差异,导致各钻孔长度各异,但各钻孔终孔高程相同，剖面图如图3-9所示。

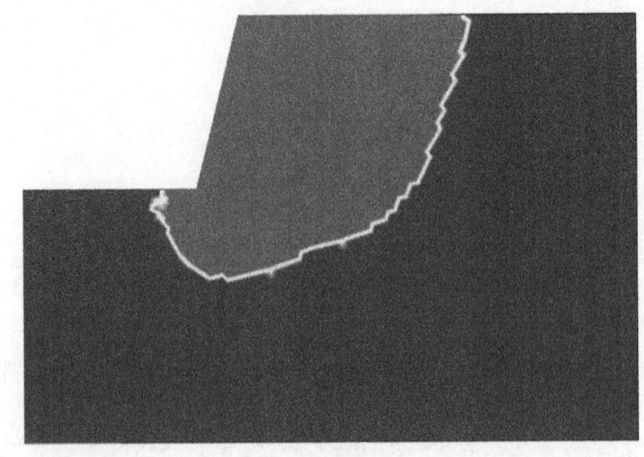

图3-8 数值模拟图

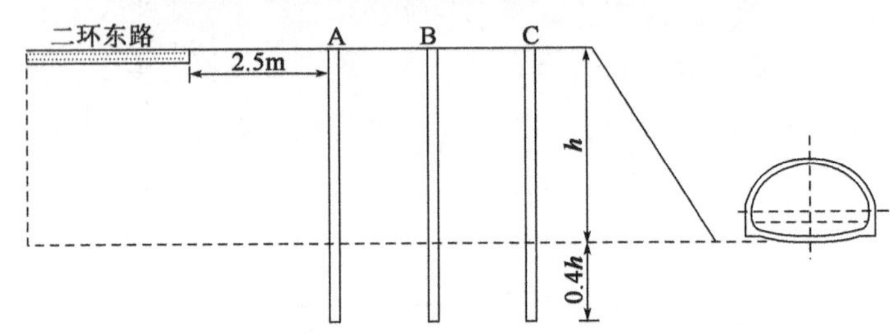

图3-9 钻孔横剖面布置图

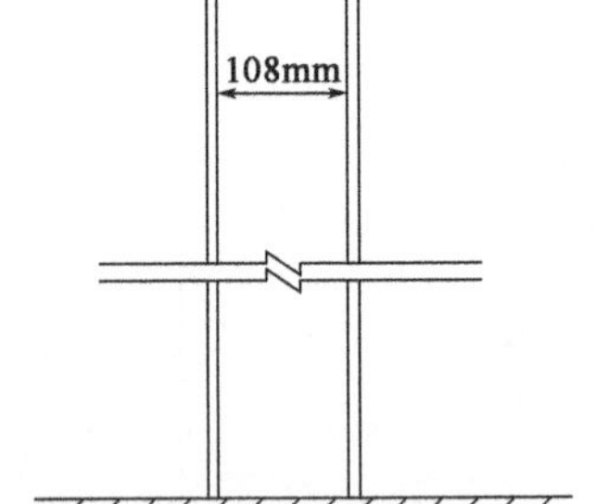

图3-10 钻孔结构图

3.3.2.2 钻孔结构设计

依据实际工程条件及设计要求，钻孔结构设计如下。

(1)采用ϕ133钻头开孔，达到设计孔深时埋设ϕ108套管，套管壁厚为5mm。

(2)当现场成孔条件不佳时，采用ϕ150钻头开孔，同样埋设ϕ108套管，钻孔结构图如图3-10所示。

(3)施工过程中采用ϕ90钻头进行套管内复钻。

3.3.2.3 钻孔参数

边坡起点里程K1+692.9，左洞、右洞起点里程分别为ZK2+080和YK1+950，则边坡加固长度约为400m。故边坡共设计注浆钻孔797个，钻探量共计10 361m(不含复钻)，详细参数如表3-5所示。

钻孔参数表 表3-5

排号	孔号	钻孔数量/个	平均孔深/m	钻探总量/m
A	A1-A265	265	13	3 445
B	B1-B267	267	13	3 471
C	C1-C265	265	13	3 445
合计		797		10 361

3.3.3 注浆设计

1)注浆压力

根据经验公式注浆压力为上覆岩土层压力的2倍,本工程上覆岩土层压力为:

$$P=\rho gh \tag{3-3}$$

式中:P——上覆岩土层压力;

ρ——上覆岩土层天然密度;

g——重力加速度;

h——岩土层厚度。

本地区岩土层密度取平均值1.88g/cm³,据上式得出上覆岩土层压力约为0.45MPa(边坡最大高差17m),所需注浆压力为0.9MPa。浆液的初始损耗压力一般约为0.2MPa,因此本方案设计注浆压力为1.0MPa。

2)扩散半径

根据类似工程经验和相关规范,设计浆液扩散半径为1m。根据不同位置处的地质情况,可动态调控浆液配比,设计不同的浆液扩散半径,如图3-11所示。

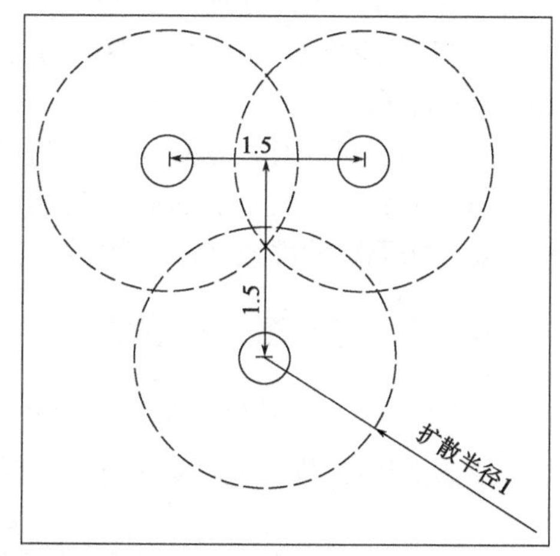

图3-11 浆液扩散示意图(尺寸单位:m)

3)注浆量估算

本工程单孔注浆量预计采用三系数计算法,按地层空隙率、地层空隙充填率、浆液损失率3个系数进行注浆量的计算,公式如下:

$$Q=vn\alpha(1+\beta) \tag{3-4}$$

式中:Q——单孔注浆量,m³;

v——注浆加固体体积,m³;

n——地层空隙率,取0.25;

α——地层空隙充填率,取0.95;

β——浆液损失率,取1.2。

依据上式得出:

$$Q=(3.14\times1^2\times3.5)\times0.25\times0.95\times(1+0.2)\approx3(\text{m}^3)$$

4)注浆结束标准

本项目采用量压双控结束标准。

(1)当注浆压力达到设计终压,并且稳定10min左右即停止注浆。

(2)当注浆量达到单孔设计注浆量后即停止注浆;若注浆压力未达到设计终压,通过调整浆液凝胶时间达到设计终压。

(3)以上两项标准满足其中之一即停止注浆。

(4)注浆过程中达到注浆终压后,均需持续稳压10min,且浆液流量低于5L/min。

3.3.4 施工设计

3.3.4.1 钻孔施工

为保证成孔质量及满足注浆要求,本工程应采用地质钻机进行钻孔。

根据工程的地质及水文地质条件,且考虑到边坡的施工稳定性,设计首先施工外排钻孔(A 排),然后依次向边坡推进。

3.3.4.2 注浆顺序

(1)埋设完 ϕ108 套管后,进行双液封管注浆,设计终压为 1.5MPa。

(2)待套管凝固强度达到要求后,采用孔口注浆方法,进行单液注浆,设计注浆量为 2t。

(3)单液注浆完毕后,配制 C-S 双液,采用双液注浆泵进行钻孔封孔。

(4)采用 ϕ89 钻头进行套管内复钻,达到孔底后下设 3 根 ϕ25 螺纹钢筋,3 根螺纹钢筋采用箍筋绑扎成一体。

(5)于孔口处灌注水泥砂浆,完成钢管桩注浆加固。

3.3.4.3 特殊情况处理

(1)注浆过程中,发现冒浆漏浆,应根据具体情况采用嵌缝、表面封堵、低压、浓浆、限量、间歇注浆等方法进行处理。发生串浆时,如串浆孔具备注浆条件,可以同时进行注浆,应一泵灌一孔,否则应将串浆孔用塞塞住,待注浆孔注浆结束后,再对串浆孔并行扫孔、冲洗,而后继续钻进和注浆。

(2)注浆过程中密切观察边坡情况,防止注浆压力过高、注浆量过大对边坡产生破坏变形。

(3)注浆工作必须持续进行,若因故中断,应及早恢复注浆,否则应立即冲洗钻孔,而后恢复注浆。如无法冲洗或冲洗无效,则应进行扫孔,而后恢复注浆。

3.3.5 现场注浆和结果分析

3.3.5.1 现场监测方案布设和注浆

依据上述监测点方案设计边坡注浆监测点位,如表 3-6、图 3-12 和图 3-13 所示。

监测点里程桩号布设 表 3-6

监 测 桩 号	地表检测点(有/无)	深部监测点(有/无)
K1 +845	√	×
K1 +865	√	√
K1 +885	√	×
K1 +905	√	√
K1 +925	√	×
K1 +945	√	√
K1 +965	√	×
K1 +985	√	√

续上表

监 测 桩 号	地表检测点(有/无)	深部监测点(有/无)
K2 +005	√	√
K2 +025	√	√
K2 +035	√	×
K2 +045	√	√
K2 +055	√	×
K2 +065	√	√
K2 +075	√	×
K2 +085	√	√
K2 +095	√	√

随着施工进行,边坡坡底最下一层开挖后 YK2 +005 ~ K1 +945 范围内,距坡面线 3 ~ 4m 出现间断性纵向裂缝,埋设相关测斜管和相应地表观测点,并进行了持续观测,边坡注浆加固完成后,对边坡坡顶水平方向位移、垂直方向位移和深层水平方向位移进行长期监测。

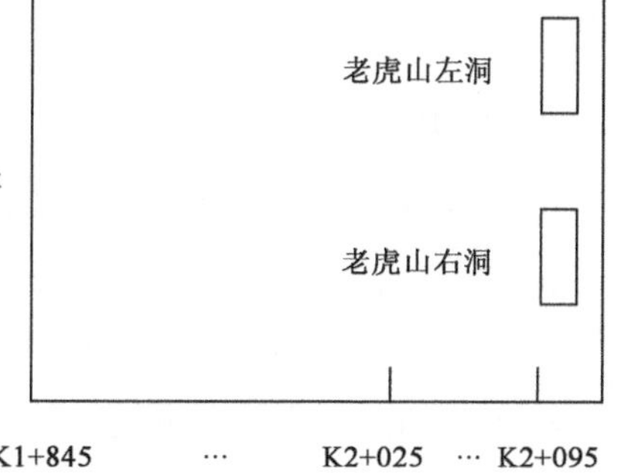

图 3-12 监测点布设示意图

3.3.5.2 数据采集及结果分析

1)监测结果分析

(1)深层水平位移

根据图 3-14 所示结果,其中 YK1 +985 点深层水平方向测量数据在 6m 位置处当天为1.45mm/d,监测累积 10 天时,YK1 +985 点 6m 深度处深层水平方向累计值为 3.25mm,其余累计位移值均小于该值。监测天数达到 20 天时,YK1 +985 点测斜数据未发现明显变化,6m 深度处累计位移值为 3.23mm,变化速率为 0 ~0.04mm/d 之间,裂缝也未见继续发展。

a)

b)

图 3-13 监测点现场布设

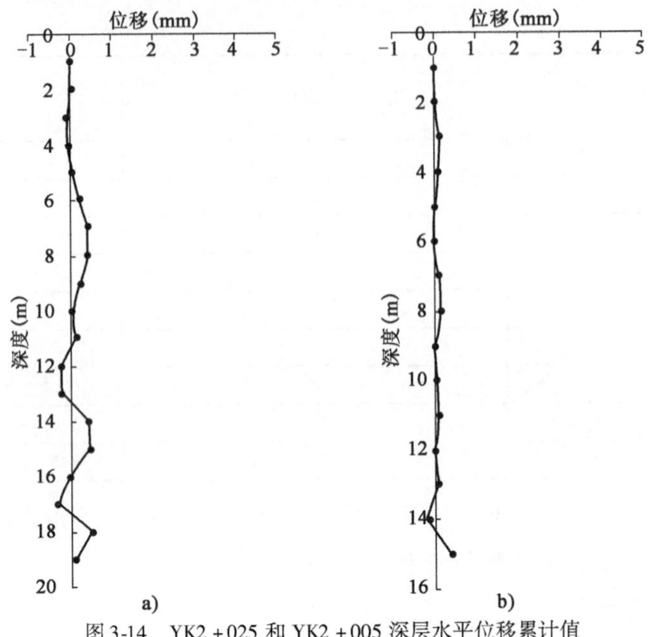

图 3-14　YK2 +025 和 YK2 +005 深层水平位移累计值

(2)地表水平位移和沉降

累积监测天数达到 20 天时,地表水平位移值均小于 20mm,其中变形最大值为 YK1 +965 点,为 18.9mm,大部分测点变化速率小于 5mm/d。同时,YK1 +985、YK1 +965 点最终沉降值为 10.0mm、13.0mm,其余测点值均小于 5mm。

2)边坡加固方案效果分析

注浆加固完后对路基边坡完成监测分析,通过最终监测值(如图 3-15 所示)可得。

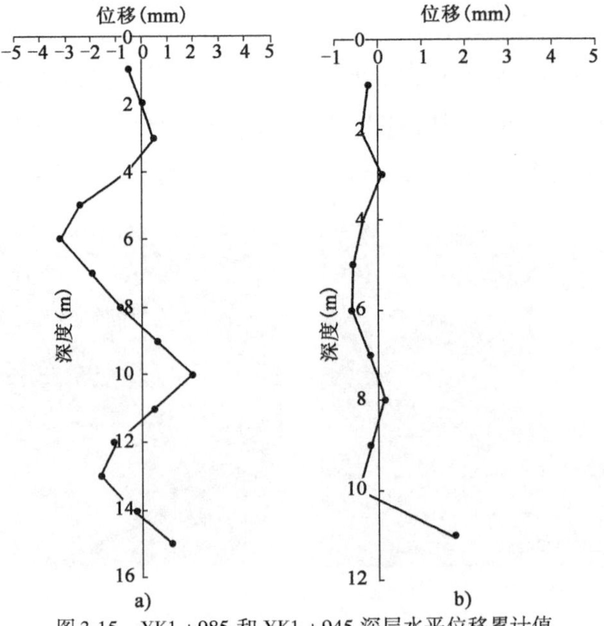

图 3-15　YK1 +985 和 YK1 +945 深层水平位移累计值

(1)在监测期内,深层水平位移在注浆加固完成后变化速率保持在较低范围内,且随着监测进行变化速率逐渐降低,最大累积位移为3.23mm,并趋于稳定。

(2)同样,在监测期内,地表水平位移和沉降,大部分监测点变化速率在规范阈值范围内,累积最大变形值为水平位移18.9mm。

根据监测位移结果,验证了加固设计方案获取较好的加固成效。

3)结论和建议

(1)针对明洞边坡段工程地质、水文地质和现场施工情况,通过对注浆工艺、施工参数、注浆材料的设计与应用,设计完成边坡注浆加固方案,详细介绍了钻孔布置方案和注浆参数。

(2)基于强度折减法并借助数值分析方法对边坡稳定性进行了计算模拟,根据计算结果确定了钻孔深度。同时确定了边坡动态稳定性评价流程。

(3)根据现场情况,完成注浆加固后对该段边坡设计了深部和表层位移监测方案,验证了加固方案的合理性和实用性。

3.4 隧道基底软弱土层注浆加固方案

3.4.1 灾害概况和治理原则

济南绕城高速济南连接线老虎山隧道进口明洞段上覆土层主要为填土、粉质黏土及碎石土、块石等地层,厚度21.0~24.5m,下伏基岩为中风化辉长岩。该部分地层不能满足隧道对隧底承载力的要求,若不进行有效加固可能会导致明洞隧道施工期和运营期隧底不均匀沉降,进而导致隧道结构破坏。

3.4.1.1 注浆治理目标

通过实施地表注浆,对隧道仰拱以下地层进行加固,改善地层力学性能,提高隧底承载力,确保隧道施工期和运营期安全。

3.4.1.2 治理难点及注浆治理思路

(1)治理难点

采用地表注浆方式对目标区域进行加固,目标加固区域以上为第四系表土层,无法为注浆浆液扩散提供止浆岩层,浆液扩散控制困难,注浆过程中可能会出现返浆、冒浆等问题,导致浆液多留存在地表附近范围,而目标区域加固效果难以保证。

(2)注浆治理思路

采用地表注浆手段,通过调整注浆材料配比、选用合适的注浆工艺和注浆参数对浆液扩散过程进行精确控制,以隧道仰拱以下6m范围内的地层作为目标加固区域,使目标加固区域内尽可能多地留存浆液,避免浆液的无效扩散,实现隧道隧底的有效加固。

3.4.2 注浆治理方案

3.4.2.1 注浆加固范围

根据隧道区域地质资料及注浆加固需求，地表注浆加固范围侧边界为仰拱开挖轮廓线，注浆范围上边界为仰拱底部边界，注浆范围下边界为仰拱底部边界以下6m。

3.4.2.2 钻孔布置

钻孔方式采用地表垂直钻孔，采用两序钻孔布置，第Ⅰ序钻孔为正常注浆孔，第Ⅱ序钻孔为检查及补充注浆孔。Ⅰ序钻孔孔间距为3m，Ⅱ序钻孔内插Ⅰ序孔，孔间距为3m，所有钻孔深度均为9m。施工过程中先对第Ⅰ序钻孔进行注浆，第Ⅰ序钻孔注浆结束后，对注浆薄弱区域选择部分Ⅱ序钻孔进行注浆效果检查并对注浆效果较差的区域进行补充注浆，注浆钻孔布置如图3-16和图3-17所示。

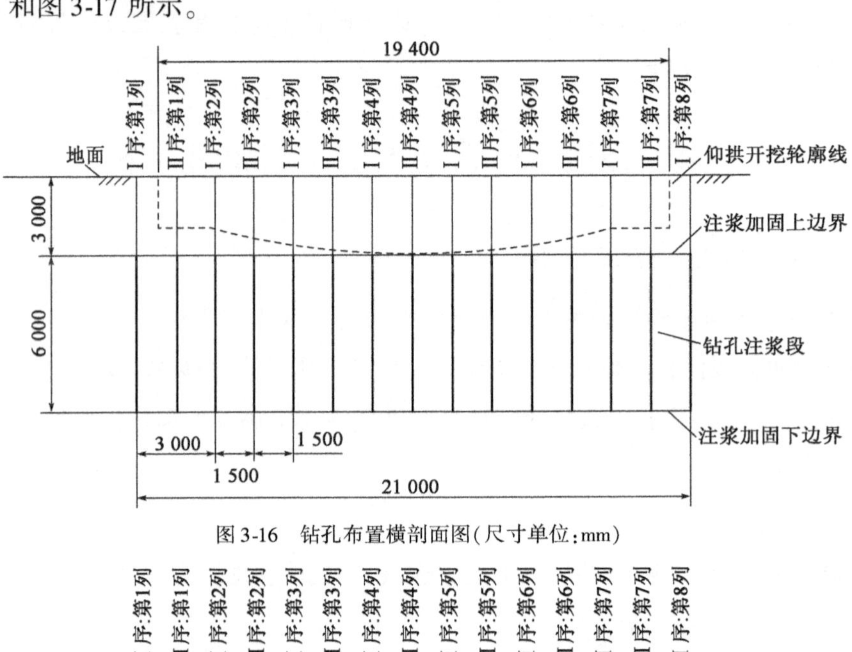

图3-16　钻孔布置横剖面图(尺寸单位:mm)

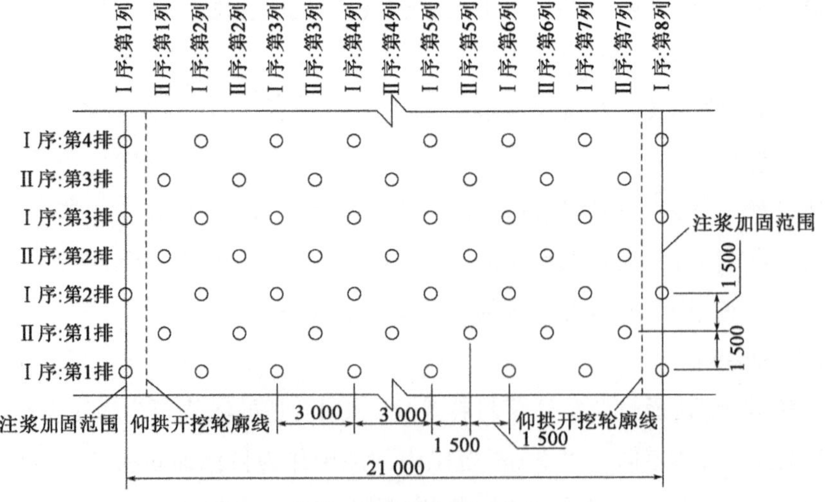

图3-17　钻孔布置平面图(尺寸单位:mm)

3.4.2.3　钻孔结构设计

保证注浆加固效果的关键是确保注入的浆液都留存在目标加固区域内，目标区域内的有效注浆量与注浆加固效果紧密相关。为防止浆液在钻孔浅部进入地层造成无效的浆液扩散，保证浆液在钻孔注浆段区域内注入地层，采用隔压膨胀模袋（专利号：ZL2012105831322）隔断浆液的向上扩散通道。钻孔结构如图3-18所示，上部3.3m为PVC管，中部1.5m为模袋，下部4.2m为钻孔注浆段。

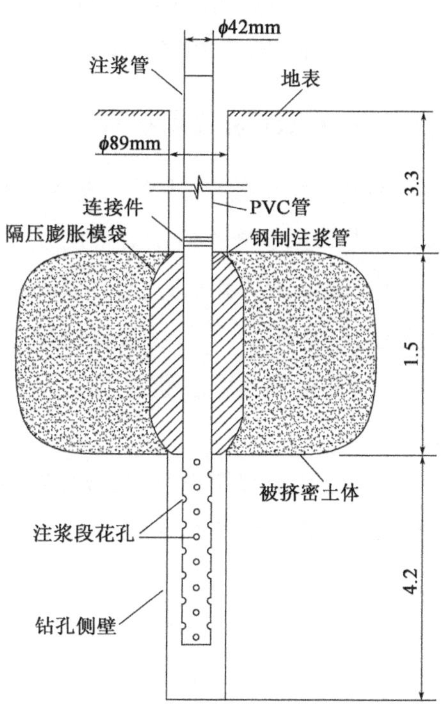

图3-18　钻孔结构图（尺寸单位：m）

隔压膨胀模袋的工作原理为：在注浆之前，向隔压膨胀膜袋中注入膨胀性浆液，使模袋膨胀并压紧钻孔周边地层，通过模袋对目标注浆层以上的土体进行挤密加固，膨胀模袋与土体挤密加固区域形成止浆岩盘使浆液不能由出浆区域向上返浆，从而实现浆液在目标区域的有效留存，为实现浆液的有效留存提供充分保障。

为保证仰拱开挖过程中不破坏注浆管结构，注浆管上部3.3m段为PVC管，通过连接头与下部钢制注浆管连接，在仰拱开挖过程中可直接将PVC管挖掉。

3.4.3　注浆材料与注浆参数

3.4.3.1　浆液类型

为控制浆液扩散范围，注浆材料以水泥—水玻璃浆液为主，辅助使用水泥单液浆，若注浆加固体强度不能满足要求，可采用硫铝酸盐水泥。

水泥—水玻璃双浆液：其配比为 $W:C=1:1$，$C:S=1:1\sim4:1$，浆液配比可根据现场注浆过程实时反馈调节；水玻璃模数为2.4～3.4，浓度为（35～40）Be'。

水泥单液浆：水灰比为 $W:C=1:1$。

3.4.3.2　注浆压力和注浆扩散半径

考虑本工程注浆深度非常浅，注浆压力不宜过高，初步拟定注浆压力0.5～1.5MPa，注浆扩散半径为1.4～1.6m，注浆实施过程中根据需要动态调整注浆参数。

3.4.3.3　注浆结束标准

以单孔注浆量和注浆压力作为控制指标，采用“量—压”双控注浆结束标准进行注浆控制,具体标准如下。

(1)当注浆量未达到设计标准但注浆压力达到设计终压,且维持5min以上,停止注浆;

(2)当注浆量达到单孔设计注浆量后,若注浆压力未达到设计终压,可通过调整浆液凝胶时间达到设计终压,并停止注浆。

3.4.4 注浆效果检查

为确保注浆效果,需对地表注浆效果进行检查,若注浆存在加固薄弱区应进行相应补充注浆。注浆效果检查手段主要采用以下4种。

(1)地表检查孔探查,对注浆过程中可能存在的加固薄弱区域,通过II序检查和补充注浆孔对注浆加固区域进行注浆效果检查。

(2)通过钻孔取芯获得9m深度范围内的土样,并测试其力学参数,从而评价注浆加固效果。

(3)钻孔电视探查,选取特征性检查孔进行钻孔电视探查,获得钻孔内部岩性随钻孔深度变化情况、出水位置等地质信息,评估注浆加固效果。

第4章　洞身开挖方案

老虎山隧道主洞设计为四车道,限界高度5.0m,宽度16.75m;隧道净高8.961m,总宽度17.608m。车行横洞限界高度5.0m,宽度4m。人行横洞限界高度2.50m,宽度2.0m。救援通道断面同行车横洞。隧道断面参数如表4-1所示。

老虎山隧道断面参数　　表4-1

序号	衬砌类型	开挖宽度(m)	开挖高度(m)	开挖面积(m^2)	有无仰拱
1	Ⅲ级	19.168	10.593	168.47	无
2	Ⅳ级一般	16.308	13.061	208.2	有
3	Ⅳ级加强	16.348	13.101	207.36	有
4	Ⅴ级一般	19.808	13.361	214.34	有
5	Ⅴ级加强	20.008	13.561	219.78	有
6	Ⅴ级浅埋	20.008	13.561	219.78	有

设计要求Ⅲ级围岩地段采用两台阶法,Ⅳ级围岩采用中隔壁(CD)法,Ⅴ级围岩一般衬砌段采用交叉中隔壁(CRD)法,Ⅴ级围岩浅埋段和Ⅴ级围岩加强段采用设临时仰拱的双侧壁导坑法。

4.1　双侧壁导坑法

老虎山隧道Ⅴ级围岩浅埋段和Ⅴ级围岩加强段设计采用设临时仰拱的双侧壁导坑法,双侧壁导坑法施工工艺同8.2部分,只是在超前小导管支护部分,Ⅴ围岩一般段采用单排小导管,长度4m,外插角5°~7°。

4.2　交叉中隔壁(CRD)法

交叉中隔壁法是将隧道分侧分层进行开挖,分部封闭成环。每开挖一部均及时施作锚喷支护、安设钢架、施作中隔壁、安装底部临时仰拱;待整个开挖面支护成环且围岩变形稳定后拆除临时支护,立即施作二次衬砌。

4.2.1　施工工艺

交叉中隔壁(CRD)法施工流程如图4-1所示。

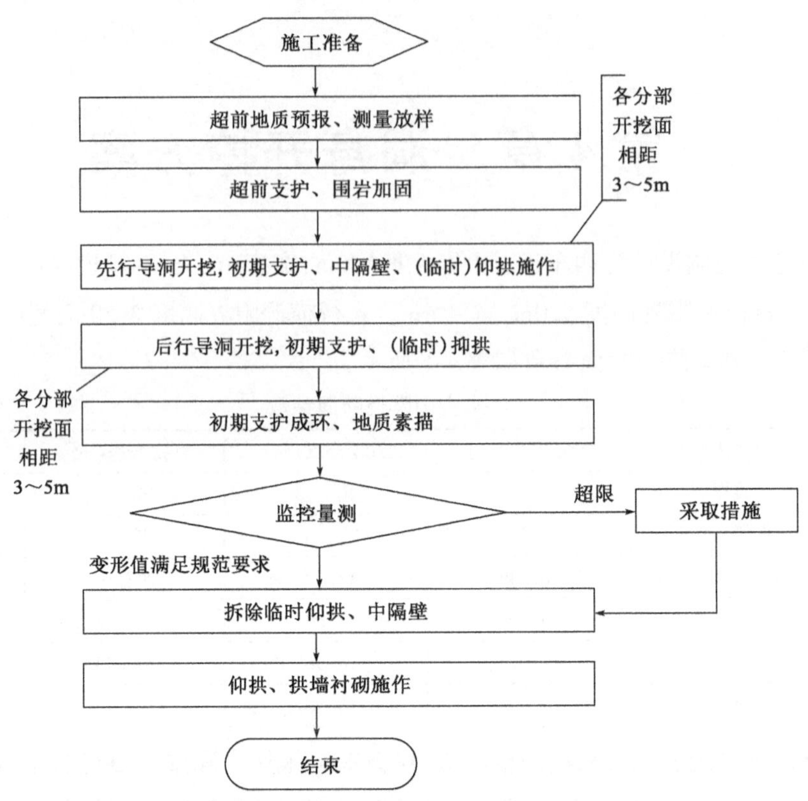

图 4-1 交叉中隔壁(CRD)法施工工艺流程图

4.2.2 交叉中隔壁(CRD)法施工主要步骤

交叉中隔壁(CRD)法施工横断面、纵断面、平面示意图如图 4-2 ~ 图 4-4 所示。

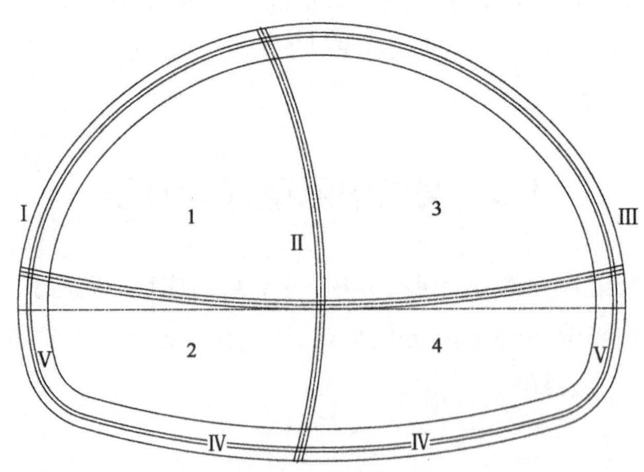

图 4-2 交叉中隔壁(CRD)法施工工序横断面示意图

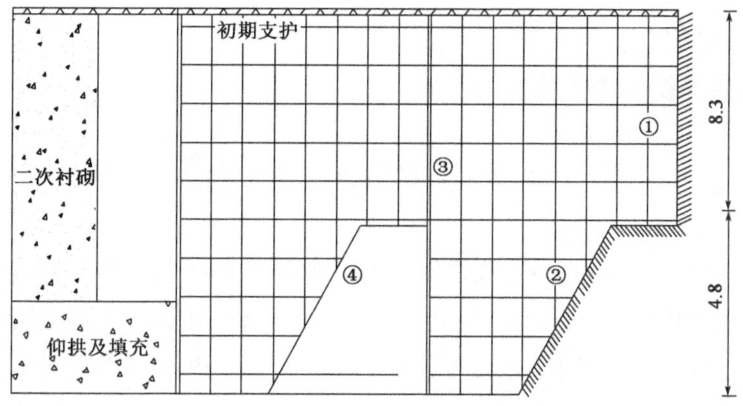

图4-3　交叉中隔壁(CRD)法施工工序纵平面示意图(尺寸单位:m)

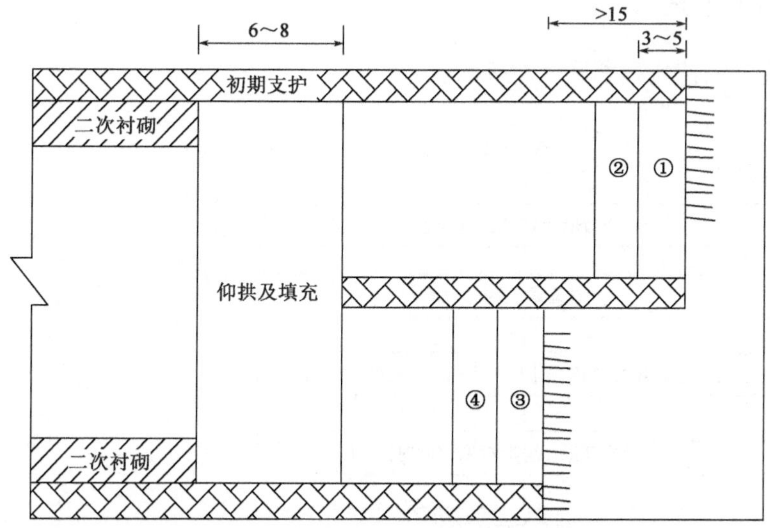

图4-4　交叉中隔壁(CRD)法施工工序平面示意图(尺寸单位:m)

(1)开挖先行导坑上台阶1部。

(2)施工初期支护Ⅰ、Ⅱ上部,施作临时仰拱封闭。

(3)开挖先行导坑下台阶2部。

(4)施工初期支护Ⅰ、Ⅱ下部,施做初期支护仰拱Ⅳ。

(5)开挖后行导坑上台阶3部。

(6)施工初期支护Ⅲ上部,施作临时仰拱封闭。

(7)开挖后行导坑下台阶4部。

(8)施工初期支护Ⅲ下部,施做初期支护仰拱Ⅳ。

(9)拆除中隔壁临时支护。

(10)仰拱模筑、填充及拱墙混凝土Ⅴ。

4.2.3 施工方法

与3.2中隔壁(CD)法施工方法相同。

4.3 中隔壁(CD)法

适用于Ⅳ级围岩,中隔壁(CD)法隧道施工先施作超前支护,然后沿一侧自上而下分为两台阶进行,每开挖一步均应及时施作锚喷支护、安设钢架,施作中隔壁,中隔壁墙依次分步联结而成;下台阶底部施做初期支护仰拱,之后再开挖中隔墙的另一侧,其分步次数和支护形式与先开挖的一侧相同。待整个开挖面支护成环且围岩变形稳定后拆除临时支护,立即施作二次衬砌。

4.3.1 施工工艺

中隔壁法施工工艺流程如图4-5所示。

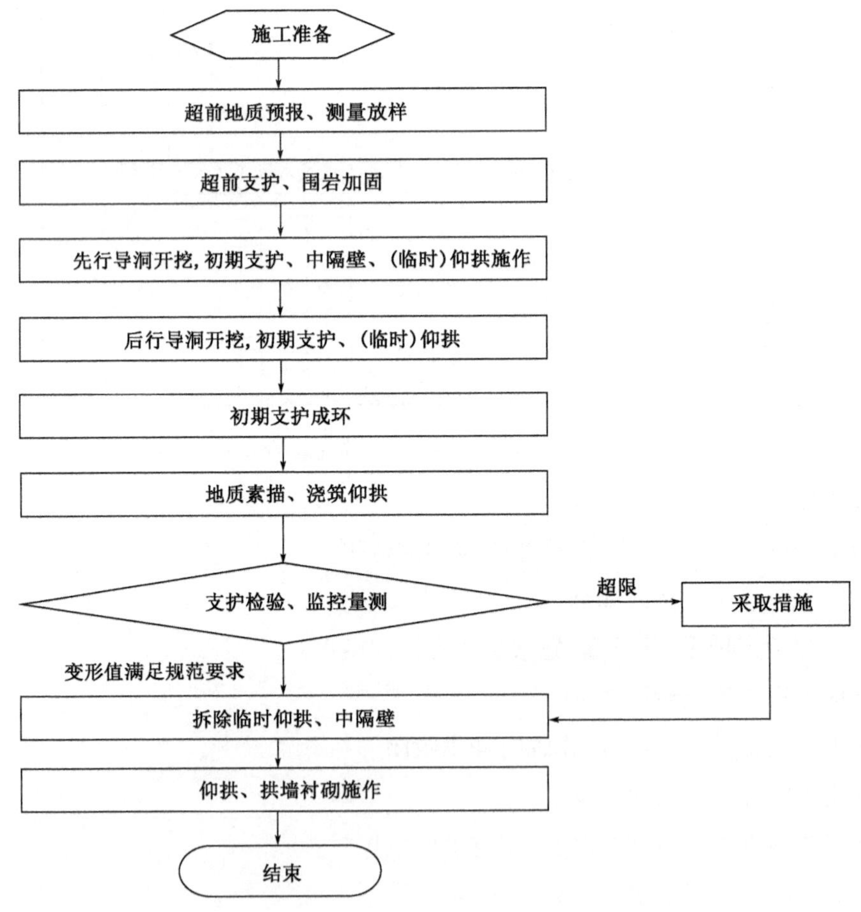

图4-5 中隔壁(CD)法施工工艺流程图

4.3.2 中隔壁(CD)法施工主要步骤

中隔壁(CD)法施工横断面、纵断面、平面示意图如图4-6、图4-7、图4-8所示。

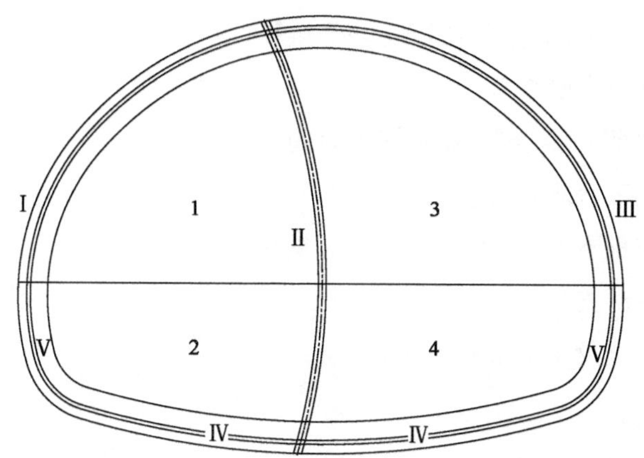

图4-6 中隔壁(CD)法施工工序横断面示意图

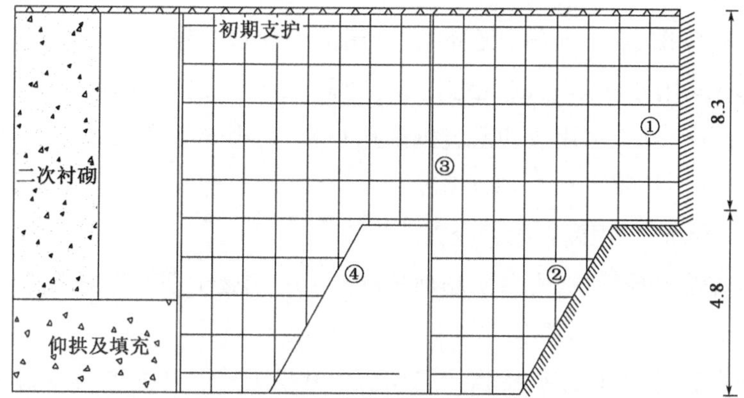

图4-7 中隔壁(CD)法施工工序纵断面示意图(尺寸单位:m)

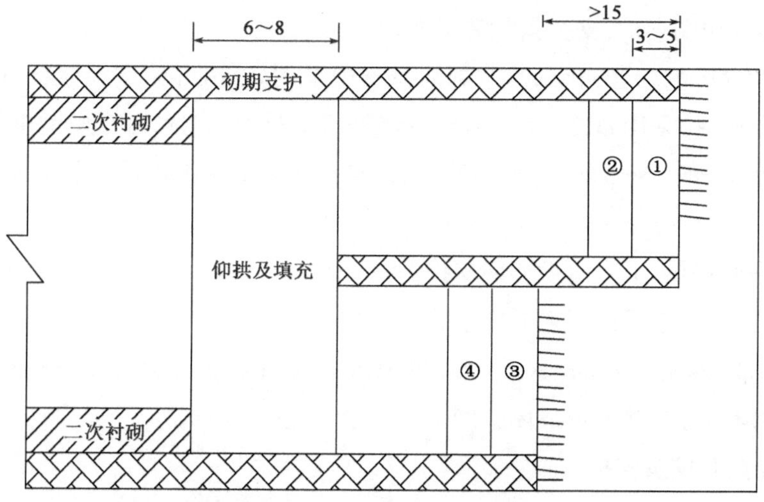

图4-8 中隔壁(CD)法施工工序平面示意图(尺寸单位:m)

(1)开挖上台阶1部。

(2)施工初期支护Ⅰ上部,施作中隔壁临时支护。

(3)开挖下台阶2部。

(4)施工初期支护Ⅰ下部,施作初期支护仰拱Ⅳ。

(5)开挖后行导坑上台阶3部。

(6)施工初期支护Ⅲ上部,施作临时仰拱封闭。

(7)开挖后行导坑下台阶4部。

(8)施工初期支护Ⅲ下部,施作初期支护仰拱Ⅳ。

(9)拆除中隔壁临时支护。

(10)仰拱模筑、填充及拱墙混凝土Ⅴ。

4.3.3 施工方法

(1)超前支护

主洞洞身采用单排$\phi 50\times 5$mm(无缝钢管)超前小导管支护,小导管单根长度4m,外插角5°~7°。导洞侧壁采用$\phi 42\times 4$mm(无缝钢管)超前小导管支护。超前小导管加工场制作,运至工作面安装,超前小导管采用风动凿岩机钻孔并导入,小导管注浆采用注浆机压注,浆液为水泥单液浆,注浆压力控制在0.5~1.0MPa。

(2)开挖先行导坑,采用两台阶开挖方式

采用微台阶方法开挖导坑,上台阶超前长度3~5m。施工期间做好施工安排及协调,避免施工干扰。

开挖采用弱爆破为主,软弱破碎岩层采用机械开挖方式。开挖进尺控制在1~2榀钢架距离为宜。

(3)先行导坑初期支护,支护紧跟掌子面

主洞洞身和导坑侧壁墙初喷后,主洞洞身支护采用$\phi 25$mm中空注浆锚杆、钢筋网片、型钢拱架,导坑侧壁支护采用$\phi 22$mm早强砂浆锚杆、钢筋网片、I18临时型钢拱架,纵向间距同主洞洞身钢架间距,钢架纵向设连接钢筋连接,拱脚处施作锁脚锚杆(管),以加强钢支撑的稳定。

上台阶设临时仰拱,下台阶设初期支护仰拱,步步成环。(临时)仰拱封闭及时,尽量缩短成环时间,必要时进行掌子面喷射混凝土临时支护。

主洞喷射C25混凝土28cm厚,导坑侧壁墙湿喷喷射C25混凝土20cm厚,喷射混凝土采用湿喷工艺,使隧道开挖侧壁形成闭合圈。

(4)后行导洞开挖及支护

先行导洞开挖大于15m后,开挖后行导洞,并施作初期支护。

保持各分部开挖断面和各部的纵向间距，开挖轮廓线要圆顺，以减少出现应力集中现象。

(5)临时支撑拆除和二次衬砌

临时支撑拆除一定要等围岩变形稳定后才能进行。一次拆除长度应根据量测数据分析慎重确定，并加强拆除过程监控量测，一次拆除长度不宜超过15m。中隔壁混凝土拆除时，要防止对初期支护系统形成大的震动和扰动。

二次衬砌采用液压整体模板衬砌台车，混凝土输送泵入模；插入式振捣器振捣为主，附着式振捣器为辅的振捣方式。

4.4　台　阶　法

适用于Ⅲ级围岩地段，台阶法开挖将全断面共分上台阶和下台阶两部分，采用平行流水作业，先开挖上台阶，下台阶跟进施工。

4.4.1　施工工艺

台阶法施工流程如图4-9所示。

4.4.2　施工步骤

两台阶法施工横断面、纵断面、平面示意图如图4-10～图4-12。

台阶法施工主要步骤如下。

(1)台阶开挖1部。

(2)施工初期支护Ⅰ上部。

(3)开挖下台阶2部。

(4)施工初期支护Ⅰ下部。

(5)隧道铺底混凝土Ⅱ部。

(6)拱墙混凝土Ⅲ。

4.4.3　施工方法

(1)上台阶开挖高度约为6.6m，上台阶超前长度20～30m。下台阶分左右幅开挖，左右幅交替开挖(开挖面纵向距离不小于5m，避免上台阶钢架两侧拱脚同时悬空)并进行初期支护，以保证上台阶车辆通行。

(2)隧道洞身开挖采用光面爆破，风动凿岩机钻孔，人工装药；爆破采用非电毫秒雷管起爆，乳化炸药或2#岩石硝胺炸药爆破。开挖使用自制台架作为施工平台进行施工作业。

(3)隧道出碴采用无轨运输方式，装载机装碴，挖掘机清底，自卸汽车出渣。

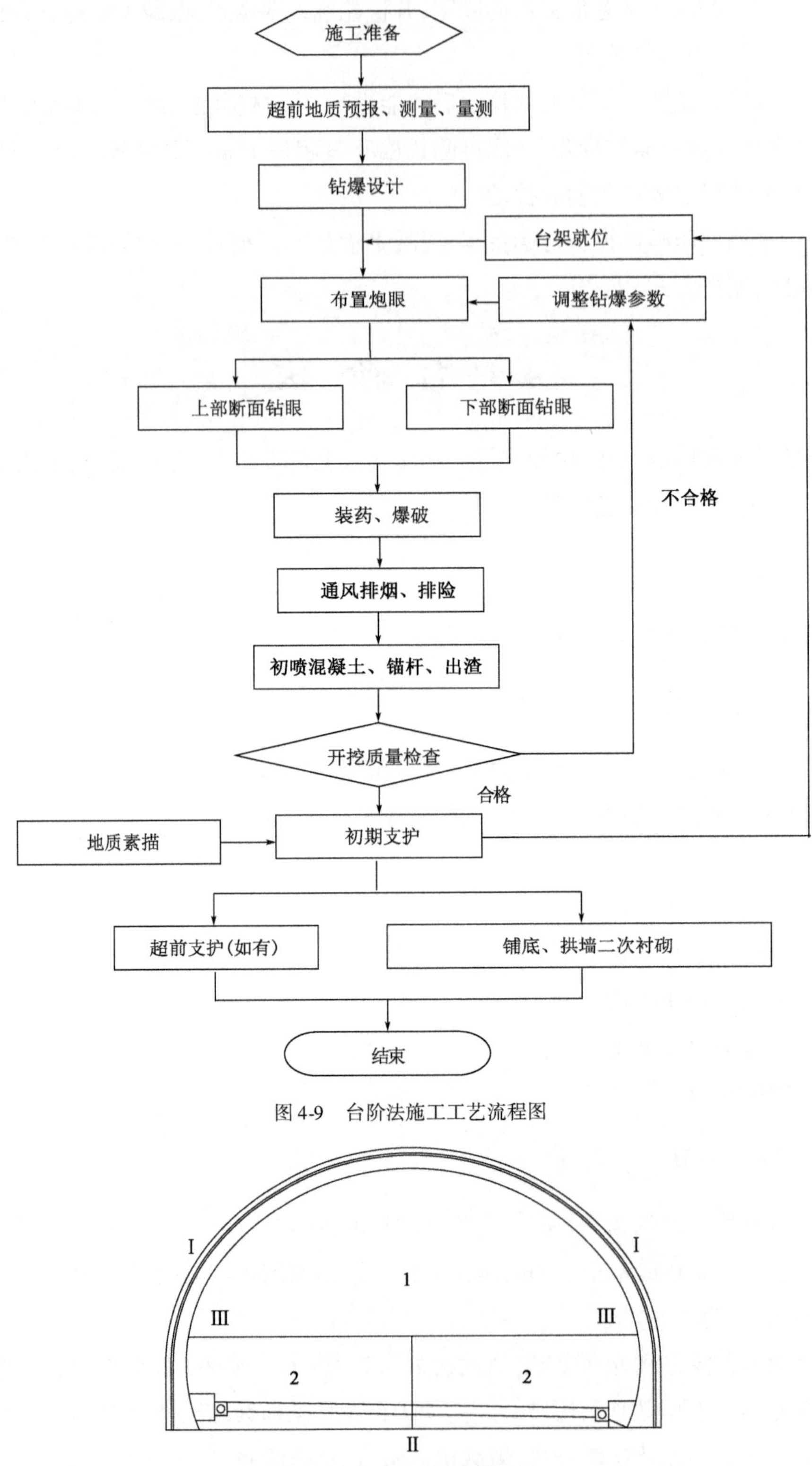

图4-9　台阶法施工工艺流程图

图4-10　台阶法施工工序横断面示意图

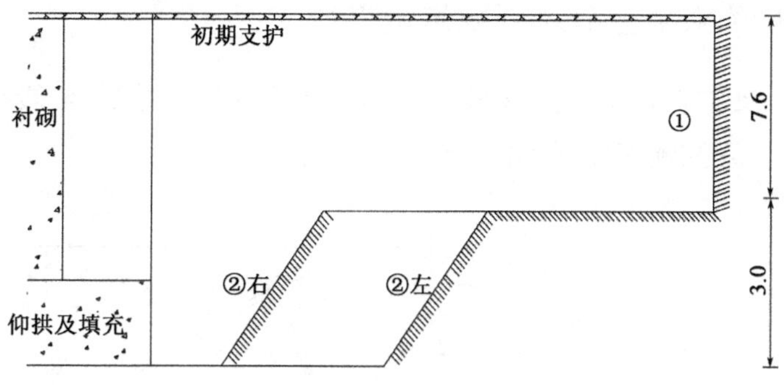

图 4-11 台阶法施工工序纵断面示意图(尺寸单位:m)

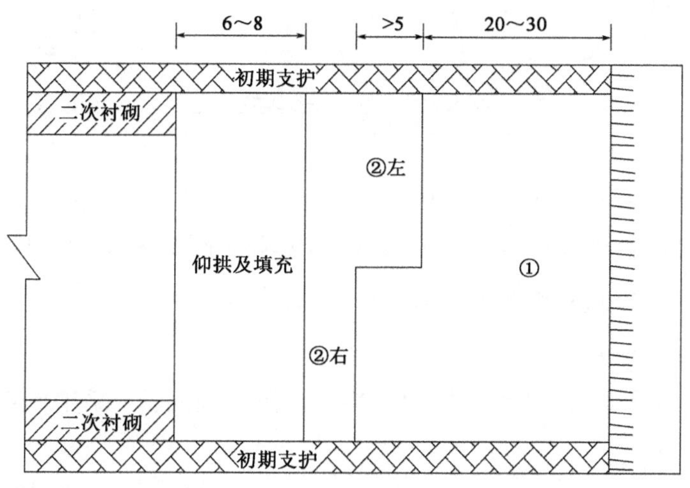

图 4-12 台阶法施工工序平面示意图(尺寸单位:m)

(4)格栅钢架在洞外加工场胎模加工成型,经预拼装检验合格后洞内安设。采用湿喷工艺进行洞内喷射混凝土施工,混凝土由强制式拌和机拌制,混凝土运输车运至作业面;锚杆采用风动凿岩机成孔,注浆泵压注水泥浆或水泥砂浆。

(5)隧道铺底混凝土(路面基层)分左右幅施工,以便车辆通行。

4.5 钻爆方案

老虎山隧道洞身开挖以爆破开挖为主,机械开挖为辅。所有爆破均采用光面爆破,导爆管非电起爆、毫秒微差爆破。炸药选用2号岩石硝铵炸药和乳化炸药,使用药卷形式,药卷直径选用 ϕ25mm、ϕ32mm 两种。

4.5.1 V级围岩双侧壁导坑开挖爆破设计

根据围岩条件及支护方案设计，V级围岩采取双侧壁导坑开挖爆破，岩石段采用钻爆法施工，周边孔光面爆破。开挖顺序如图4-13所示。

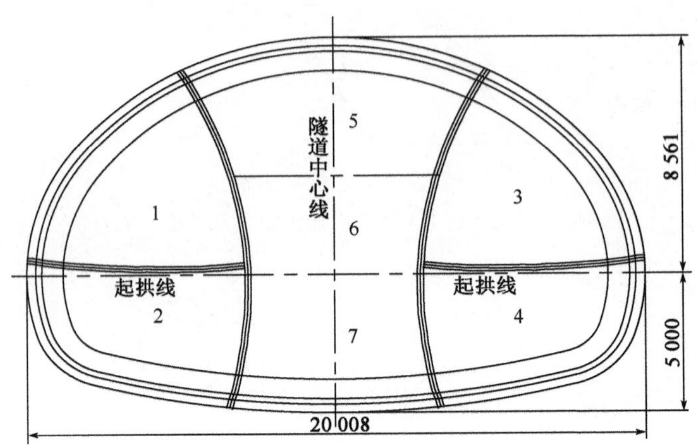

图4-13 V级围岩双侧壁导坑开挖顺序示意图(尺寸单位:cm)

其中，每个循环的距离为5～10m，便于及时的运输石渣、顶板支护等其他工序。

4.5.1.1 V级围岩1、3部开挖法爆破参数设计

(1)孔径 d 及药卷规格

隧道掘进钻孔采用YT28型气腿凿岩机，钻孔直径 d =40mm。采用普通抗水乳化炸药。

(2)孔深 L

V级浅埋进尺0.6m，V级加强进尺1.2m，V级一般进尺1.5m。炮眼利用率为85%，则据此计算钻孔深度，详如表4-2、表4-3所示。

V级浅埋双侧壁导坑法开挖爆破参数表　　表4-2

开挖部位	炮孔名称	雷管段次	炮孔数(个)	孔深(m)	装药长度(m)	堵塞长度(m)	装药系数	单孔装药量(kg)	同段齐爆药量(kg)	装药方式
左侧上部台阶	掏槽孔1	1	8	0.5	0.25	0.25	0.5	0.25	2	反向
	掏槽孔2	3	8	0.9	0.45	0.45	0.5	0.45	3.6	反向
	辅助孔		56	0.7	0.28	0.42	0.4	0.28	15.68	反向
	周边孔	15	28	0.7	0.2	0.5	0.15	0.1	2.8	药串
	底板孔	13	13	0.7	0.28	0.42	0.4	0.28	3.64	反向
左侧下部台阶	辅助孔		36	0.7	0.28	0.42	0.4	0.28	10.08	反向
	周边孔	15	13	0.7	0.2	0.5	0.15	0.1	1.3	药串
	底板孔	13	13	0.7	0.28	0.42	0.4	0.28	3.64	反向

续上表

开挖部位	炮孔名称	雷管段次	炮孔数（个）	孔深（m）	装药长度（m）	堵塞长度（m）	装药系数	单孔装药量(kg)	同段齐爆药量(kg)	装药方式
右侧上部台阶	掏槽孔1	1	8	0.5	0.25	0.25	0.5	0.25	2	反向
	掏槽孔2	3	8	0.9	0.45	0.45	0.5	0.45	3.6	反向
	辅助孔		56	0.7	0.28	0.42	0.4	0.28	15.68	反向
	周边孔	15	28	0.7	0.2	0.5	0.15	0.1	2.8	药串
	底板孔	13	13	0.7	0.28	0.42	0.4	0.28	3.64	反向
右侧下部台阶	辅助孔		36	0.7	0.28	0.42	0.4	0.28	10.08	反向
	周边孔	15	13	0.7	0.2	0.5	0.15	0.1	1.3	药串
	底板孔	13	13	0.7	0.28	0.42	0.4	0.28	3.64	反向
中间上部台阶	掏槽孔1	1	8	0.5	0.25	0.25	0.5	0.25	2	反向
	掏槽孔2	3	8	0.9	0.45	0.45	0.5	0.45	3.6	反向
	辅助孔		67	0.7	0.28	0.42	0.4	0.28	18.76	反向
	周边孔	15	35	0.7	0.2	0.5	0.15	0.1	3.5	药串
	底板孔	13	5	0.7	0.28	0.42	0.4	0.28	1.4	反向
中间中部台阶	辅助孔		20	0.7	0.28	0.42	0.4	0.28	5.6	反向
	周边孔	15	6	0.7	0.2	0.5	0.15	0.1	0.6	药串
中间下部台阶	辅助孔		33	0.7	0.28	0.42	0.4	0.28	9.24	反向
	周边孔	15	14	0.7	0.2	0.5	0.15	0.1	1.4	药串
合计			546		0	0		0	131.58	

V级浅埋爆破技术经济指标　　表4-3

序　号	项　目	单　位	数　量
1	开挖断面积	m^2	219.7
2	预计每循环进尺	m	0.6
3	每循环爆破石方	m^3	131.8
4	炮眼总数	个	546
5	钻孔总数	m	546
6	雷管用量	发	620
7	炸药用量	kg	131.58
8	单位体积原岩耗炸药量	kg/m^3	1.0
9	单位体积原岩耗雷管量	发/m^3	4.7
10	单位进尺耗炸药量	kg/m	219.3
11	单位进尺耗雷管量	发/m	1033.3
12	炮眼利用率	%	85

(3)炮孔布置

辅助孔间距取值0.5～10m,周边孔间距取值0.4～0.8m,周边孔距离隧道轮廓线取0.1～0.2m;底孔间距一般为0.4～0.7m,孔口比隧道底板高出0.1～0.2m,孔底低于底板0.1～0.2m。

周边眼孔径取 $d=40mm$。周边炮眼的孔间距 E 一般为$(8～18)d$,这里取 $E=50cm$。根据Ⅴ级采用多打孔少装药,因此辅助孔取0.6m,底板孔取0.5m。

(4)掏槽类型

本阶段爆破掏槽采用复式楔形掏槽,如图4-14所示。

Ⅴ级围岩段左上台阶1开挖爆破设计如图4-15所示。

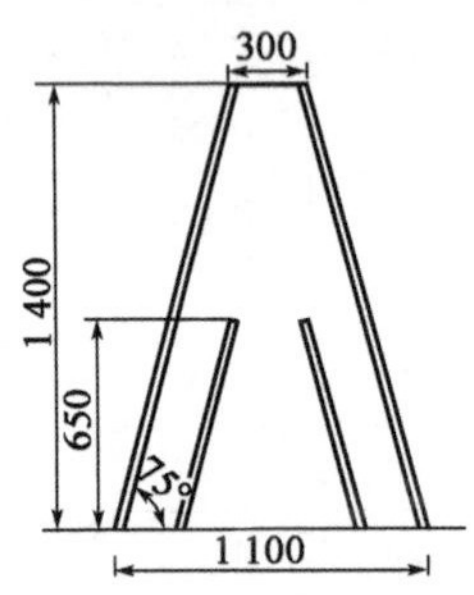

图4-14 Ⅴ级加强复式楔形掏槽图(尺寸单位:mm)

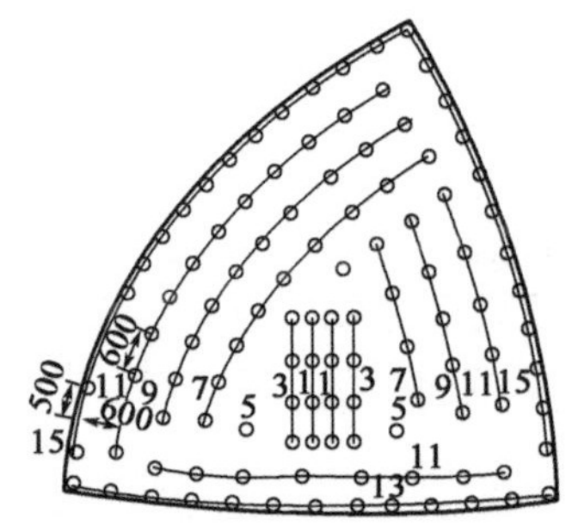

图4-15 Ⅴ类围岩左上台阶炮孔布置和起爆段别图

4.5.1.2 Ⅴ级围岩2、4部开挖法爆破参数设计

左下台阶开挖爆破与上台阶爆破相比,增加了临空面,减少了掏槽。Ⅴ级围岩段左下台阶2开挖爆破设计如图4-16所示。

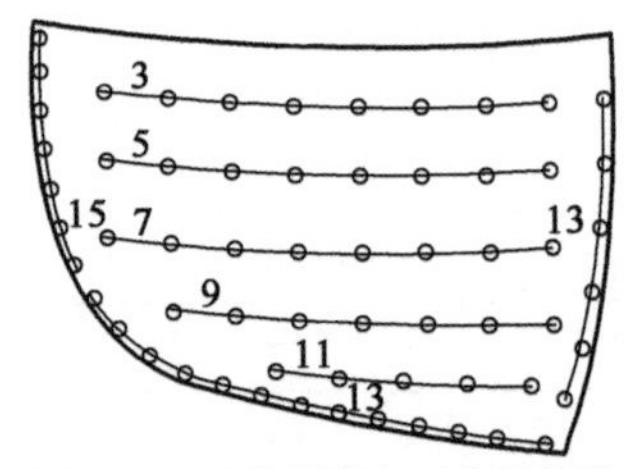

图4-16 Ⅴ类围岩左下台阶炮孔布置和起爆段别图

4.5.1.3 Ⅴ级围岩5、6、7部开挖法爆破参数设计

Ⅴ类围岩中部上中下台阶开挖爆破设计如图4-17所示。

4.5.2 Ⅳ级围岩CD法钻孔爆破设计

根据围岩条件和支护方案设计,Ⅳ级围岩采取CD法开挖爆破,岩石段采用钻爆法施工,周边孔光面爆破。Ⅳ类围岩CD法开挖顺序如图4-18所示。

其中,每个循环的距离为5～10m,便于及时的运输石渣、顶板支护等其他工序。

4.5.2.1 孔深 L

考虑到Ⅳ级岩层的稳固性和钢拱架间距,决定一次爆破进尺 $L=2m$,若炮孔利用率为85%,则钻孔深度 $L=2.3m$,掏槽眼 L 掏槽 $=2.5m$。Ⅳ级围岩CD法开挖爆破参数和技术经济指标如表4-4、表4-5所示。

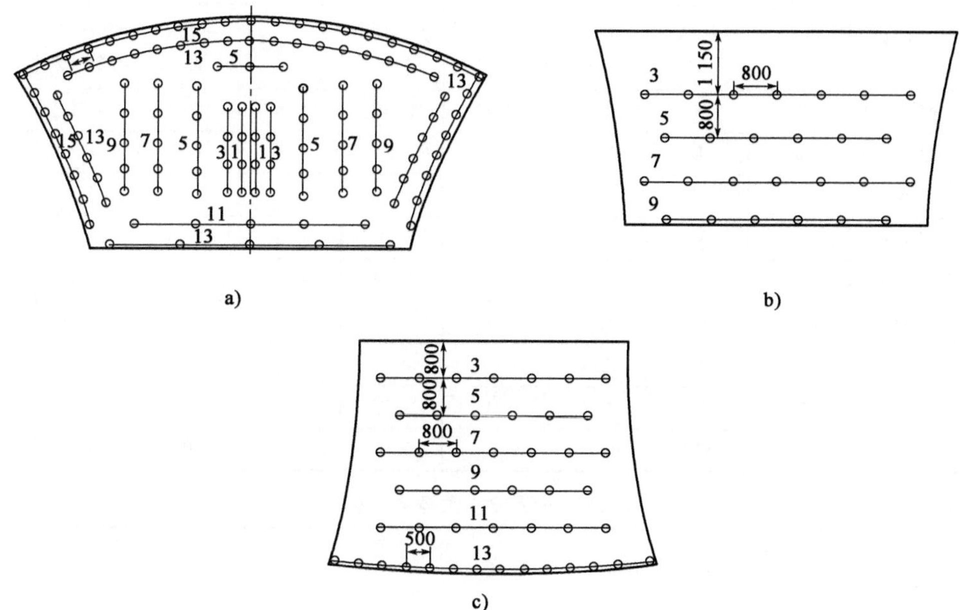

图4-17 Ⅴ类围岩中部上中下台阶炮孔布置和起爆段别图(尺寸单位:mm)

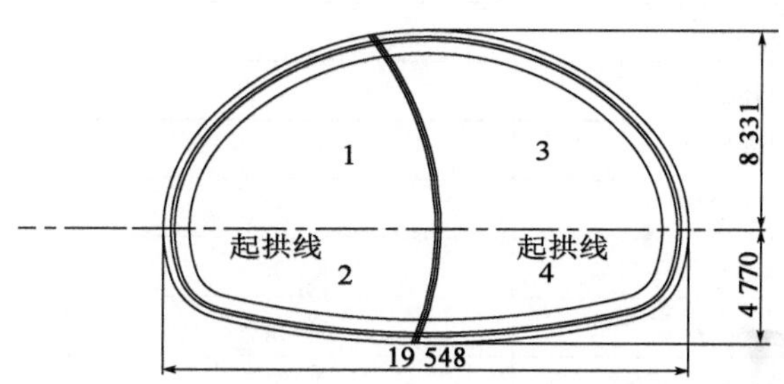

图4-18 Ⅳ类围岩CD法开挖顺序示意图(尺寸单位:mm)

Ⅳ级围岩CD法开挖爆破参数表 表4-4

开挖部位	炮孔名称	雷管段次	炮孔数(个)	孔深(m)	装药长度(m)	堵塞长度(m)	装药系数	单孔装药量(kg)	同段齐爆药量(kg)	装药方式
左侧上部台阶	掏槽孔1	1	8	1.2	0.72	0.48	0.6	0.72	5.76	反向
	掏槽孔2	3	8	2.5	1.5	1	0.6	1.5	12	反向
	辅助孔		65	2.3	1.15	1.15	0.5	1.15	74.75	反向
	周边孔	15	33	2.3	1.2	1.1	0.2	0.46	17.18	药串
	底板孔	13	13	2.3	1.15	1.15	0.5	1.15	14.95	反向
左侧下部台阶	辅助孔		51	2.3	1.15	1.15	0.5	1.15	58.65	反向
	周边孔	15	16	2.3	1.2	1.1	0.2	1.2	19.2	药串
	底孔	13	16	2.3	1.15	1.15	0.5	1.15	18.4	反向

续上表

开挖部位	炮孔名称	雷管段次	炮孔数（个）	孔深（m）	装药长度（m）	堵塞长度（m）	装药系数	单孔装药量(kg)	同段齐爆药量(kg)	装药方式
右侧上部台阶	掏槽孔 1	1	8	1.2	0.72	0.48	0.6	0.72	5.76	反向
	掏槽孔 2	3	8	2.5	1.5	1	0.6	1.5	12	反向
	辅助孔		56	2.3	1.15	1.15	0.5	1.15	64.4	反向
	周边孔	15	40	2.3	1.2	1.1	0.2	0.46	18.4	药串
	底板孔	13	9	2.3	1.15	1.15	0.5	1.15	10.35	反向
右侧下部台阶	辅助孔		47	2.3	1.15	1.15	0.5	1.15	54.05	反向
	周边孔	15	13	2.3	1.2	1.1	0.2	0.46	5.98	药串
	底孔	13	20	2.3	1.15	1.15	0.5	1.15	23	反向
总计			411		0	0		0	412.83	

Ⅳ级围岩爆破技术经济指标 表 4-5

序　号	项　目	单　位	数　量
1	开挖断面积	m^2	207.36
2	预计每循环进尺	m	2.0
3	每循环爆破石方	m^3	414.72
4	炮眼总数	个	411
5	钻孔总数	m	411
6	雷管用量	发	460
7	炸药用量	kg	412.38
8	单位体积原岩耗炸药量	kg/m^3	1.0
9	单位体积原岩耗雷管量	发/m^3	1.1
10	单位进尺耗炸药量	kg/m	208.2
11	单位进尺耗雷管量	发/m	230
12	炮眼利用率	%	85

4.5.2.2 炮孔布置

一般辅助孔取 0.5 ~ 1.0m，周边孔取 0.4 ~ 0.8m，周边孔距离隧道轮廓线取 0.1 ~ 0.2m；底孔间距一般为 0.4 ~ 0.7m，孔口比隧道底板高出 0.1 ~ 0.2m，孔底低于底板 0.1 ~ 0.2m。

周边眼孔径 d = 40mm。周边炮眼的孔间距 E 一般为(8 ~ 18)d，这里取 E = 50cm。辅助孔取 0.8m，底板孔取 0.7m。

4.5.2.3 掏槽类型

隧道开挖爆破掏槽类型分楔形掏槽和直孔掏槽。本阶段爆破掏槽采用复式楔形掏槽，如图 4-19 所示。

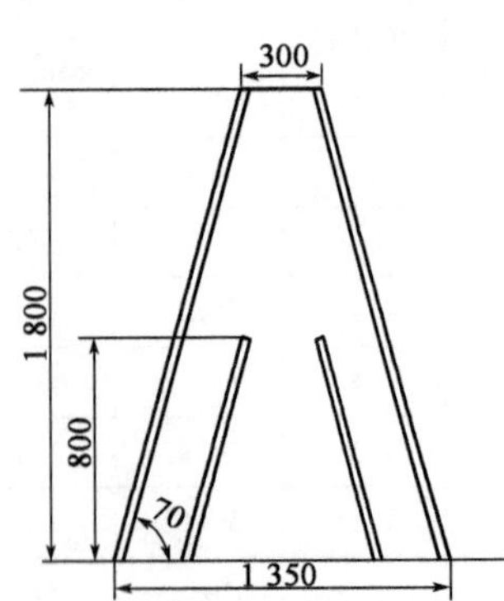

图 4-19 复式楔形掏槽图(尺寸单位：mm)

4.5.2.4 Ⅳ级围岩段CD法开挖爆破设计

Ⅳ级围岩段CD法开挖爆破设计如图4-20、图4-21所示。

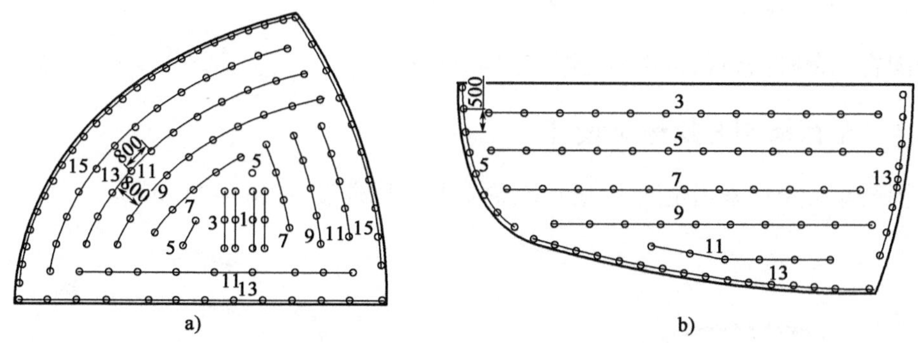

图4-20 Ⅳ级围岩左上、左下台阶炮孔布置和起爆段别图

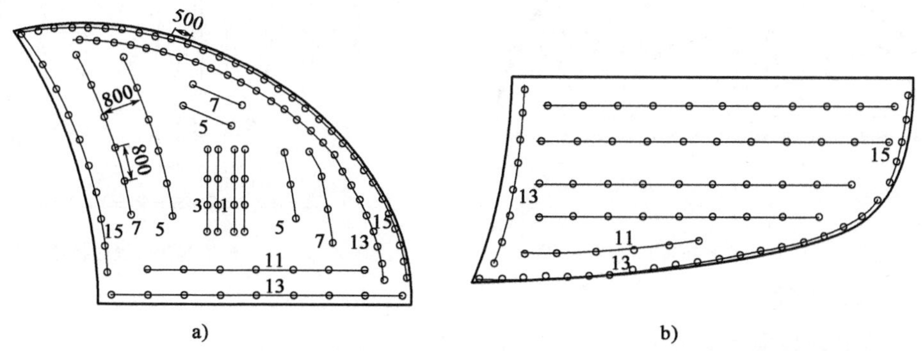

图4-21 Ⅳ级围岩右上、右下台阶炮孔布置和起爆段别图

4.5.3 Ⅲ级围岩上下台阶开挖法

4.5.3.1 孔径 d 及药卷规格

对于孔径40mm，常用普通乳化炸药（直径32mm）。

4.5.3.2 孔深 L

考虑到Ⅲ级岩层的稳固性问题和支护榀架距离，应控制一次爆破进尺。本设计定一次爆破进尺 $L=2.4\text{m}$，若炮眼利用率为85%，则钻孔深度 $L=2.8\text{m}$，掏槽眼深度 $L=3\text{m}$。

4.5.3.3 炮孔布置

一般辅助孔取0.5～1.0m，周边孔取0.4～0.8m，周边孔距离隧道轮廓线取0.1～0.2m；底孔间距一般为0.4～0.7m，孔口壁隧道底板高出0.1～0.2m，孔底低于底板0.1～0.2m。

本设计周边眼孔径与普通眼相同，$d=40\text{mm}$。周边炮眼的孔间距 E 一般为 $(8\sim18)d$，这里取 $E=50\text{cm}$。辅助孔取0.8m，底板孔取0.7m。

4.5.3.4　掏槽类型

本阶段爆破掏槽采用复式楔形掏槽,装药系数为 0 ~ 0.8。

4.5.3.5　Ⅲ级围岩段上下台阶法开挖爆破设计

Ⅲ级围岩上台阶法炮孔布置和起爆如图 4-22 所示。

4.5.4　车行横洞开挖爆破设计

Ⅳ级围岩车行横洞采用全断面法开挖,周边孔光面爆破,如图 4-23 所示。

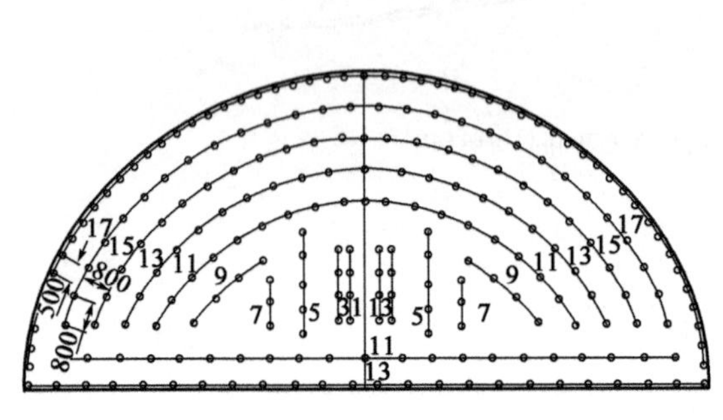

图 4-22　Ⅲ级围岩上台阶炮孔布置和起爆段别图

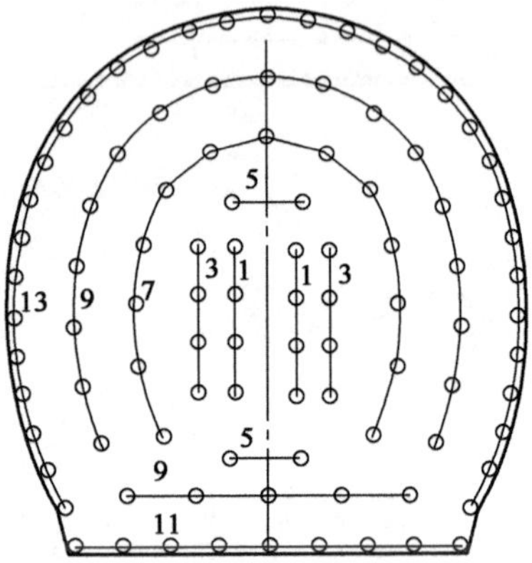

图 4-23　车行横道炮孔布置和起爆段别图

1) 光面爆破参数

车行横洞开挖爆破参数和技术经济指标如表 4-6、表 4-7 所示。

车行横洞开挖爆破参数表　　表 4-6

开挖部位	炮孔名称	雷管段别	炮孔数(个)	孔深(m)	单孔装药量(kg)	装药量小计(kg)	装药方式	堵塞长度(cm)	备注
上台阶	掏槽孔	1	8	2.2	1.2	9.6	反向	80	
	扩槽炮孔	3	8	2.2	1.2	69.	反向	80	
	辅助孔	5-11	37	2.0	0.8	29.6	反向	120	
	周边孔	13	35	2.0	0.45	15.75	药串	50	
	底板孔	11	12	2.0	1.0	12			
	小计		100			76.55			

车行横道爆破技术经济指标　　表 4-7

序号	项　目	单　位	数　量
1	开挖断面积	m^2	38.29
2	预计每循环进尺	m	2.0
3	每循环爆破石方	m^3	76.58
4	炮眼总数	个	100

续上表

序号	项　目	单　位	数　量
5	钻孔总数	m	100
6	雷管用量	发	120
7	炸药用量	kg	76.55
8	单位体积岩体耗炸药量	kg/m^3	1.0
9	单位体积岩体耗雷管量	发/m^3	1.3
10	炮眼利用率	%	90

(1)不耦合系数:选用1.6。

(2)周边光爆孔炮眼间距E:选用50cm。

(3)光面层厚度(周边光爆孔最小抵抗线):选用70cm。

(4)周边炮眼密集系数K:$K=E/W=0.714$。

2)计划掘进循环进尺:2.0m/循环。

4.5.5 人行横洞开挖爆破设计

Ⅳ级围岩人行横洞采用全断面法开挖,周边孔光面爆破,如图4-24所示。

1)光面爆破参数

(1)不耦合系数:选用1.6。

(2)周边光爆孔炮眼间距E:选用50cm。

(3)光面层厚度(周边光爆孔最小抵抗线):选用70cm。

(4)周边炮眼密集系数K:$K=E/W=0.714$。

2)计划掘进循环进尺:2.0m/循环。

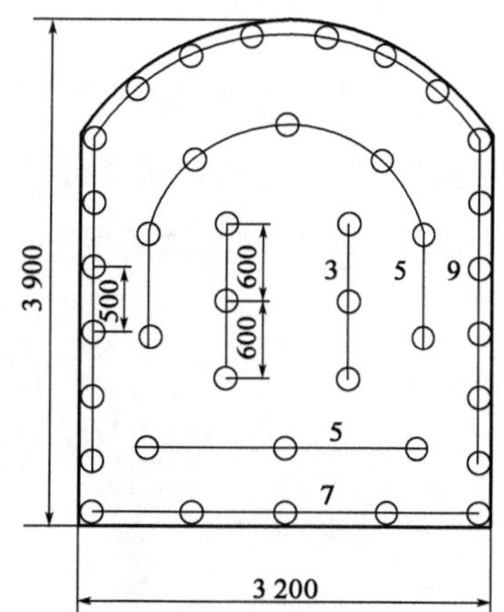

图4-24 人行横道炮孔布置和起爆段别图(尺寸单位:mm)

4.5.6 装药结构和堵塞方式

掏槽眼、辅助孔采用连续装药,炮眼剩余部分必须填满炮泥。掏槽眼和底眼连续装药。周边眼采用间隔不耦合装药结构,炮泥封口。

4.5.6.1 采用水袋封堵法装药

往炮眼中一定位置注入一定量的水,并用专用炮泥回填堵塞炮眼,利用在水中传播的冲击波对水的不可压缩性,使爆炸能量经过水传递到围岩中几乎无损失,同时,水在爆炸气体膨胀作用下产生“水楔”效应,有利于岩石破碎,炮眼中的水可以起到雾化降尘作用,大大降低粉尘对环境的污染。

4.5.6.2 装药结构

首先往炮眼最底部装入水袋,随之装药卷,再装水袋,最后用炮泥回填堵塞,装药结构如图4-25所示。

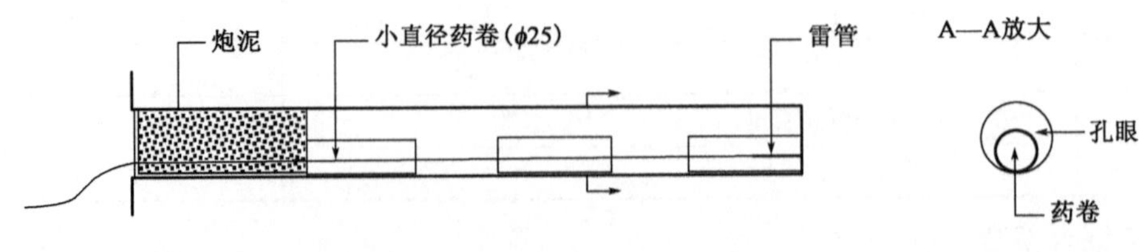

图4-25 装药结构图

4.5.7 起爆网路

起爆网路采用非电起爆网路,即炮孔内采用非电毫秒1~13段延期雷管,孔网簇连使用非电毫秒1段延期雷管作为连接元件,最后使用击发针引爆导爆管。起爆顺序为先掏槽眼、辅助眼(由内向外每一层增加一段)、周边眼、底眼。

4.5.8 试炮

通过试炮确定控制爆破危害效应的防护措施,根据地质条件变化、爆破振动的跟踪检测结果信息反馈、爆破效果和飞石等有害效应不断调整最佳最大一次起爆药量和各个爆破参数,并加强露天开挖爆破额覆盖保护。起爆网路示意图如图4-26所示。

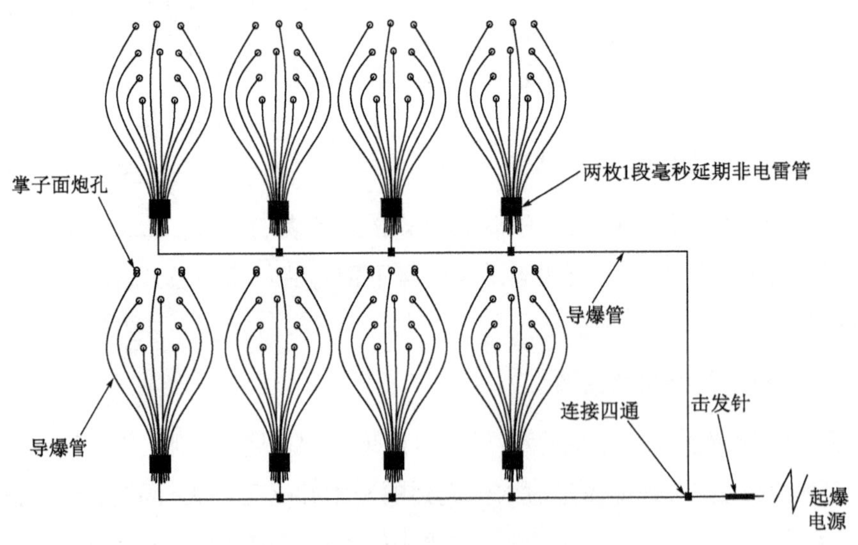

图4-26 起爆网路示意图

4.6　隧道开挖工法转换

隧道开挖方法的合理转换,是影响隧道开挖作业安全的重要因素,在接近开挖方法变换里程时,应提前计划,确定合理的临时支撑参数。工法转换的重要前提是确保不同开挖工法条件下上台阶底部高程保持一致,如图4-27所示。

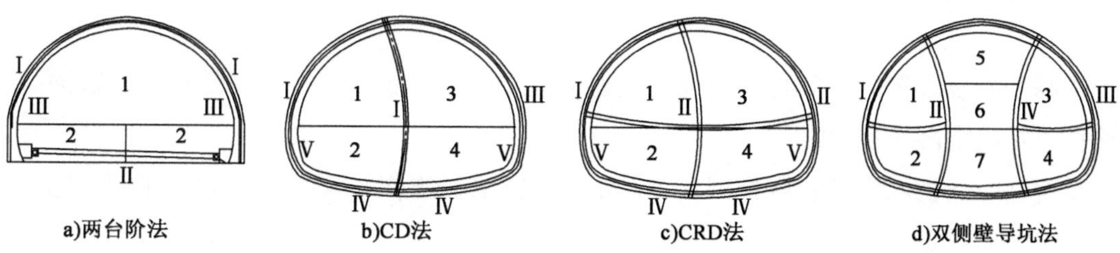

图4-27　不同工法开挖断面及断面中线高度示意图

由两台阶法转换到CD法、CRD法时,提前调整上台阶两侧底脚,使其与CD法、CRD法施工时上台阶底脚高度一致,满足临时支撑及临时仰拱架设需要。

由CD法转入CRD法施工时,中部增设临时横撑,同时CRD法临时竖撑应较CD法对应,以使临时钢架拱脚置于同一水平面上,便于拱脚的稳定。由CRD法转入CD法施工时,取消临时横撑。

CD法、CRD法转为双侧壁导坑施工时,应提前调整CRD法临时横撑安装高度,使其与双侧壁导坑上部横撑位于同一高度上,从而利于后续双侧壁导坑上部的开挖作业。由双侧壁导坑转为CRD法施工时,待施工至设计里程后,继续向前按双侧壁导坑施工,同时将1部断面加宽,利用3个掘进循环将中隔壁过渡至CRD法的中隔壁位置。

4.7　临时支护拆除

4.7.1　拆除方案

4.7.1.1　拆除时机的选择

临时支护拆除必须满足以下几个条件。

(1)临时支护拆除前必须保证拆撑段的永久支护已经封闭完成,且结构符合规范和设计要求。

(2)为确保安全,洞口段中隔壁、临时仰拱、临时支撑钢架的拆除安排在隧道仰拱填充施工完毕后进行。

(3)临时支护拆除前该拆除段的沉降和收敛测量结果都满足稳定条件,沉降收敛达到稳定的标准为收敛不超过0.2mm/d。

(4)临时支撑拆除位置与二衬台车间距不大于12.4m。

(5)采用可伸缩式防水板、钢筋绑扎台车,该台车可在二衬台车车架内穿行,临时支撑拆除段落的防水板施工、钢筋绑扎作业应在24h内完成,并在36h内施作二次衬砌。

4.7.1.2 临时支护的拆除施工顺序

考虑到隧道施工的组织形式,本着安全第一的原则,结合现场施工情况,临时支护拆除顺序如下。

搭脚手架及布置防护安全网→凿除喷射混凝土→临时钢支撑拆除→处理初支表面杂物→拆除位置补喷混凝土找平。

每次临时支护的拆除长度控制在10.5m(一板二衬施作长度),并在临时钢支撑拆除后,加强隧道的监控量测。

4.7.2 CD法临时支护拆除

CD法施工时,当第一环仰拱填充施工完成后,即可安排拆除临时支撑钢架、临时仰拱,第一次拆除长度5m(拆除试验),满足要求后再拆除5.5m以满足一环衬砌要求。以后每一次拆除长度10.5m(每一环衬砌按照10.5m计算),CD法临时支护如图4-28所示。

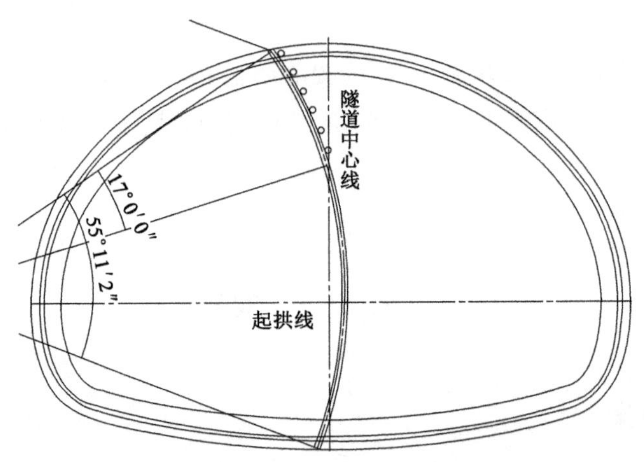

图4-28 CD法开挖临时支护示意图

4.7.2.1 布置变形观测点,确保安全

拆除临时钢架前,进行监控量测,取得拆除前的初始数据。在整个拆除过程中,对隧道拱顶下沉采取不间断观测,每1~2h观测一次,及时反馈监测数据,以保证施工安全。

4.7.2.2 凿除隔壁支撑、临时仰拱钢架间的喷混凝土和钢筋网

首先采用风镐人工凿除钢架间喷混凝土,采用电气焊切断钢筋网,搭设钢管脚手架作为工

作平台。

在凿除喷混凝土过程中,应逐榀钢架自上而下进行,凿除过程中,下方严禁人员和机械通过。作业区前后设专人防护人员。注意在凿除喷混凝土、切断钢筋网过程中,尽量保证钢架连接筋的连接不被破坏,防止凿除期间隔壁钢架失稳。凿除完毕后,及时清理混凝土碴和废钢筋网,废钢筋网应指定地点堆放,集中处理。

4.7.2.3　进行拆除试验,确保拆除安全

隧道在拆除临时支护过程中受力体系转换,为防止初期支护因应力突变而失稳,在拆除前,选取靠近已施做二次衬砌端6m进行拆除试验。

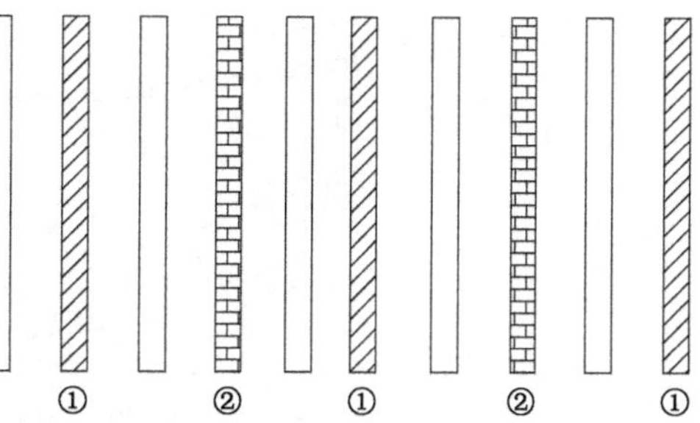

图4-29　中支撑钢架拆除顺序示意图(一)

(1)首先采取隔三拆一的方法(如图4-29所示带斜纹的钢架),在中支撑钢架顶部切开2~3cm,观察隧道变形量及变形速率。

(2)隧道变形量和变形速率在正常范围内时,采取隔一拆一的方法(如图4-29所示带方格的钢架)切开中支撑钢架顶部,继续观察隧道变形量及变形速率。严禁连续切开钢架,以防止中支撑突然失稳,倒塌伤人。

(3)变形稳定后分析监控量测结果,确定隧道初期支护的稳定性。

4.7.2.4　逐榀拆除中隔壁、临时仰拱钢架

拆除钢架时,采用逐环拆除的方法,如图4-29。每环钢架拆除顺序如下。

(1)除去第1、2榀顶部连接板处螺母。

(2)破碎第2榀与第3榀之间上部混凝土,并隔断连接钢筋和钢筋网。

(3)拆除第1、2榀中间连接板处螺母,即可拆除第1、2榀中隔壁上半部分。

(4)按上述3步骤依次拆除后续临时钢支撑中隔壁上半部分。

(5)破碎第2榀与第3榀之间下部混凝土,并隔断连接钢筋及钢筋网。

(6)拆除第1、2榀下部连接板处螺母,即可拆除第1、2榀中隔壁下半部分。

(7)按上述5、6步骤依次拆除后续临时钢支撑中隔壁下半部分。

4.7.3　CRD法临时支护拆除

CRD法施工时,第一环仰拱填充施工完成后,即可安排拆除临时支撑钢架、临时仰拱,第一次拆除长度5m(拆除试验),满足要求后再拆除5.5m以满足一环衬砌要求。以后每一次拆除长度10.5m(每一环衬砌按照10.5m计算)。CRD法施工临时支护示意图如图4-30所示。

4.7.3.1　布置变形观测点,确保安全

拆除临时钢架前,进行监控量测,取得拆除前的初始数据。在整个拆除过程中,对隧道拱顶下沉采取不间断观测,每1~2h观测一次,及时反馈监测数据,以保证施工安全。

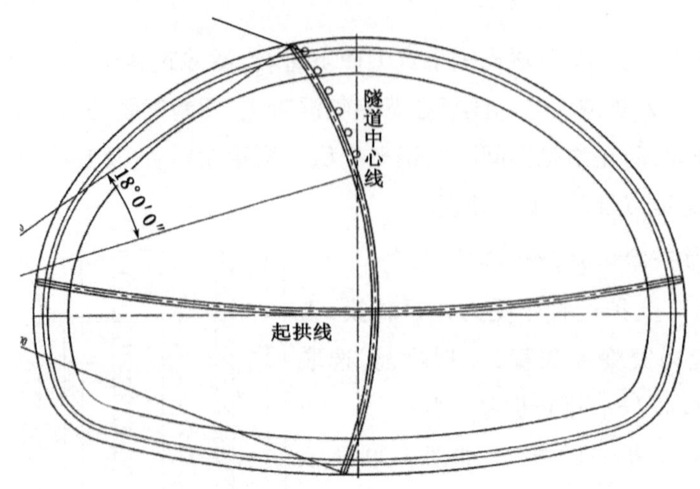

图4-30　中隔壁(CRD)法施工临时支护示意图

4.7.3.2　凿除隔壁支撑、临时仰拱钢架间的喷混凝土及钢筋网

采用风镐人工凿除喷混凝土,采用电气焊切断钢筋网,搭设钢管脚手架作为工作平台。

在凿除喷混凝土过程中,应逐榀钢架自上而下进行,凿除过程中,下方严禁人员和机械通过。作业区前后设专人防护人员。注意在凿除喷混凝土、切断钢筋网过程中,尽量保证钢架连接筋的连接不被破坏,防止凿除期间隔壁钢架失稳。凿除完毕后,及时清理混凝土碴和废钢筋网,废钢筋网应指定地点堆放,以便日后集中处理。

4.7.3.3　进行拆除试验,确保拆除安全

隧道在拆除临时支护过程中受力体系转换,为防止初期支护因应力突变而失稳,在拆除前,选取靠近已施做二次衬砌端6m进行拆除试验。

(1)首先采取隔三拆一的方法(如图带斜纹的钢架),在中支撑钢架顶部切开2~3cm,观察隧道变形量及变形速率。

(2)隧道变形量及变形速率在正常范围内时,采取隔一拆一的方法(如图4-31所示带方格的钢架)切开中支撑钢架顶部,继续观察隧道变形量及变形速率。严禁连续切开钢架,以防止中支撑突然失稳,倒塌伤人。

(3)变形稳定后分析监控量测结果,确定隧道初期支护的稳定性。

4.7.3.4　逐榀拆除中隔壁、临时仰拱钢架

拆除钢架时,采用逐环拆除的方法。每环钢架拆除顺序如下。

1部、3部中隔壁钢架(上部)→3部临时仰拱钢架→1部临时仰拱钢架→2部、4部中隔壁钢架(下部)→下一环钢架拆除循环。

(1)除上部、下部中支撑钢架

利用下台阶中支撑钢架采用绳索、滑轮(如图4-32所示)固定中支撑钢架上部和底部,然

后去掉与初期支护相连的连接螺栓,切断与该榀钢架相连的所有连接钢筋,先放松上部绳索,放倒钢架后,同时放松上部底部绳索,把钢架放到地面。

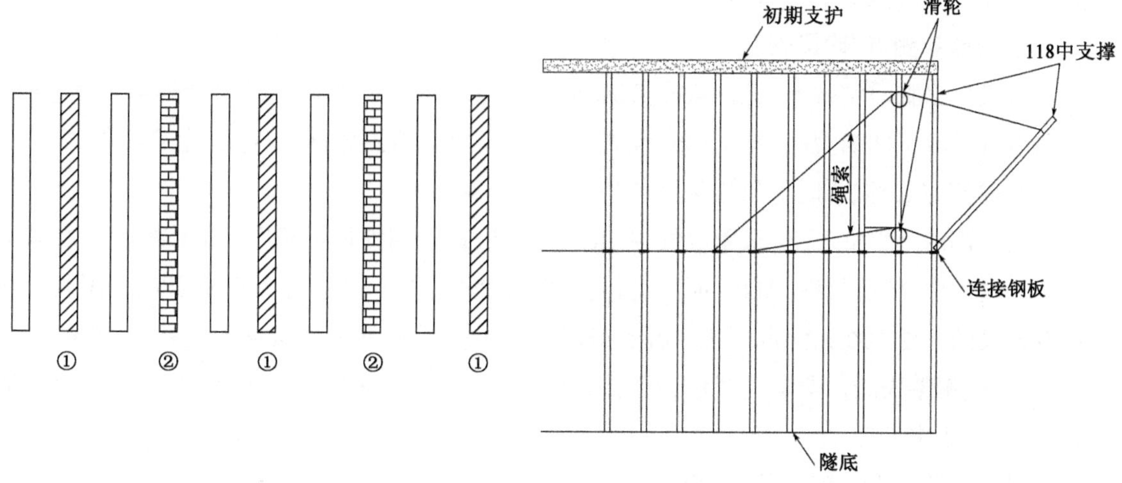

图 4-31　中支撑钢架拆除顺序示意图(二)

图 4-32　下台阶中支撑钢架拆除示意图

(2)拆除 3 部、1 部临时仰拱钢架

先拆除 3 部临时仰拱钢架,后拆除 1 部临时仰拱钢架,方法相同。利用下一循环临时仰拱钢架采用绳索固定临时仰拱钢架两端,然后切断与该钢架相连的所有连接钢筋,切开焊接处后,去掉与中支撑钢架和初期支护钢架的连接螺栓,放松两端绳索,把临时仰拱钢架慢慢放到地面。也可以采用装载机配合,切开连接钢筋后,装载机料斗抬起端住临时仰拱钢架,切开焊接处后,去掉与中支撑钢架和初期支护钢架的连接螺栓,装载机将临时仰拱钢架抬走。

4.7.4　双侧壁导坑法临时支护拆除

双侧壁导坑法临时支护如图 4-33 所示。

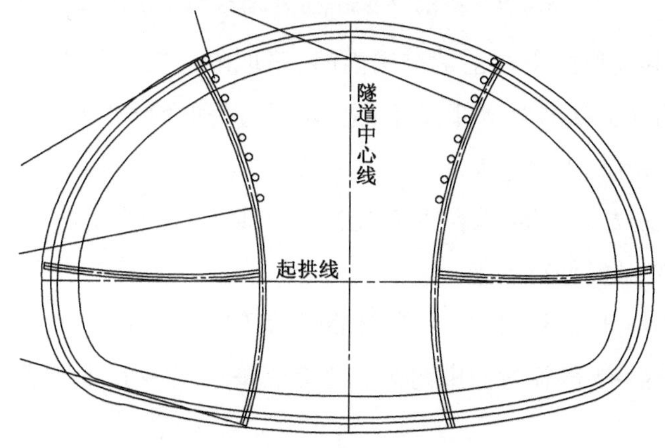

图 4-33　双侧壁导坑法临时支护示意图

拆除施工步骤:双侧壁导坑法施工时,第一环仰拱填充施工完毕后,即可安排拆除侧壁支撑、临时仰拱、临时支撑钢架,第一次拆除长度5.5m,直至满足第一环衬砌。衬砌结束后,顺序拆除下一环衬砌段侧壁支撑、临时仰拱。具体步骤如下。

1)置变形观测点,确保安全

洞口段拆除临时钢架前,进行监控量测,取得拆除前的初始数据。在整个拆除过程,对隧道拱顶下沉采取不间断观测,每1~2h观测一次,及时反馈监测数据,以保证施工安全。

2)凿除侧壁支撑、临时仰拱钢架间的喷混凝土及钢筋网

采用风镐凿除喷混凝土,采用电气焊切断钢筋网,搭设钢管脚手架作为工作平台。在凿除喷混凝土过程中,应逐榀钢架自上而下进行,凿除过程中,下方严禁行人机械通过。作业区前后设专人设防。注意在凿除混凝土、切断钢筋网过程中,尽量保证连接筋的连接,防止凿除期间侧壁支撑、钢架失稳。凿除完毕后,及时清理混凝土碴和废钢筋网,废钢筋网应指定地点堆放,以便日后集中处理。

3)进行拆除试验,确保拆除安全

隧道在拆除临时支护过程中受力体系转换,为防止初期支护因应力突变发生失稳,在拆除前,选取洞口大管棚段5.5m进行拆除试验。

(1)首先采取隔三拆一的方法(如图4-34所示带斜纹的钢架),在两侧壁钢架顶部切开2~3cm,观测隧道变形量和变形速率。

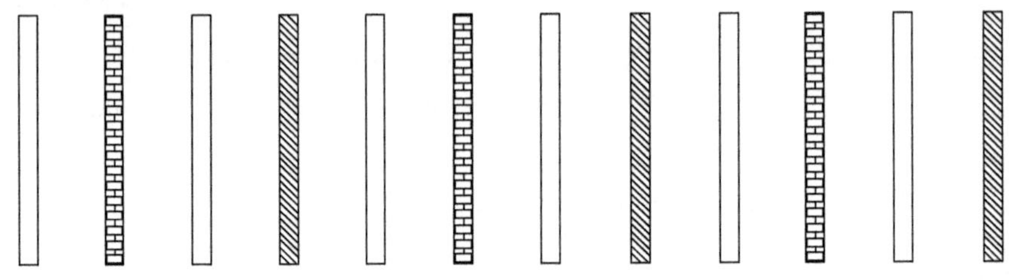

图4-34　两侧壁支撑钢架顶部拆除顺序示意图

(2)隧道变形量和变形速率在正常范围内时,采取隔一拆一的方法(如图4-34所示带方格的钢架),切开两侧壁支撑钢架顶部,观测隧道变形量和变形速率。严禁连续切开钢架,以防止两侧壁支撑突然失稳,倒塌伤人。

(3)变形稳定后,分析监控量测结果,确定隧道初期支护的稳定性。

4)逐榀拆除侧壁、临时仰拱钢架

拆除钢架时,采用逐环拆除的方法。每环钢架拆除顺序如下。

1部临时仰拱钢架→3部临时仰拱钢架→上部侧壁钢架→下部侧壁钢架→下一环钢架拆除循环。

(1)拆除1部、3部临时仰拱钢架

利用下一环临时仰拱钢架采用绳索固定临时仰拱钢架两端，然后切断与该钢架相连的所有连接筋，切开焊接处后，放松两端绳索，去掉与初期支护、中隔墙钢架的连接螺栓，把临时仰拱钢架慢慢放到地面。也可以采用装载机配合，切开连接钢筋后，装载机料斗抬起端住临时仰拱钢架，去掉与初期支护、中隔墙钢架的连接螺栓，切开焊接处后，装载机把临时仰拱钢架抬走。

(2)拆除上部、下部侧壁钢架

利用下一榀侧壁钢架采用绳索、滑轮固定侧壁钢架上部和底部，然后去掉与初期支护的连接螺栓，切断与该钢架相连的所有连接筋，先放松上部绳索，放倒侧壁钢架后，同时放松上部、底部绳索，把钢架放到地面。

4.7.5　拆除钢架注意事项

(1)做好拆除过程中监控量测工作，随时监测初期支护的稳定性。

(2)严格按照上述拆除步骤进行，切不可数榀钢架同时拆除，防止隧道因体系转换应力过大，造成初期支护失稳。

(3)拆除时，严禁采用挖掘机、装载机机械直接破坏方式拆除钢架，以防止因机械碰撞造成隧道初期支护体系变形失稳。

(4)做好在拆除过程中的安全防护工作，拆除过程中，严禁施工人员、机具设备通过，防止坠物伤人。

(5)钢架拆除，尽量利用绳索等安全设施，严禁钢架以自由落体形式直接落到地面，以免钢架弹起伤人。

(6)钢架拆除过程中，量测人员发现拱顶下沉异常时，暂停钢架拆除，并适当采取加固措施。特别异常时，立即发出警报，通知洞内人员立即撤离。

(7)拆除钢架时，及时清除残留在初期支护上的短钢筋头、型钢头，为后续铺设防水板施工创造条件。

(8)拆除钢架后，对钢架上残留的钢筋进行清除，以防止在拆除的钢架在运输或再利用过程中，短钢筋碰伤、划伤施工人员。

4.8　不良地质施工

4.8.1　断裂破碎带

过断层段采取加横向支撑的双侧壁导坑法施工，机械或人工开挖，尽量减少对围岩的扰动，开挖循环进尺控制在0.75～1.0m，台阶长度及各台阶纵向错台长度控制在5m以内，以便及时封闭成环。挤压性软弱破碎带变形较大，应及时监测，并确定二次衬砌时间。

4.8.2 溶洞处理

针对溶洞的发育程度和部位采取以下措施。

1)隧道掌子面外,溶洞发育深度小于2.0m的地段及在边墙发育的溶洞,原则上采用回填方式处理。

(1)溶洞在拱腰以上发育:泵送C10混凝土回填,为避免回填混凝土对二次衬砌局部产生过大压力,根据溶洞大小,在其四周施作1.2m×1.2m间距的锚杆,锚杆深入围岩不小于1.0m,回填以后再施作喷射混凝土和钢筋网初期支护,如图4-35所示。

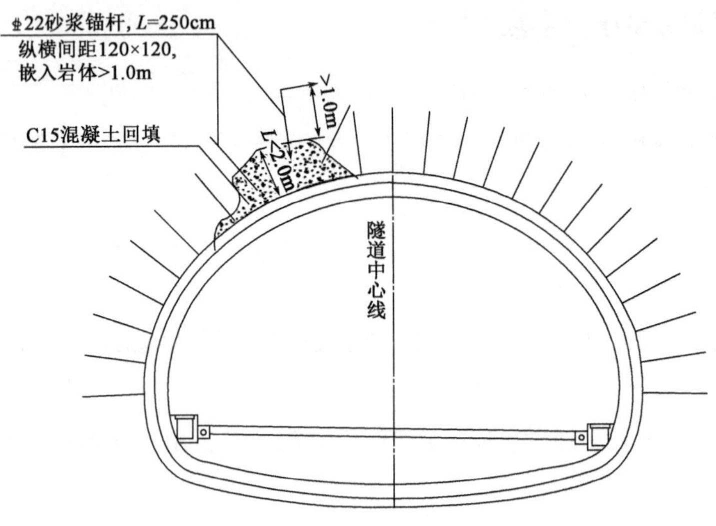

图4-35 拱腰以上小溶洞处置示意图

(2)溶洞在边墙发育:采用M10浆砌片石回填,厚度不小于1.5m,每隔2m设置一处ϕ160HDPE透水管与侧水沟相连,该处喷射混凝土和钢筋网可以取消,如图4-36所示。

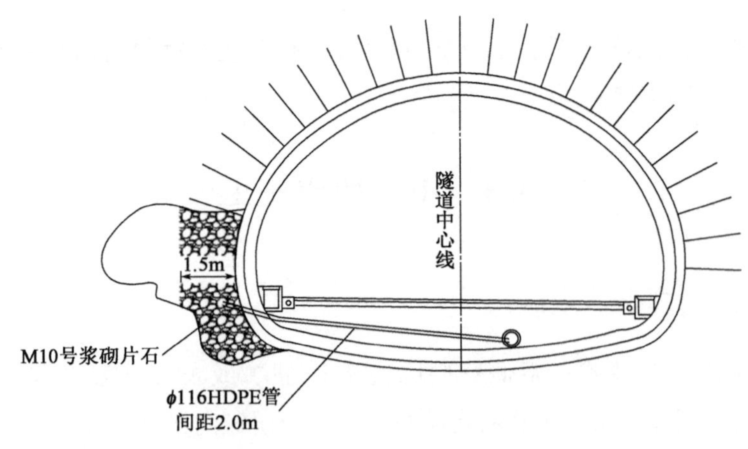

图4-36 边墙溶洞处置示意图

(3)溶洞在基础及路面下发育:采用 M10 浆砌片石回填,如有充填物必须清除。每隔 2m 设置一处 ϕ160HDPE 透水管左右相通,如图 4-37 所示。

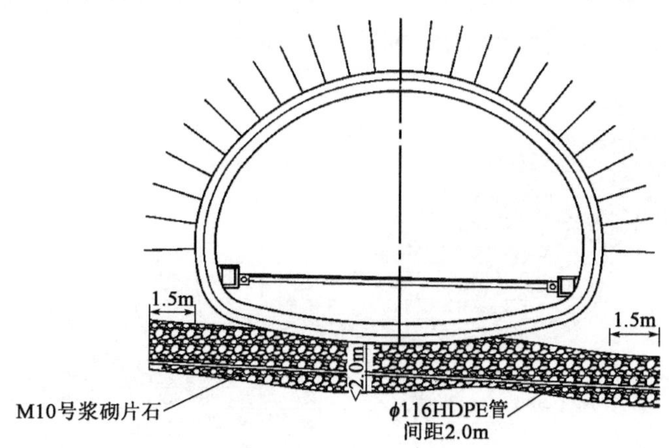

图 4-37　基础和路面下小溶洞处置示意图

2)拱腰以上隧道开挖面外溶洞发育深度大于 2.0m,溶洞宽度小于隧道开挖面的处理方案(老虎山隧道 YK2 +930 ~ YK3 +015 段围岩溶蚀严重,其他段落存在不同程度溶蚀情况)。

(1)溶洞内无填充物(或可清除):采用泵送 C20 混凝土浇筑,最薄厚度不小于 50cm,两侧嵌入岩石内不小于 50cm,并施作 1.2m × 1.2m 间距的锚杆,锚杆深入围岩不小于 1.5m,再施作原结构初期支护。施工时注意预埋 ϕ160HDPE 透水管透水管并以 Ω 型排水管引出,如图 4-38 所示。

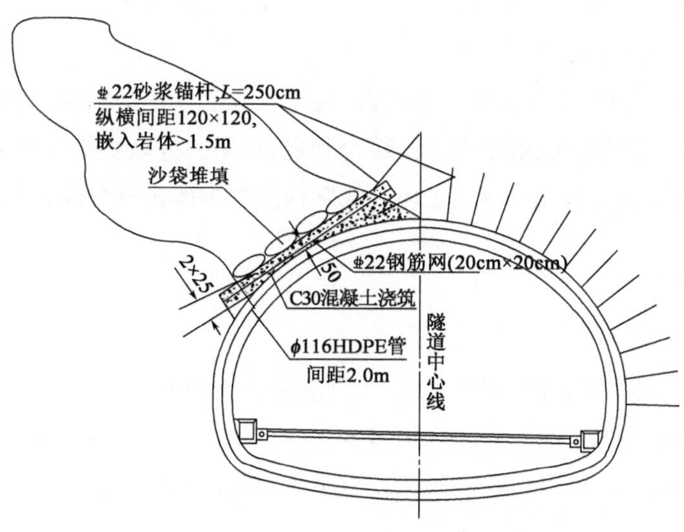

图 4-38　拱腰以上大溶洞(无填充物)处置示意图

（2）溶洞内有填充物：先在溶洞侧水平密布 $\phi50\times5$ 超前注浆小导管，间距 30cm × 30cm，开挖采用预裂爆破，施作 I18 工字钢，间距 50cm，钢架基脚处扩挖，保证基础牢固，施作锁脚锚杆，铺钢筋网。二次衬砌根据溶洞发育情况，考虑采用钢筋混凝土结构。施工时注意预埋 ϕ160HDPE 透水管并以 Ω 型排水管引出，如图 4-39 所示。

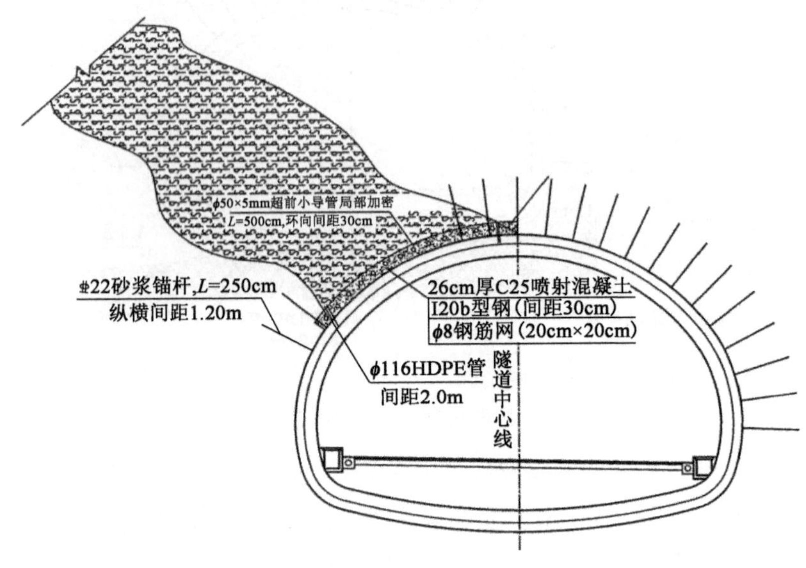

图 4-39　拱腰以上大溶洞（有填充物）处置示意图

4.8.3　涌水

隧道工程地质与水文地质条件复杂多变，设计阶段无法准确探明地质情况，施工过程中易发生坍塌、涌水等不可预见的突发事故。

对于初步判断前方有大型隐伏含水体地段，需结合施工开挖揭示的地质情况、水文地质勘察资料、地质探水钻孔及超前地质预报手段综合判定，查明前方地质构造和地下水的分布情况和水量大小，根据涌水量大小、出水点、水压等实际情况合理确定帷幕注浆堵水方案，帷幕注浆堵水部分。

4.8.4　坍塌

坍塌是隧道施工的大害，分析坍塌原因，大部分是由于对复杂地质条件下围岩的属性研究不够彻底，应对措施不当造成的。防止坍塌是确保隧道施工顺利进行及保证工程质量的关键，为此结合本隧道的特点及其地质情况，拟采用以下主要的防坍措施。

4.8.4.1　隧道局部坍塌处理预案

隧道局部坍塌的预防注意以下几点：

(1)了解设计文件中的地质情况及特点、难点,开展施工实际地质描述,并随时与设计对照,判断设计准确性和意图。

(2)加强地质超前预报和监控量测工作,做到提前预测和定量实测分析,以便及时提出变更要求,经设计确认后调整施工方案。

(3)施工中突然出现大涌水、大变形及断层破碎带时必须及时改变施工方案,同时,采用光面控制爆破或预裂爆破减小对围岩的扰动,控制围岩变形。

(4)严格按照设计文件施作初期支护,确保锚杆的长度、间距,钢筋网的尺寸,喷射混凝土的厚度和钢拱架的间距等参数达到设计要求。

4.8.4.2 洞内岩石类塌方处理预案

根据实践统计分析,洞内岩石类塌方规模一般为中、小型,个别为大型塌方,一般塌方数量不超过500 m^3。

(1)中、小型塌方

对于中小型塌方,从塌腔口可观察倒坍壁的稳定性,确定是否采用清渣方案,同时根据塌腔的矢跨比(H/B)采取不同的处治措施。

当塌腔矢跨比 $H/B<0.7$,且塌腔稳定时,采用 WNF 法处治,边清渣边处理,尽快采用喷锚支护加固未塌地层,即“外层初期支护(简称 W)”,然后沿二次衬砌外轮廓施作钢筋混凝土壳体,即“内层初期支护(简称 N)”,同时在壳体和喷锚支护之间采用钢架连成整体,沿内层初期支护外轮廓外依次设防水层、1m 厚护拱及 1m 以上的缓冲层,即“防护层(简称 F)”。

当塌腔矢跨比 $H/B\geqslant0.7$,且塌腔稳定时,采用 WF 法处治,边清渣边处理,尽快采用喷锚支护加固未塌地层,即“外层初期支护(简称 W)”,然后沿二次衬砌外轮廓施作防水层、1m 厚护拱及 1m 以上的缓冲层,即“防护层(简称 F)”。

(2)大型塌方

对于大型塌方,一般不能采用清渣方案,而是采取“注浆+管棚”整体加固方案。设置止浆墙,然后充填注浆,充填后施作管棚,在管棚支护下采用短进尺、分步开始施工。

(3)“冒顶”塌方

先处理地表塌方洞口,四周设置截、排水沟,并采用喷锚支护,根据地表稳定性情况决定是否采用地表注浆加固,洞内塌方处治方案可参考大型塌方处理,待洞内处治完毕后对地表塌方口回填加固,一般采用黏性土回填,回填后高出地表0.5~1m。

4.8.4.3 洞内土质类塌方处理预案

土质类塌方的围岩级别一般为Ⅳ~Ⅴ级,塌方范围以外的未塌方部分稳定性差,因此,塌方规模一般较大,为大型或特大型塌方。

土质塌方不能采用清渣方案,而是采取“注浆+管棚”整体加固方案,且管棚施作后需进一步注浆加固。

4.8.4.4 施工应急措施

根据以往的经验教训,当隧道内掌子面后方发生塌方等事故时容易造成施工人员被困洞内的情况,为了保证被困人员的安全,快速有效的实施救援,最大限度地减小事故损失,在隧道施工阶段应考虑相关工程措施及准备相关救援设施、设备,相关措施如下:

(1)隧道主洞施工至人行或车行横洞时,应及时贯通横通道,以供紧急救援时使用。

(2)掌子面附近配备直径不小于1m,长度不小于50m的钢管作为逃生管,逃生管随掌子面的前进而向前移动,逃生管布置位置如图4-40、图4-41所示(以双侧壁导坑法为例)。

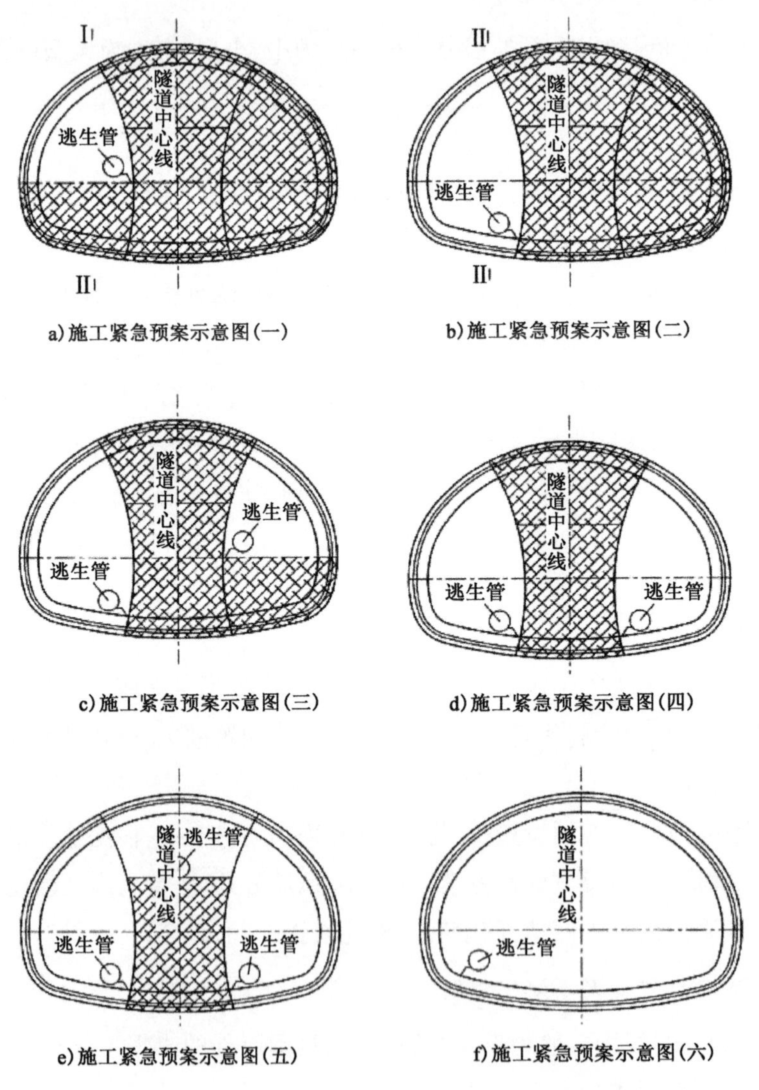

图4-40 双侧壁导坑法施工逃生管道设置示意图(横断面)

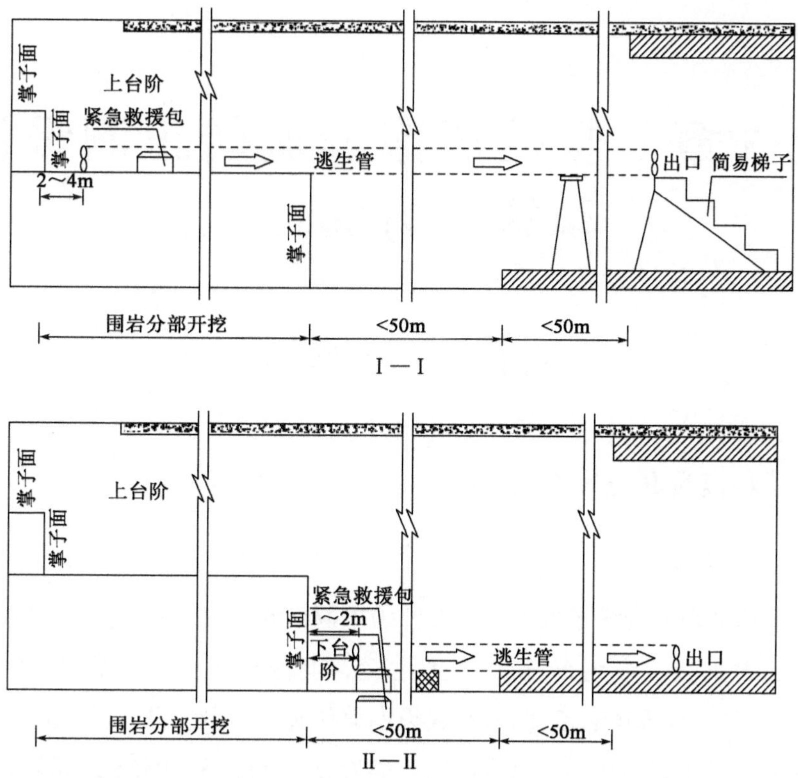

图4-41 双侧壁导坑法施工逃生管道设置示意图(纵断面)

(3)洞内设置无线电话,施工照明采用UPS供电照明。

(4)掌子面附近准备食品、紧急医用药物及相关设备,洞外准备临时钢架、木材、钻机等设施。

(5)洞外准备临时钢架、木材、钻机、抽水机具等设施、设备。

(6)根据实际情况进行必要的防灾、救援演练,以有效应对突发情况。

第5章　救援通道导洞转正洞设计和施工方案

5.1　工程概况

5.1.1　工程概况和方案布置

5.1.1.1　总体布置

济南绕城高速济南连接线老虎山隧道设计为单洞四车道超大断面特长公路隧道，洞内设计有一条3.75m宽的公交专用车道，综合考虑运营期抢险救援的需要，在老虎山隧道右线YK2+800处增设置一处救援通道，同时在建设期兼作施工导洞，可以加快施工进度。

老虎山隧道救援通道进口位于项目部驻地斜对面，全长333.956m，与隧道右线正洞交于YK2+800处，其中隧道长298m，路基段长35.956m（如图5-1所示）。

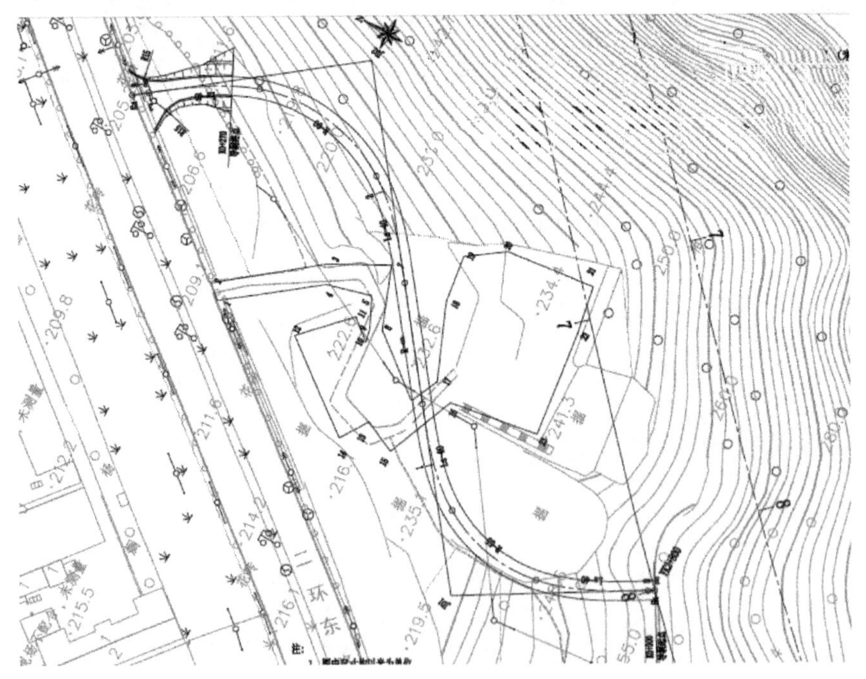

图5-1　老虎山隧道救援通道总体布置图

救援通道参照四级公路标准建设,设计为独立单洞,设计行车速度 20km/h。净空尺寸如图 5-2 所示。

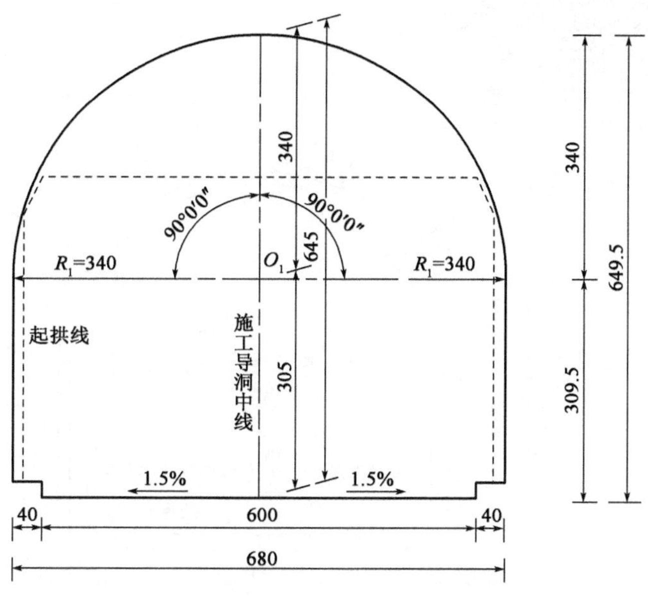

图 5-2　老虎山隧道救援通道内轮廓示意图(尺寸单位:cm)

5.1.1.2　救援通道与正洞交叉情况

救援通道与老虎山隧道右线正洞在 YK2 + 800 处以 77°角相交(如图 5-3 所示),主洞与救援通道相交处设计为Ⅲ级围岩,采用两台阶法施工,老虎山隧道救援通道复合式衬砌设计如图 5-4 所示,老虎山隧道正洞Ⅲ级围岩衬砌断面设计如图 5-5 所示。

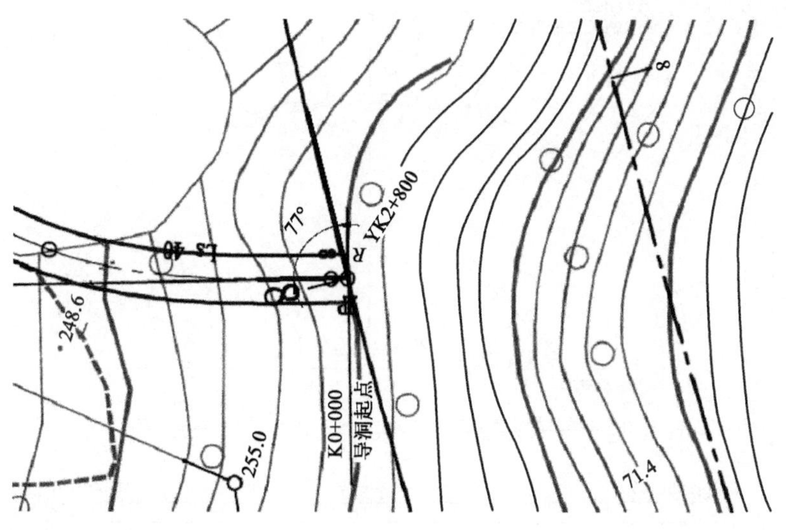

图 5-3　老虎山隧道救援通道与正洞交叉示意图

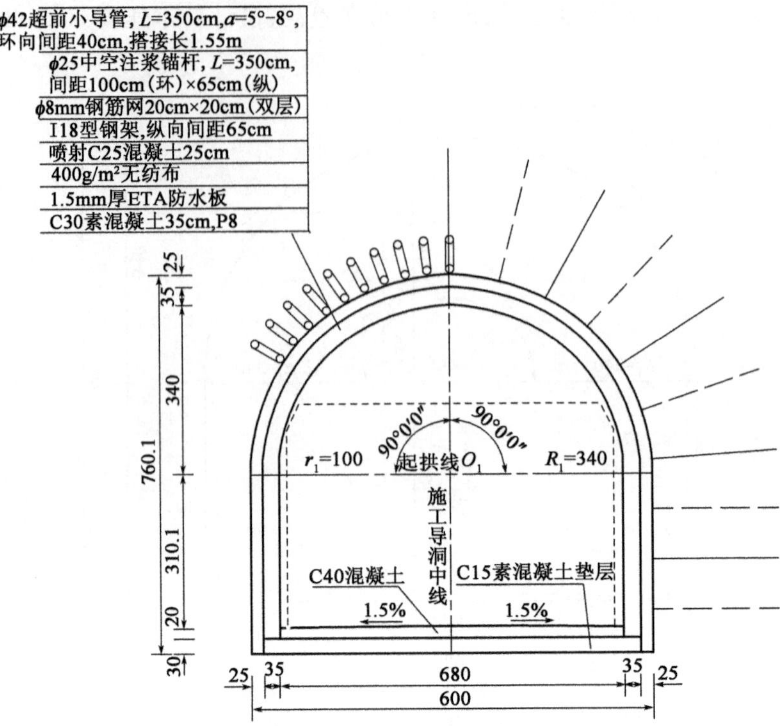

图 5-4　老虎山隧道救援通道复合式衬砌设计示意图(尺寸单位:cm)

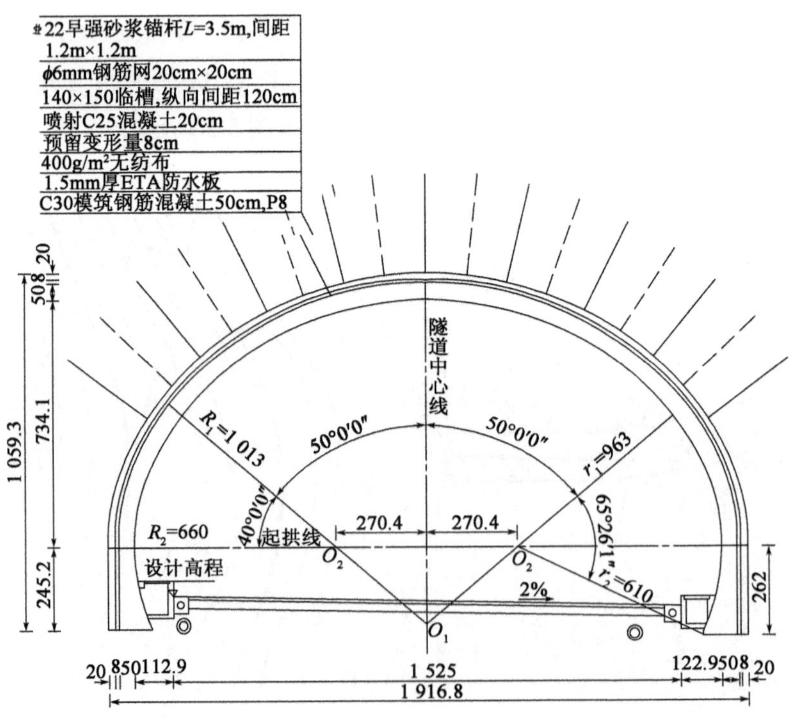

图 5-5　老虎山隧道正洞Ⅲ级围岩衬砌断面设计示意图(尺寸单位:cm)

5.1.2　工程地质

5.1.2.1　地形地貌

老虎山隧道救援通道隧址区为剥蚀低山丘陵地貌区，地表植被较发育，山体岩石出露较好，植被多为松柏，山体陡立，洞顶最大埋深约65m。

5.1.2.2　地质概况

经工程地质测绘和勘探揭露，隧址区出露和揭露地层为泥灰岩、灰岩，厚层状构造，裂隙块状结构，属于软岩，遇水易软化，泥质含量高，取芯较为破碎，岩体完整度差，层间结合差，结构面发育，岩体取芯呈土柱状和块状，围岩遇水自稳能力较差。

5.1.2.3　区域稳定性及地震

(1)区域稳定性

根据区域地质资料、物探和钻探资料综合分析，隧址区总体区域稳定性一般。隧址区域由于侵入岩体以及千佛山断裂产生的褶皱、扭曲和破碎带对隧址区岩层整体性有一定影响，如岩体较破碎，岩溶较发育，局部有小型充填型溶洞发育，伴生次级破碎带分布较多等。

(2)地震

根据国家地震局《中国地震动参数区划图》(GB 18306—2001)国家标准及相应附件《中国地震动峰值加速度区划图》(1∶4 000 000)，隧址区地震动峰值加速度值为0.05g，动反应谱特征周期为0.45s，地震基本烈度为6度。设计时，建议隧道按7度设防为宜，并应按《公路工程抗震设计规范》(JTJ 004—89)和《公路桥梁抗震设计细则》(JTG/T B02-01—2008)的规定进行设防。

5.1.2.4　水文地质条件

隧址区地下水类型主要有松散岩类孔隙水、基岩风化带网状裂隙水和基岩构造裂隙水。

5.2　施工准备和施工方案设计

5.2.1　施工准备

5.2.1.1　施工条件

老虎山隧道救援通道进口位于历下区二环东路路旁，交通方便，完全满足施工车辆通行需要，且为方便施工，已对该路段部分车道封闭交通，作为专用车道使用。

5.2.1.2　施工用水、用电情况

(1)施工用水：本项目处于城郊，自来水供应受限，施工用水以深井地下水为主。

(2)施工用电:施工用电使用施工用电支线,在救援通道进口处设一台 1 000kV · A 变压器接线至施工现场,供施工生产用电。

5.2.1.3 通信情况

本项目位于济南市城乡结合部,移动、固定通信发达。

5.2.1.4 主要材料资源

(1)钢材:本项目钢材资源主要是山东钢铁集团有限公司及下属的济钢、莱钢。莱芜钢铁股份有限公司位于莱芜市钢城区,济南钢铁股份有限公司位于济南市;两公司主要从事钢铁系列产品的生产和销售,品种齐全。

(2)水泥:济南市及临近地区存在多家大型水泥厂,水泥供应充足。

(3)中(粗)砂:济南市本地不产砂,河砂主要由泰安市调入,距离现场约 100km。

(4)石料:附近主要石料较为丰富。济南绕城高速济南连接线项目自建有碎石场,将各隧道出产的岩石破碎后用于混凝土生产,可满足施工需求。

5.2.2 施工整体部署

5.2.2.1 施工部署

老虎山隧道救援通道转正洞由新成立的救援通道施工处负责组织施工,选择专业、精干的劳务队伍,按照“统筹规划,均衡生产,平行施工,立体展开”的原则组织施工,目前救援通道已施工至 K0 +073,进展顺利。

5.2.2.2 总体施工安排

计划先施工救援通道及加宽段,再施工救援通道加强段、正洞转换段,正洞转换段施工完毕后往出口方向施工右线正洞。

5.2.2.3 施工进度节点计划

老虎山隧道救援通道转正洞施工分 3 个阶段进行:

(1)导洞施工阶段:2016 年 9 月 19 日开始施工,计划于 2016 年 12 月底完成,施工桩号为 K0 +270 - K0 +000,在老虎山隧道主线右洞 YK2 +800 处进入正洞。

(2)救援通道转正洞施工:计划于 2017 年 1 月上旬开始转正洞施工,在 K0 +000 位置开始上挑施工,在主线右洞 YK2 +800 ~ YK2 +808 段完成转换,进入正洞施工,计划于 2017 年 1 月下旬完成。

(3)老虎山隧道右线正洞施工:计划于 2017 年 1 月下旬,自 YK2 +808 开始,按正常工序开始施工右线正洞。

5.2.3 施工方案

老虎山隧道救援通道与正洞相交横断面示意图如图 5-6 所示。

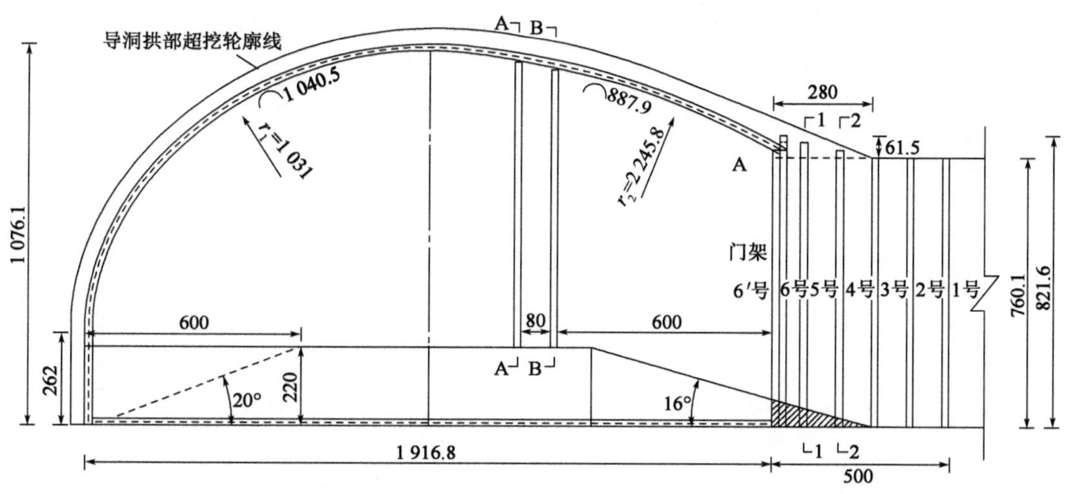

图 5-6　老虎山隧道救援通道与正洞相交横断面示意图(尺寸单位:cm)

第一步:救援通道加宽段采用喷锚支护,支护参数如下。

钢筋网:ϕ8 钢筋网,双层,网格间距 20cm × 20cm。

锚杆:ϕ25 砂浆锚杆,L = 350cm,间距 100cm(环) ×100 cm(纵)。

喷射混凝土:C25 混凝土 10cm。

第二步:施工救援通道加强段(K0 +000 ~ K0 +005)。

救援通道 K0 +000 ~ K0 +005 段支护参数适当加强,施工时注意调整加强段拱架角度,使该段钢拱架与正洞轴线平行,最后一榀钢拱架与正洞开挖轮廓线相切。救援通道加强段钢架设置如图 5-7 所示。

开挖救援通道时,拱顶自 3#钢架位置开始以 22°角往上挑顶,临近门架的两榀(4 号、5 号)钢拱架适当加高(每榀抬高 20.5cm),加高后拱架结构尺寸如图 5-8 所示。

救援通道加强段支护参数如下。

钢拱架:Ⅰ20b 型钢,间距 1.0m。

钢筋网:ϕ8 钢筋网,双层,网格间距 20cm × 20cm。

钢架连接:Ⅰ12 槽钢,焊接连接,间距 1.0m,全环设置。

锁脚锚管:ϕ42 钢管,长度 L = 3.5m,与水平面呈 30°下插角打设,锚固剂全长锚固,每环 4 道。

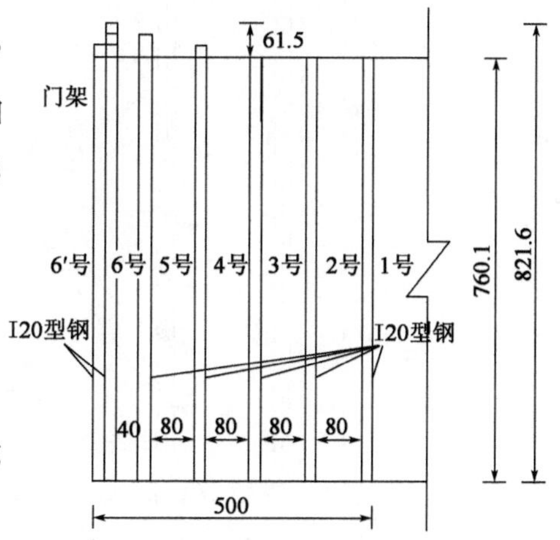

图 5-7　老虎山隧道救援通道加强段钢架设置详图(尺寸单位:cm)

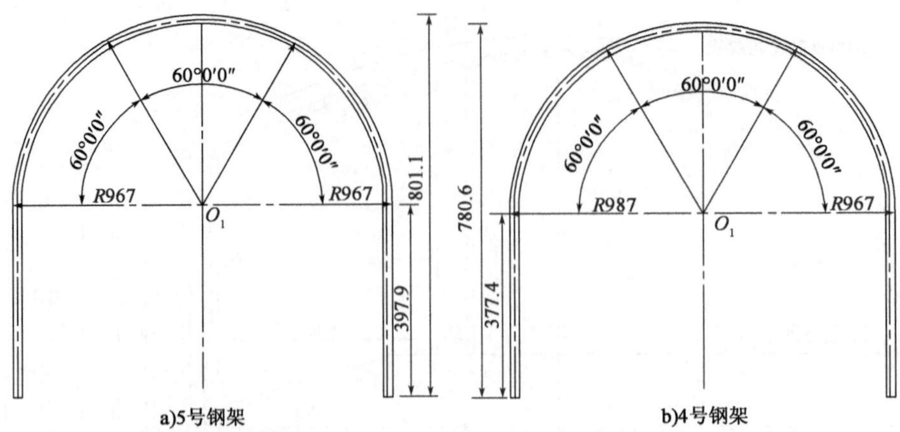

图 5-8　老虎山隧道救援通道 4 号、5 号钢拱架尺寸示意图(尺寸单位:cm)

喷射混凝土:C25 混凝土 28cm。

第三步:施工门架。

救援通道与正洞交界处设置一门架,作为正洞初期支护钢拱架受力平台,门架尺寸为 8.22m×8.0m,门架由两榀 H200 钢架并排焊接而成,内包救援通道初期支护钢架,如图 5-9 和

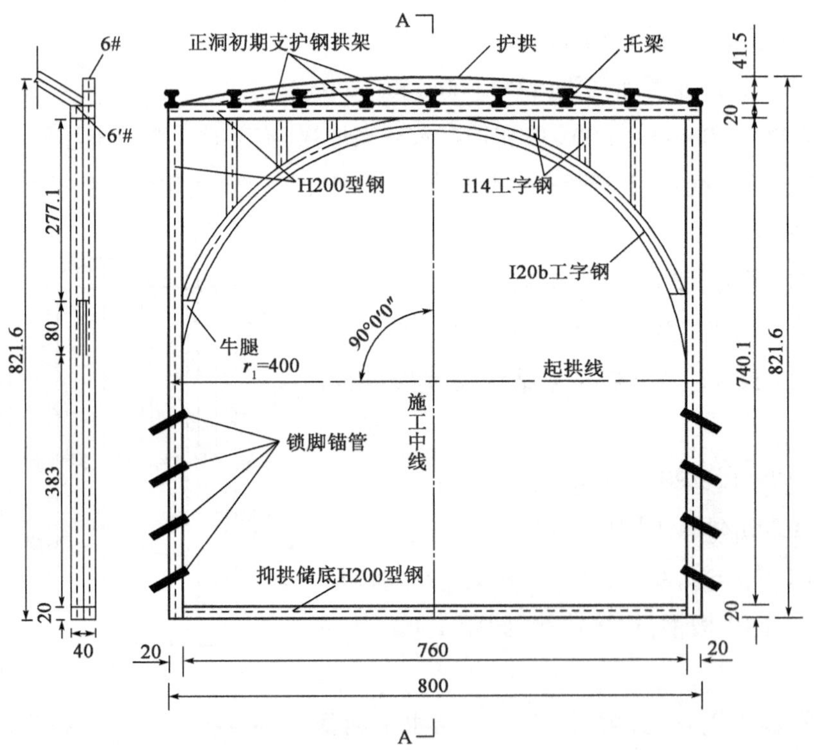

图 5-9　老虎山隧道救援通道与正洞相交处门架结构示意图(尺寸单位:cm)

图 5-10 所示。门架顶部设置托梁(两榀 H200 钢架并排焊接),托梁与其上、下方钢拱架用Ⅰ14钢架焊接牢固,正洞拱部初支钢架直接焊接在托梁顶面,将围岩荷载传递到门架和救援通道加强段钢架上,使其整体受力,为确保门架稳定,门架设置不少于 8 道锁脚锚管。

第四步:开挖正洞转换段上台阶近边墙侧。

门架施工完毕后,沿垂直正洞轴线方向开挖上台阶至正洞中线附近,形成正洞转换段。开挖正洞转换段时,采用如图 5-11 所示断面开挖。

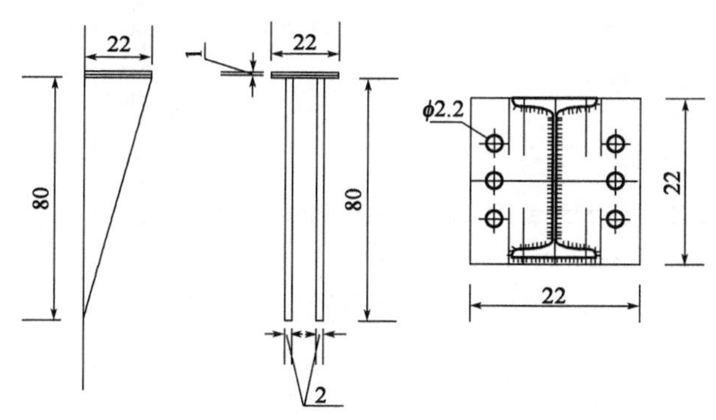

图 5-10　救援通道钢拱架与门架连接牛腿构造示意图(尺寸单位:cm)

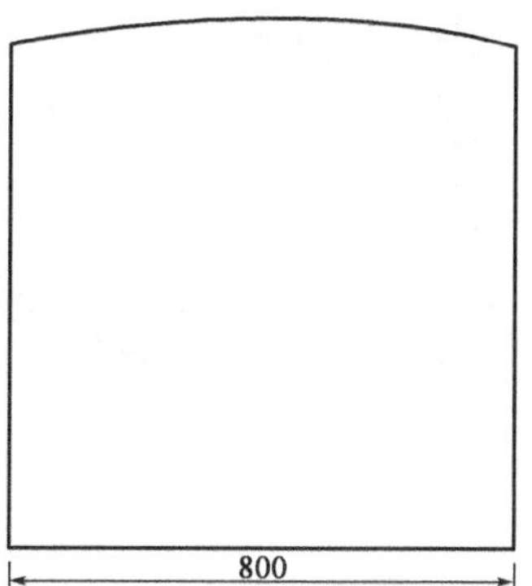

图 5-11　正洞转换段开挖断面示意图(尺寸单位:cm)

正洞下台阶距正洞交界处 2.8m 处用弃渣垫坡,按 15°爬升至 2.2m 高度后改平,向前施工至远边墙,施工时应及时施工正洞转换段初期支护。

正洞转换段支护参数如下。

钢筋网:ϕ8 钢筋网,网格间距 20cm × 20cm。

锚杆:ϕ25 砂浆锚杆,L = 350cm,间距 100cm(环) × 100 cm(纵)。

喷射混凝土:C25 混凝土 10cm。

第五步:施工正洞初期支护钢拱架门架。

在正洞正洞中线附近(距近边墙侧 6.0m)间隔 1.0m 设置 2 榀正洞初期支护钢拱架门架,将正洞近边墙侧初期支护钢拱架架在该门架上,这两榀门架均采用Ⅰ20b 型钢为确保门架稳固,每道门架设置不少于 6 道锁脚锚管。正洞初期支护钢拱架门架相交纵断面如图 5-12 所示。

第六步:施工正洞转换段近边墙侧正洞初期支护。

正洞中线门架施工完毕后,尽快施工近边墙侧正洞初期支护,该段正洞初期支护钢拱架曲线半径由 1 031cm 加大为 2 245.8cm,钢拱架一端焊接在交界处门架上,另一端固定在中线门架上。

钢拱架施工完毕后,立即施做正洞初期支护,正洞Ⅲ级围岩初期支护参数适当加强。

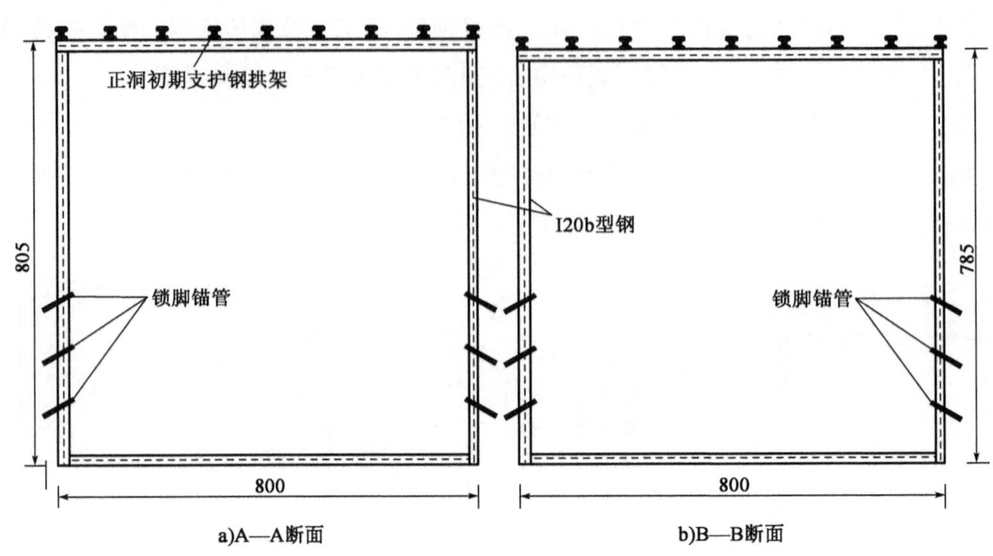

图 5-12　正洞初期支护钢拱架门架相交纵断面示意图(尺寸单位:cm)

加强后的正洞支护参数如下。

钢拱架:Ⅰ20b 型钢,间距 1.0m(视围岩情况决定是否增加仰拱铺底拱架)。

钢筋网:ϕ8 钢筋网,双层,网格间距 20cm×20cm。

喷射混凝土:C25 混凝土 28cm。

第七步:开挖正洞转换段上台阶至远边墙。

门架施工完毕后,开挖上台阶剩余部分,完成正洞转换段开挖,初期支护紧跟。

第八步:施工正洞转换段远边墙侧初期支护。

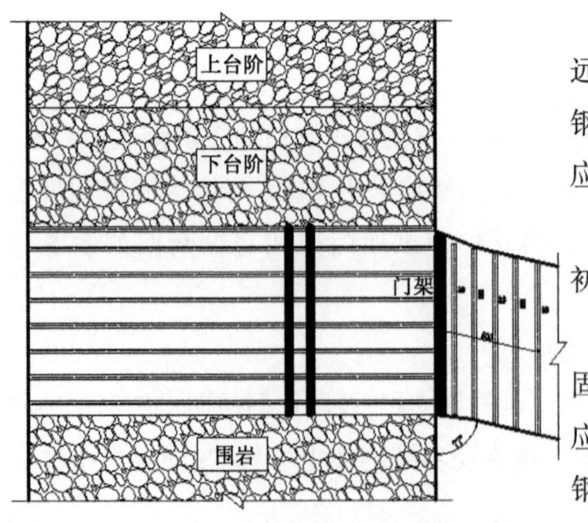

图 5-13　老虎山隧道救援通道与正洞相交纵断面示意图

上台阶远边墙侧开挖完成后,立即架立正洞远边墙侧正洞初期支护钢拱架,与近边墙侧正洞钢拱架在中线门架附近螺栓连接,注意连接部位应避开拱顶中线。

钢拱架施工完毕后,立即施做正洞初期支护,初期支护参数同第六步。

远边墙侧钢拱架原设计制作、安装,拱脚应牢固,设置不少于 3 组锁脚锚管予以固定,拱部钢架应一次性架设完毕,随后尽快施工初期支护,正洞钢拱架架设完毕后施工效果如图 5-13 所示。

第九步:施工正洞转换段下台阶。

先拆除位于拱顶附近的2榀正洞初期支护钢拱架门架,人工拆除,严禁暴力拆撑,然后正洞上台阶往隧道出口方向10~15m后,施工正洞转换段正洞下台阶。

先自距远边墙6m处按20°角向下开挖下台阶至拱脚,接长上台阶钢拱架,如图5-14所示,施工初期支护,然后挖除剩余下台阶岩体。

第十步:施工正洞转换段仰拱铺底

正洞转换段下台阶施工完成后应尽快施工仰拱铺底,施工仰拱铺底前应密切注意监控量测数据变化:若监测数据变化较大,仰拱铺底增加钢拱架;若监测数据稳定,仰拱铺底按设计参数施工。

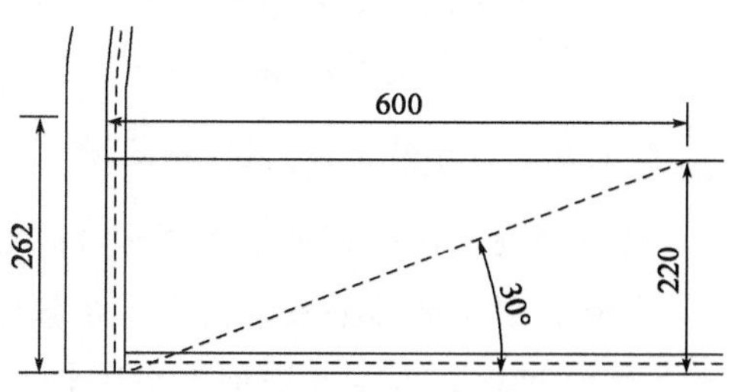

图5-14 正洞转换段拱脚开挖及接长钢拱架尺寸示意图(尺寸单位:cm)

至此,老虎山隧道救援通道转正洞施工完毕,隧道右线可按施工组织设计继续施工。

施工注意事项如下所示。

(1)救援通道加宽段施工时考虑到车辆掉头等需要可以在加宽段内增设避车洞,避车洞尺寸7m(长)×3m(宽)×5m(长)。

(2)救援通道加强段拱脚必须支垫牢固,施工时应纵向通常设置钢板,与钢架焊接牢固,并浇筑不少于C20混凝土使其连接为整体。

(3)为方便施工,正洞转换段正洞下台阶高度、起坡角度和起坡位置可根据现场实际情况予以适当调整。

(4)救援通道转正洞施工每一步均应建立围岩稳定的基础上,施工时应加强监控量测工作,制订专项方案。

5.3 施工工艺

5.3.1 喷射混凝土施工

5.3.1.1 喷射混凝土前施工准备

喷射前对受喷岩面进行处理。用高压水冲洗受喷岩面的浮尘、岩屑,当岩面遇水容易潮解、泥化时,采用高压风吹净岩面。若为泥、砂质岩面时挂设细钢筋网(网格宜不大于20mm×20mm、线径宜小于3mm),用环向钢筋和锚钉或钢架固定,使其密贴受喷面,以提高喷射混凝土的附着力。

设置控制喷射混凝土厚度的标志,采用埋设钢筋头做标志,在喷射时插入长度比设计厚度大5cm的钢筋头,每1~2m设一根,作为施工控制用。

检查机具设备和风、水、电等管线路,湿喷机就位,并试运转。

(1)选用的空压机满足喷射机工作风压和耗风量的要求;压风进入喷射机前进行油水分离。

(2)输料管能承受0.8MPa以上的压力,并有良好的耐磨性能。

(3)保证作业区内具有良好通风和照明条件。

(4)喷射作业的环境温度不得低于5℃。

5.3.1.2 喷射混凝土搅拌、运输

喷射混凝土在拌和站集中拌和、混凝土运输车运输进洞、湿喷机喷射。

湿喷混凝土搅拌采取全自动计量强制式搅拌机,施工配料严格按配合比进行操作,搅拌时水泥、粗细骨料要先干拌后加水湿拌的方法,且干拌时间不得少于1.5min。

运输采用混凝土运输罐车,随运随拌。喷射混凝土时,多台运输车交替运料,以满足湿喷混凝土的供应。在运输过程中,要防止混凝土离析、水泥浆流失、坍落度变化以及产生初凝等现象。

5.3.1.3 喷射混凝土施工

隧道初期支护喷射混凝土采用湿喷工艺,使用湿喷机械手和湿喷机施工。

(1)喷射作业工序:打开速凝剂辅助风→缓慢打开主风阀→启动速凝剂计量泵、主电机、振动器→向料斗加混凝土。

(2)喷射混凝土作业采用分段、分片、分层依次进行,喷射顺序应自下而上,先将低洼处大致喷平,再自下而上顺序分层、往复喷射。

(3)喷射混凝土分段施工时,上次喷混凝土预留斜面,斜面宽度为200~300mm,斜面上需用压力水冲洗润湿后再行喷射混凝土。

(4)分片喷射要自下而上进行并先喷钢架与壁面间混凝土,再喷两钢架之间混凝土。边墙喷混凝土应从墙脚开始向上喷射,使回弹不致裹入最后喷层。

(5)分层喷射时,后一层喷射在前一层混凝土终凝后进行,若终凝1h后再进行喷射时,先用风、水清洗喷层表面。一次喷混凝土的厚度以喷混凝土不滑移不坠落为度,既不能因厚度太大而影响喷混凝土的黏结力和凝聚力,也不能太薄而增加回弹量。边墙一次喷射混凝土厚度控制在7~10cm,拱部控制在5~6cm,并保持喷层厚度均匀。顶部喷射混凝土时,为避免产生堕落现象,两次间隔时间控制在2~4h。

(6)喷射速度要适当,以利于混凝土的压实。开机后要注意观察风压,起始风压达到0.5MPa后,才能开始操作,并据喷嘴出料情况调整风压。

一般工作风压:边墙0.3~0.5MPa,拱部0.4~0.65MPa。

(7)喷射时喷嘴和受喷面间保持适当距离,喷射角度尽可能接近90°,以使获得最大压实和最小回弹。

喷嘴与受喷面间距宜为1.5～2.0m；喷嘴应连续、缓慢作横向环行移动，一圈压半圈，喷射手所画的环形圈，横向40～60cm，高15～20cm；若受喷面被钢架、钢筋网覆盖时，可将喷嘴稍加偏斜，但不小于70°。

5.3.2　初期支护施工工艺

5.3.2.1　锚杆施工

1）锚杆设计参数

设计采用ϕ25砂浆锚杆，$L=3.5$m，1.0m（纵）×1.0m（环）。

2）施工控制要点

（1）锚杆安设在初喷混凝土完成后，按设计要求进行，先在岩面上画出需施工安设的锚杆孔点位，采用风钻或电钻钻孔，高压风枪清孔，孔位偏差不大于15cm。

（2）锚孔清净后，砂浆锚杆施工是先注浆后插入锚杆，然后加垫板和螺母，待锚杆和砂浆有一定的强度后，拧紧螺母。

5.3.2.2　铺设钢筋网

本施工阶段隧道初期支护采用双层ϕ8钢筋网片，网格间距20cm×20cm。钢筋冷拉调直后使用，钢筋表面不得有裂纹、油污、颗粒或片状锈蚀。钢筋网与钢筋网焊接牢固，且搭接长度1～2个网格。钢筋网与钢架焊接牢固，喷射C25混凝土。

5.3.2.3　钢架施工

1）钢架加工

在硬化场地上按照钢加设计测量放出加工大样。使用冷弯机按照隧道断面曲率分节进行弯制。弯制完成后在放样过的场地进行编号试拼。要求钢架尺寸准确、弧形圆顺，周边拼装允许误差为±3cm，且水平放置时平面翘曲小于2cm。

2）钢架安装控制要点

（1）根据洞内测量放样的位置，各节钢架在掌子面按试拼编号顺序以螺栓连接，连接板应密切。钢架尽量密贴围岩并与锚杆焊接牢固，钢架之间按设计纵向连接。

（2）为保证钢架在全环封闭前置于稳固的地基上，安装前清除底脚下的虚碴和杂物。同时每侧安设2组锁角锚管将其固定。

（3）钢架在安设过程中，沿钢架外缘每隔2m用混凝土预制块楔紧，钢架背后用喷射混凝土填充密实。

（4）钢架纵向连接采用ϕ22钢筋焊接连接，环向间距1m。底部开挖完成后，初期支护及时跟进，将钢架全环封闭。

5.3.2.4 初期支护质量检查

1)喷射混凝土

喷射混凝土每个作业循环检查一个断面,每个断面从拱顶起,每间隔 2.0m 布设一个检查点。喷射混凝土的厚度和表面平整度应符合下列要求。

(1)平均厚度大于设计厚度。

(2)检查点数的 80% 及以上大于设计厚度。

(3)最小厚度不小于设计厚度的 2/3。

(4)表面平整度容许偏差 100mm。

2)锚杆

锚杆安装容许偏差符合下列规定。

(1)锚杆孔的孔位符合设计要求。

(2)锚杆孔的深度大于锚杆长度 10cm。

(3)锚杆孔距容许偏差为 ±15cm。

(4)锚杆插入长度不得小于设计长度的 95%,且位于孔的中心。

3)钢筋网

钢筋网安装符合下列规定。

(1)钢筋网搭接长度为 1 ~2 个网孔,容许偏差 ±50mm。

(2)钢筋冷拉调直后使用,钢筋表面不得有裂纹、油污、颗粒状或片状老锈。

(3)钢筋网的混凝土保护层不得小于 3cm。

(4)钢筋网在岩面喷射一层混凝土后再铺挂,底层喷射混凝土的厚度不得小于 4cm。

4)钢架

钢架制作和安装符合下列规定。

(1)采用型钢钢架时分节长度不大于 4m,腹板钻孔位置符合设计要求。

(2)钢架节点焊接长度大于 4cm,且对称焊接。

(3)钢架周边安装容许偏差 ±3cm,平面翘曲小于 2cm。

(4)安装容许偏差符合下表规定。

5.3.3 钻爆设计

5.3.3.1 救援通道爆破设计

救援通道采用全断面开挖,钻爆法施工,采用光面爆破技术。

5.3.3.2 钻孔设计

(1)孔深 L

设计一次爆破进尺 $L=1.2\text{m}$，若炮眼利用率为85%，则钻孔深度 $L=1.4\text{m}$，掏槽眼深度 $L=1.7\text{m}$。救援通道隧道段爆破参数和预测统计如表5-1和表5-2所示。

救援通道隧道段爆破参数统计表　　表5-1

序号	开挖部位	炮孔名称	雷管段次	炮孔数（个）	孔深（m）	孔径（mm）	间距（cm）	角度（°）	药卷直径（mm）	装药长度（m）	装药系数	单孔装药量（kg）	同段齐爆药量（kg）	同段雷管数量（个）
1	全断面	掏槽孔	1	8	1.7	40	50	65	ϕ32	1.35	0.8	1.35	10.8	8
2		辅助孔	3	12	1.4	40	50	90	ϕ32	0.9	0.6	0.9	10.8	12
3		辅助孔	5	16	1.4	40	50	90	ϕ32	0.75	0.5	0.75	12	16
4		辅助孔	7	18	1.4	40	50	90	ϕ32	0.6	0.4	0.6	10.8	18
5		辅助孔	9	8	1.4	40	50	88	ϕ32	0.6	0.4	0.6	4.8	8
6		周边孔	11	26	1.4	40	50	88	ϕ32	0.3	0.2	0.3	7.8	26
7		底板孔	11	10	1.4	40	80	87	ϕ32	0.75	0.5	0.75	7.5	10
合计				98									64.5	
炸药单耗：$64.5/(51.54\times1.2)=1.04\text{kg/m}^3$														
最大同段起爆药量：12kg														

救援通道爆破参数预测统计表　　表5-2

序　号	项　目	单　位	数　量
1	开挖断面积	m^2	51.54
2	预计每循环进尺	m	1.2
3	每循环爆破石方	m^3	61.85
4	炮眼总数	个	98
5	钻孔总数	m	138.2
6	雷管用量	发	110
7	炸药用量	kg	64.5
8	单位体积原岩耗炸药量	kg/m^3	1.2
9	单位体积原岩耗雷管量	发/m^3	1.78
10	单位进尺耗炸药量	kg/m	53.75
11	单位进尺耗雷管量	发/m	91.67
12	预计炮眼利用率	%	85

（2）炮孔布置

周边孔间距取值0.5～1.0m，光爆层厚度取0.5m，周边孔距离隧道轮廓线取0.1～0.2m；辅助孔间距取值0.4～0.8m，辅助孔排距取0.6～1.0m。底孔间距一般为0.4～0.7m，底孔排距取0.5～0.8m。孔口比隧道底板高出0.1～0.2m,孔底低于底板0.1～0.2m。

(3)炮布置

救援通道炮孔布置如图5-15所示。

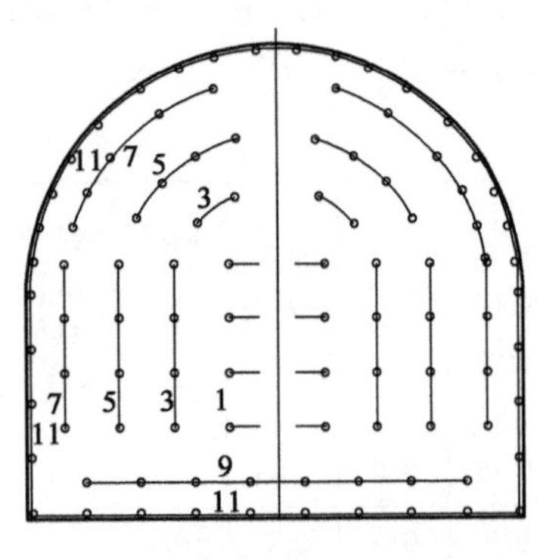

图5-15 救援通道隧道段炮孔布置图

5.3.3.3 装药结构和堵塞方式

掏槽眼、辅助孔采用连续装药,炮眼剩余部分必须填满炮泥。掏槽眼和底眼连续装药。周边眼采用间隔不耦合装药结构,炮泥封口。周边孔间隔装药结构如图5-16所示,连续装药结构如图5-17所示。

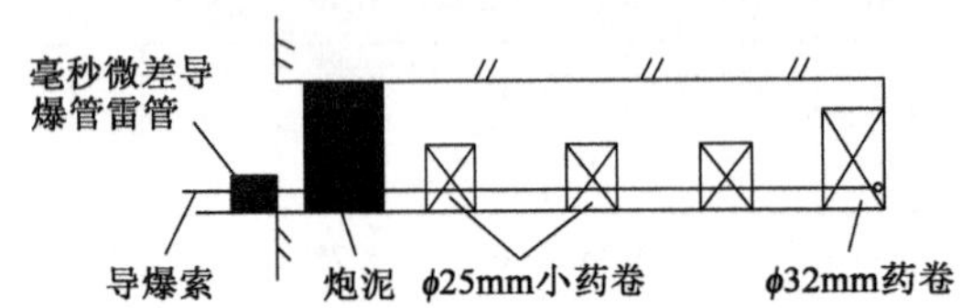

图5-16 周边孔间隔装药结构图(ϕ25 小直径药卷)

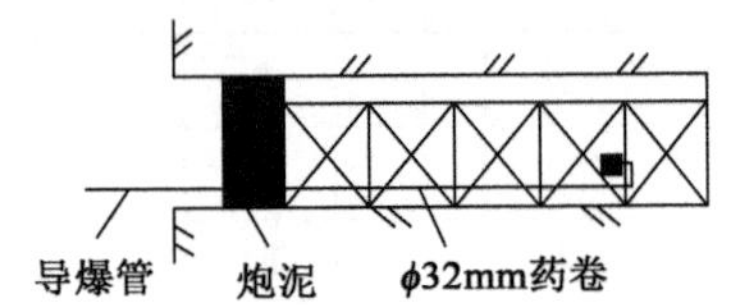

图5-17 连续装药结构图(ϕ32 标准药卷)

5.3.3.4 起爆网路

起爆网路采用非电起爆网路,即炮孔内采用非电毫秒1～13段延期雷管,孔网簇连使用非电毫秒1段延期雷管作为连接元件,最后使用击发针引爆导爆管。起爆网路如图5-18所示。

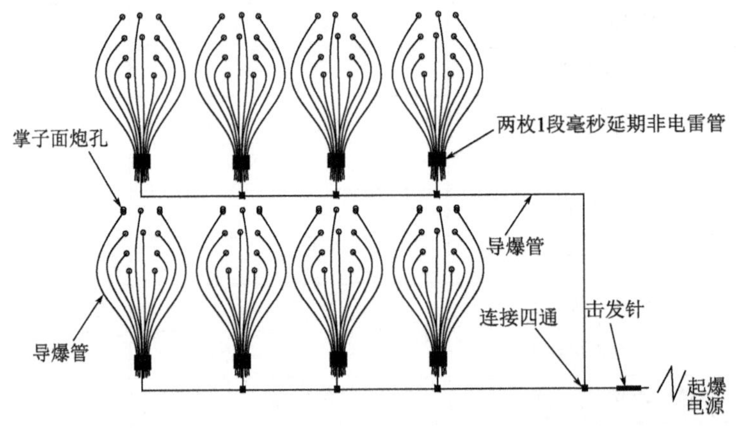

图5-18 起爆网路示意图

起爆顺序为:掏槽眼→辅助眼(由内向外每一层增加一段)→周边眼→底眼。

5.3.3.5 试炮

通过试炮确定控制爆破危害效应的防护措施,根据地质条件变化、爆破振动的跟踪检测结果信息反馈、爆破效果和飞石等有害效应不断调整最佳最大一次起爆药量和各个爆破参数,并加强露天开挖爆破额覆盖保护。

5.3.3.6 Ⅲ级围岩段爆破设计

老虎山隧道Ⅲ级围岩段设计采用两台阶法开挖,钻爆施工,采用光面爆破技术。

1)孔深 L

设计一次爆破进尺 $L=2.4$m,若炮眼利用率为85%,则钻孔深度 $L=2.8$m,掏槽眼深度 $L=3$m。Ⅲ级围岩爆破参数和预测统计表如表5-3和表5-4所示。

Ⅲ级围岩爆破参数统计表 表5-3

序号	开挖部位	炮孔名称	雷管段次	炮孔数	孔深(m)	孔径(mm)	间距(cm)	角度(°)	药卷直径(mm)	装药长度(m)	装药系数	单孔装药量(kg)	同段齐爆药量(kg)	同段雷管数量(个)
1	上	掏槽孔	1	8	1.5	40	50	65	$\phi32$	1.05	0.7	1.05	8.4	8
2		掏槽孔	3	10	3	40	50	65	$\phi32$	2.1	0.7	2.1	21	10
3		辅助孔	5	10	2.8	40	80	90	$\phi32$	1.68	0.6	1.68	16.8	10
4		辅助孔	7	6	2.8	40	80	90	$\phi32$	1.68	0.6	1.68	10.08	6
5		辅助孔	9	8	2.8	40	80	90	$\phi32$	1.68	0.6	1.68	13.44	8
6		辅助孔	11	40	2.8	40	80	90	$\phi32$	1.68	0.6	1.68	68.2	40
7		辅助孔	13	21	2.8	40	80	90	$\phi32$	1.68	0.6	1.68	38.28	21
8		辅助孔	15	25	2.8	40	80	90	$\phi32$	1.68	0.6	1.68	42	25
9		辅助孔	17	28	2.8		80	90	$\phi32$	1.68	0.6	1.68	47.04	28
10		周边孔	19	53	2.8	40	80	88	$\phi32$	1.7	0.3	0.84	44.52	53
11		底板孔	13	24	2.8	40	80	87	$\phi32$	1.68	0.6	1.68	40.32	24
12	下	辅助孔	3	18	2.8	40	80	90	$\phi32$	1.68	0.6	1.68	30.24	18
13		辅助孔	5	19	2.8	40	80	90	$\phi32$	1.68	0.6	1.68	31.92	19
14		辅助孔	7	6	2.8	40	80	90	$\phi32$	1.68	0.6	1.68	10.08	6
15		底板孔	9	20	2.8	40	80	87	$\phi32$	1.68	0.6	1.68	33.6	20
16		周边孔	11	12	2.8	40	80	88	$\phi32$	1.7	0.3	0.84	10.08	12
合计				349									461.9	349
炸药单耗:461.9/(170.1×2.4)=1.1kg/m^3														
最大同段起爆药量:68.2kg														

Ⅲ级围岩爆破参数预测统计表 表5-4

序号	项目	单位	数量
1	开挖断面积	m^2	170.1
2	预计每循环进尺	m	2.4
3	每循环爆破石方	m^3	408.24
4	炮眼总数	个	303
5	钻孔总数	m	303
6	雷管用量	发	350

续上表

序　号	项　目	单　位	数　量
7	炸药用量	kg	452.76
8	单位体积原岩耗炸药量	kg/m³	1.1
9	单位体积原岩耗雷管量	发/m³	0.85
10	单位进尺耗炸药量	kg/m	188.65
11	单位进尺耗雷管量	发/m	175
12	预计炮眼利用率	%	85

2)炮孔布置

周边孔间距取值0.5～1.0m,光爆层厚度取0.5m,周边孔距离隧道轮廓线取0.1～0.2m;辅助孔间距取值0.4～0.8m,辅助孔排距取0.6～1.0m。底孔间距一般为0.4～0.7m,底孔排距取0.5～0.8m。孔口比隧道底板高出0.1～0.2m,孔底低于底板0.1～0.2m。

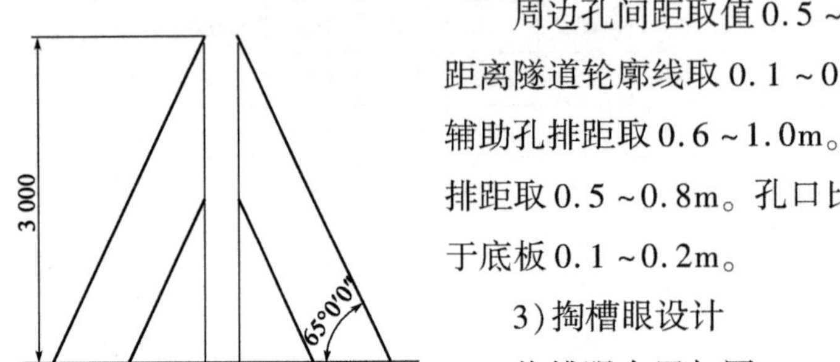

图5-19　Ⅲ级围岩段掏槽眼布置示意图(尺寸单位:mm)

3)掏槽眼设计

掏槽眼布置如图5-19所示。

4)炮孔布置

老虎山隧道Ⅲ级围岩段炮孔布置如图5-20、图5-21所示。

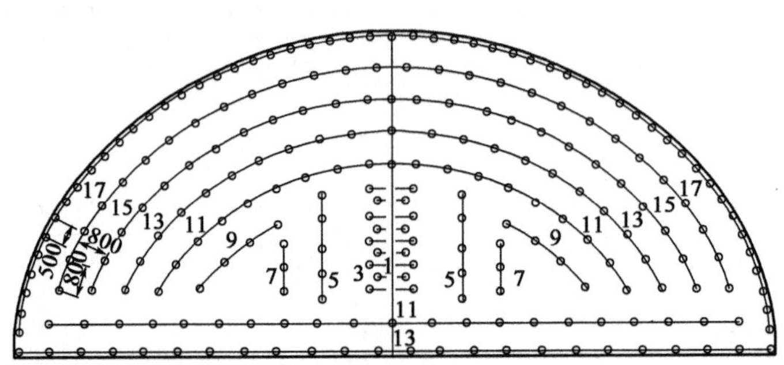

图5-20　Ⅲ级围岩上台阶炮孔布置和起爆段别示意图(尺寸单位:mm)

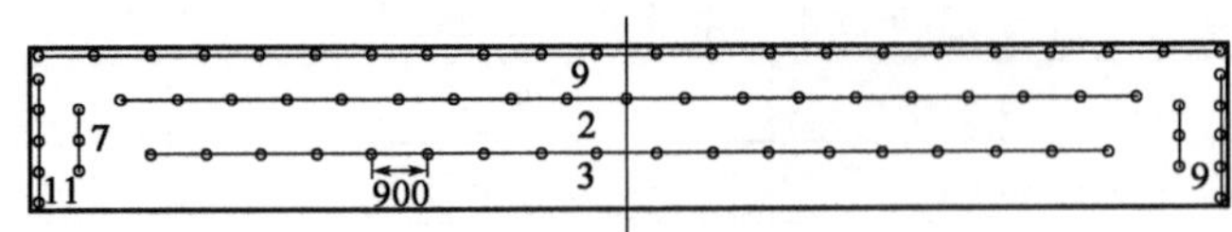

图5-21　Ⅲ级围岩下台阶炮孔布置和起爆段别示意图(尺寸单位:mm)

5)爆破设计优化

每次爆破后检查爆破效果,分析原因及时修正爆破参数,提高爆破效果,改善技术经济指标。

(1)根据岩层节理裂隙发育、岩性软硬情况,修正眼距,用药量,特别是周边眼。

(2)根据爆破后石碴的块度修正参数。石碴块度小,说明辅助眼布置偏密;块度大说明炮眼偏疏,用药量过大。

(3)根据爆破振速监测,调整单响起爆炸药量和雷管段数。

(4)根据开挖面凹凸情况修正钻眼深度,爆破眼眼底基本上落在同一断面上。

6)爆破效果检查

(1)超欠挖检查。

(2)开挖轮廓圆顺,开挖面平整度检查。

(3)爆破进尺是否达到爆破设计要求。

(4)爆出石碴块度是否适合装碴要求。

(5)周边炮眼痕迹保存率,硬岩≥80%,中硬岩≥60%并在开挖轮廓面上均匀分布。

(6)两次爆破衔接台阶不大于15cm。

7)安全警戒

每次爆破前30min进行安全警戒,警戒范围按爆破飞石的安全距离确定,警戒范围以内的一切人员全部撤离,爆破指挥则依每次爆破地点设于安全位置。

爆破指挥、起爆点和各警戒点之间用步话机保持顺畅的通讯联系。

警戒信号分为3种,即警戒、准备起爆和警戒撤离。每次爆破后检查无误后由爆破指挥发出警戒撤销信号。

隧道内警戒距离不小于300m,洞口警戒距离不小于200m。

第6章　复合式衬砌施工

6.1　初期支护

老虎山隧道洞身支护设计采用锚喷支护形式,针对不同围岩级别采用不同的支护形式,如表6-1所示。

老虎山隧道洞身支护形式统计表　　表6-1

支护类型	C25喷射混凝土(湿喷)		系统锚杆			钢架	
	厚度(cm)	Φ8钢筋网 间距(cm)	形式	长度(m)	间距(m) 纵×环	形式	间距(m)
Ⅴ级浅埋	30	(20×20)双层	Φ25中空锚杆	5	100×60	H20×20型钢	0.6
Ⅴ级加强	30	(20×20)双层	Φ25中空锚杆	5	100×60	H20×20型钢	0.6
Ⅴ级一般	30	(20×20)双层	Φ25中空锚杆	4.5	100×75	H20×20型钢	0.75
Ⅳ级加强	28	(20×20)	Φ25中空锚杆	4	100×80	I20b型钢	0.8
Ⅳ级一般	28	(20×20)	Φ25中空锚杆	4	100×100	I20b型钢	1
Ⅲ级	20	拱部(20×20)	Φ22水泥砂浆	3.5	120×120	H14×16格栅	1.2

老虎山隧道初期支护示意图如图6-1所示(以Ⅴ级加强衬砌断面为例)。

6.1.1　系统锚杆

老虎山隧道系统锚杆布置如图6-2所示(以Ⅳ级一般衬砌断面为例)。

6.1.1.1　锚杆施工前的准备

(1)检查锚杆类型,规格,质量及其性能是否与设计相符。

(2)据锚杆类型,规格和围岩情况准备钻孔机具。

(3)锚杆施工在初喷混凝土后进行,保证锚杆垫板有平整的基面。

6.1.1.2　锚杆钻孔、清孔

隧道锚杆采用风动凿岩机成孔。锚杆钻孔利用开挖台阶搭设简易台架施钻,按照设计间距布孔;钻孔方向尽可能垂直结构面或初喷混凝土表面;锚杆孔比杆径大15mm,深度误差不得大于±50mm。

清孔利用高压风清孔。清孔完成后,检查开孔孔径、孔深、孔道倾斜度。

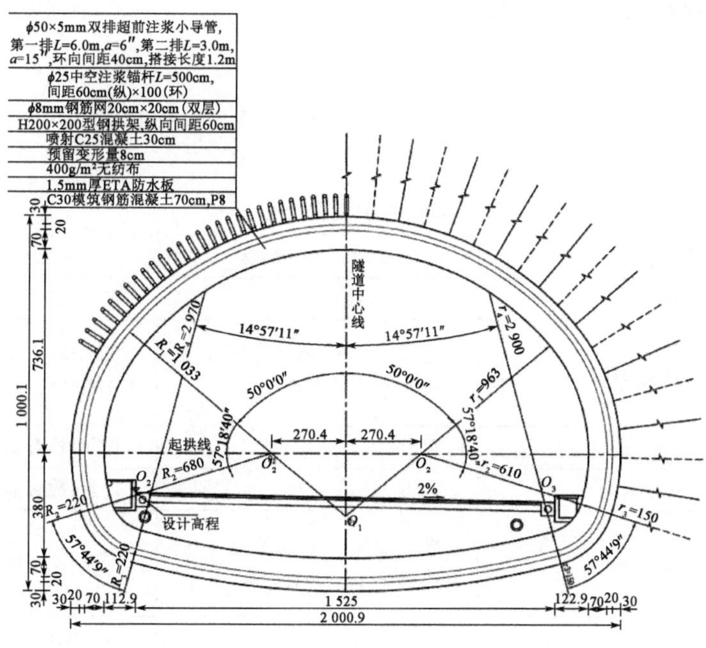

图6-1　老虎山隧道Ⅴ级加强衬砌断面初期支护示意图(尺寸单位:cm)

6.1.1.3　早强砂浆锚杆注浆和安装

(1)水泥砂浆锚杆的原材料、砂浆配合比应满足下列要求。

杆体宜用 HRB335、HRB400 级带肋钢筋,锚杆体材质的断裂伸长率不得小于 16%、屈服抗拉力≥126kN、极限抗拉力≥170kN;锚杆杆体使用前应平直、除锈、除油;砂浆宜采用中细砂,粒径不应大于 2.5mm,使用前应过筛;早强水泥砂浆锚杆采用硫铝酸盐早强水泥。

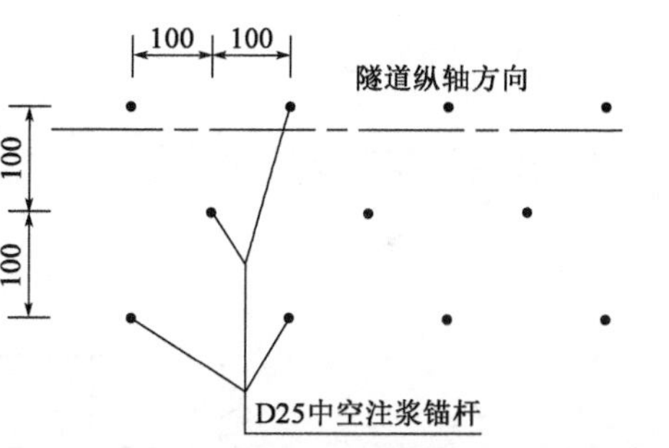

图6-2　老虎山隧道Ⅳ级一般衬砌断面系统锚杆布置图(尺寸单位:mm)

锚注完成后,应及时清洗,整理注浆用具,除掉砂浆凝聚物,为下次使用创造好条件。

(2)锚杆体插入孔内长度不应小于设计长度的 95%。锚杆安装后不得随意敲击。

(3)安装垫板和紧固螺帽应在砂浆体的强度达到 10MPa 后进行。

6.1.1.4　中空注浆锚杆安装和注浆

锚杆杆体安装:采用人工安装,杆体组装完成后,安装止浆塞、垫板、球形螺母,利用中空锚杆扳手拧紧。安装锚杆垫板时确保垫板和锚杆垂直,并与初喷混凝土面密贴紧压。

注浆:利用专用高压注浆泵通过锚杆杆体预留通道接孔口注浆。隧道拱部利用排气管排气;隧道墙部自然排气,确保锚杆孔内注浆饱满。

6.1.1.5 锚杆施工质量检验标准

(1)实测项目

隧道锚杆支护实测项目见《公路工程质量检验评定标准》(JTG F80/1—2004)表10.8.2，如表6-2所示。

锚杆支护实测项目 表6-2

项 次	检 查 项 目	规定值或允许偏差	检查方法和频率
1	锚杆数量(根)	不少于设计	按分项工程统计
2	锚杆拔力(kN)	28d拔力平均值三设计值，最小拔力:0.9设计值	按锚杆数1%做拔力试验，且不小于3根做拔力试验
3	孔位(mm)	±50	尺量:检查锚杆数的10%
4	钻孔深度(mm)	±50	尺量:检查锚杆数的10%
5	孔径(mm)	砂浆锚杆:>杆体直径+15；其他锚杆:符合设计要求	尺量:检查锚杆数的10%
6	锚杆垫板	与岩面紧贴	检查锚杆数的10%

(2)外观鉴定

钻孔方向应尽量与围岩和岩层主要结构面垂直，锚杆垫板和岩面紧贴。

6.1.2 钢筋网

老虎山隧道初期支护喷层内钢筋网布置如图6-3所示。

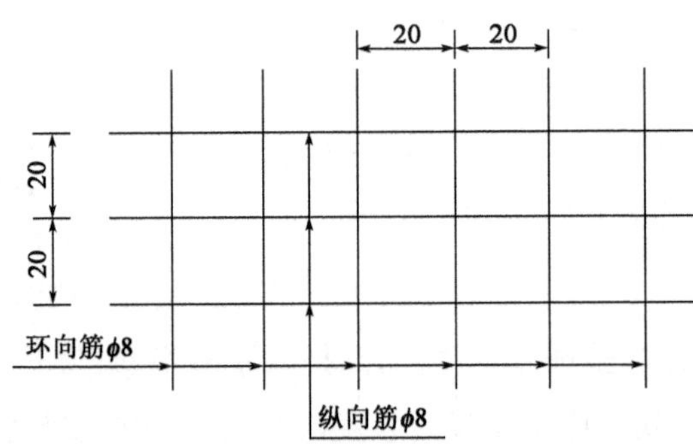

图6-3 老虎山隧道初期支护喷层内钢筋网布置图(尺寸单位:cm)

6.1.2.1 钢筋网片加工

钢筋网片采用HPB300 ϕ8mm钢筋焊制，在钢筋加工场内集中加工。先用钢筋调直机把钢筋调直，再截成钢筋条，钢筋网片尺寸根据拱架间距和网片之间搭接长度综合考虑确定。

钢筋焊接前要先将钢筋表面的油渍、漆污、水泥浆和用锤敲击能剥落的浮皮、铁锈等均清除干净；加工完毕后的钢筋网片应平整，钢筋表面无削弱钢筋截面的伤痕。

6.1.2.2　成品的存放

制作成型的钢筋网片必须轻抬轻放，避免摔地产生变形。钢筋网片成品应远离加工场地，堆放在指定的成品堆放场地上。存放和运输过程中要避免潮湿的环境，防止锈蚀、污染和变形。

6.1.2.3　挂网

按图纸标定的位置挂设加工好的钢筋网片，钢筋片随初喷面的起伏铺设，绑扎固定于先期施工的系统锚杆之上，再把钢筋片焊接成网，网片搭接长度为1~2个网格。

设计为双层钢筋网时，第二层钢筋网应在第一层钢筋网被喷射混凝土全部覆盖后进行铺挂。

6.1.2.4　施工控制要点

钢筋网格尺寸应符合设计要求。

铺设钢筋网按照以下要求执行。

(1)钢筋网在初喷混凝土以后铺挂，且保护层厚度不得小于2cm。

(2)钢筋网应随初喷面的起伏铺设，与受喷面的间隙一般不大于3cm，与锚杆或其他固定装置连接牢固。

(3)开始喷射时，应减小喷头至受喷面的距离，并调整喷射角度，钢筋网保护层厚度满足设计及规范要求。

(4)喷射中如有脱落的石块或混凝土块被钢筋网卡住时，应及时清除后再喷射混凝土。

6.1.2.5　钢筋网施工质量检验标准

(1)实测项目

隧道初期支护钢筋网实测项目见《公路工程质量检验评定标准》(JTG F80/1—2004)表10.9.2，如表6-3所示。

钢筋网支护实测项目　　表6-3

项　次	检查项目	规定值或允许偏差	检查方法和频率
1	网格尺寸(mm)	±10	尺量：每50m^{2}检查2个网眼
2	钢筋保护层厚(mm)	≥10	凿孔检查：每20m检查5点
3	与受喷岩面的间隙(mm)	≤30	尺量：每20m检查10点
4	网的长、宽(mm)	±10	尺量

(2)外观鉴定

钢筋网与锚杆或其他固定装置连接牢固，喷射混凝土时不得晃动。

6.1.3 钢拱架

老虎山隧道初期支护型钢拱架示意图如图 6-4 所示(以Ⅴ级加强衬砌断面为例)。

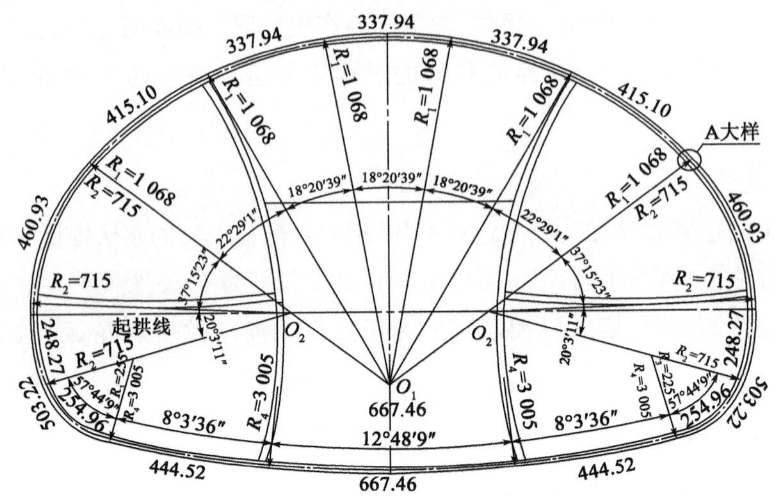

图 6-4 老虎山隧道Ⅴ级加强衬砌初期支护型钢拱架示意图(尺寸单位:cm)

6.1.3.1 型钢钢架加工

(1)施工准备

钢架加工场地用砼硬化,精确抹平,并按功能设置原材料存放区、加工区、预拼检验区、成品存放区。加工场设龙门吊,用于原材料装卸及成品、半成品吊装。冷弯机安装与调试,进行试生产,确保加工尺寸准确,弧形圆顺。

(2)型钢冷弯

钢架弯制结合隧道开挖方法,采用型钢冷弯机按照隧道断面曲率分节进行弯制,加工钢架周边拼装允许偏差 ±3cm,平面翘曲应小于 1cm。弯曲完成后将工字钢吊至半成品加工区,切割单元多余部分,采用等离子弧切割机进行切割。

(3)连接板加工

各分节连接板采用等离子弧切割机进行切割,连接板钻孔采用数控立式钻床进行钻孔,钻孔前先进行钻孔参数设置,包括孔径、孔深、孔间距等参数,然后安装钻头,再将工件夹牢,最后启动钻床进行钻孔。

(4)连接板焊接

各分节连接板采用连接板与型钢焊成一体,要求双面焊,焊缝饱满,保证焊接质量;各分节间为螺栓形式连接。

(5)钢架预拼

在预拼场地将加工好的各节段钢架进行预拼,要求尺寸准确,弧形圆顺,要求沿隧道周边轮廓误差不大于3cm；型钢钢架平放时，平面翘曲小于2cm。

6.1.3.2　钢架安装

安装前对岩面初喷混凝土，初喷混凝土后及时架设。在第一次喷射混凝土后按设计位置安设，对局部欠挖部分应予凿除，以保证钢架施工位置、结构、尺寸正确。

安装前应清除底脚下的虚渣和杂物，钢架底脚应置于牢固的基础上。钢架安装允许偏差：钢架间距及其横向位置和高程的允许偏差为±5cm，垂直度为±2°。

为保证钢架置于稳固的地基上，施工中在钢架基脚部位预留0.15～0.2m原地基，采用人工开挖，严禁超挖；架立钢架时挖槽就位，软弱地段在钢架基脚处设槽钢以增加基底承载力。拱脚、边墙脚连接槽钢（或钢板、角钢等）应按正确方式置于原状石上，并与钢架焊接牢固，当拱脚标高不准时，只能用片石垫平槽钢或设置钢板调整。

钢架拼装在作业面进行，各节钢架间以连接板螺栓连接并密贴；沿钢架外缘每隔2m用混凝土预制块楔紧；钢架应尽量密贴围岩并与锚杆焊接牢固，钢架之间应按设计纵向连接。

钢架拱脚按设计打设锁脚锚杆（或锚管），下半部开挖后钢架应及时落底。

钢架应与喷混凝土形成一体，钢架与围岩间的间隙用喷混凝土充填密实；各种形式的钢架应全部被喷混凝土覆盖，保护层厚度满足设计要求。

开挖下台阶时，根据需要在拱脚下可设纵向托梁，把几排钢架连成一个整体。

沿钢架设直径为ϕ25mm的纵向连接钢筋，并按设计环向间距设置。钢架应与钢筋网连接，且必须与锚杆焊接牢固，以保证格栅钢架、钢筋网、喷射混凝土和锚杆与围岩形成联合受力结构。

钢架架立后尽快喷混凝土作业，并将钢架全部覆盖，使钢架与喷混凝土共同受力。

6.1.3.3　钢拱架施工质量检验标准

（1）实测项目

钢支撑支护实测项目见《公路工程质量检验评定标准》（JTG F80—2004）表10.12.2，如表6-4所示。

钢支撑支护实测项目　　表6-4

项次	检查项目		规定值或允许偏差	检查方法和频率
1	安装间距（mm）		50	尺量：每榀检查
2	保护层厚度（mm）		≥20	凿孔检查：每榀自拱顶每3m检查一点
3	倾斜度（°）		±2	测量仪器检查每榀倾斜度
4	安装偏差（mm）	横向	±50	尺量：每榀检查
		竖向	不低于设计高程	
5	拼装偏差（mm）		±3	尺量：每榀检查

(2)外观鉴定

无污秽、无锈蚀和假焊,安装时基底无虚渣和杂物,接头连接牢靠.不符合要求时减 1 ~5 分。

6.1.4 格栅钢架

老虎山隧道Ⅲ级衬砌初期支护型格栅钢架示意图如图 6-5 所示。

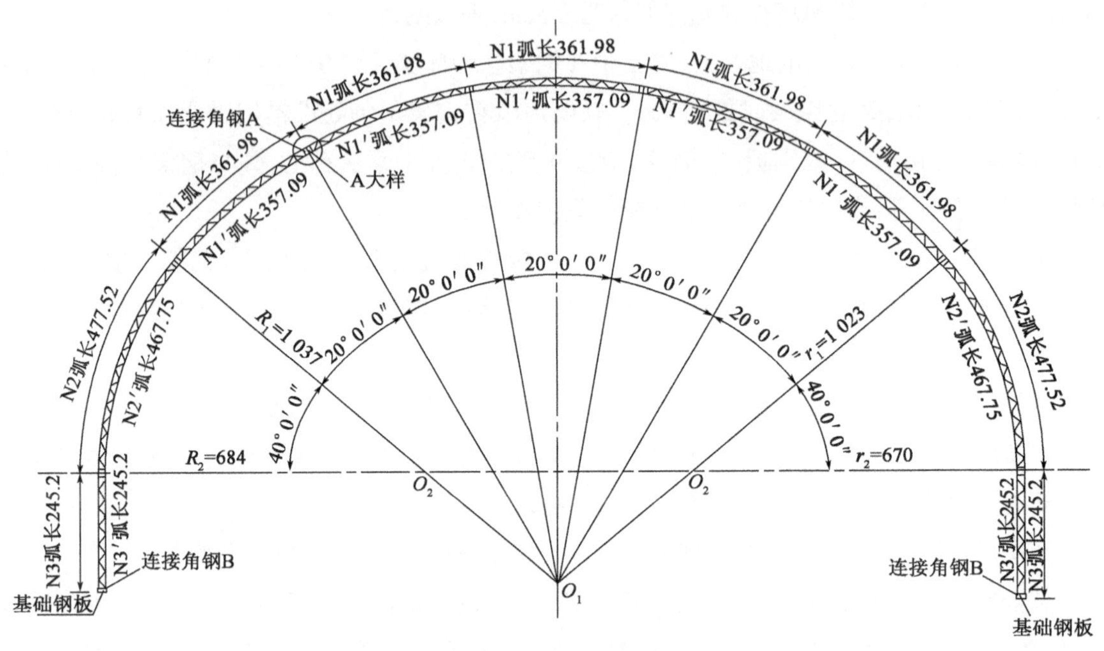

图 6-5 老虎山隧道Ⅲ级衬砌初期支护型格栅钢架示意图(尺寸单位:cm)

6.1.4.1 格栅钢架加工

老虎山隧道Ⅲ级围岩格栅钢架设计分为 9 段(N1 ~ N6),格栅钢架在现场设计的工装台上加工。工作台为 $\delta = 20$mm 的钢板制成,其上根据不同断面的钢架主筋轮廓放样成钢筋弯曲模型。钢架的焊接在胎模内焊接,控制变形。

按设计加工好各单元格栅钢架后,组织试拼,检查钢架尺寸及轮廓是否合格。格栅钢架各单元必须明确标出类型和单元号,并分单元堆放于地面干燥的防雨篷内。

6.1.4.2 格栅钢架运输

根据隧道掌子面每循环安装格栅钢架榀数,人工在钢架加工场选型、配号,装载机或汽车运输钢架至洞内,再由人工抬运钢架至掌子面设计位置安装就位。

6.1.4.3 格栅钢架安装

根据测设的位置,各节钢架在掌子面以螺栓连接,连接板应密贴;为保证各节钢架在全环封闭之前置于稳固的地基上,安装前应清除各节钢架底脚下的虚渣和杂物。

6.1.4.4　格栅钢架中线水平测量

钢架初步就位后,加固前,现场架设测量仪器检查钢架各节点处设计高程和支距,达到要求后才能进行钢架加固。

6.1.4.5　格栅钢架联结、加固

在格栅钢架基脚处设槽钢以增加基底承载力,为保证格栅钢架位置安设准确,隧道开挖时在格栅钢架的各连接处预留连接板凹槽。初喷混凝土时,在凹槽处打入木楔,为架设格栅钢架留出连接板(和槽钢)位置。格栅钢架按设计位置安设,在安设过程中当钢架和初喷层之间有较大间隙应每隔2m用混凝土预制块楔紧,钢架背后用喷混凝土填充密实。采用 $\phi22$,环向间距1m的纵向连接钢筋,八字形内侧布置。

钢架落底接长在单边交错进行,每次单边接长钢架1~2排。在软弱地层可同时落底接长和仰拱相连并及时喷射混凝土。接长钢架和上部钢架通过垫板用螺栓牢固准确连接。

6.1.4.6　喷射混凝土

格栅钢架立后尽快喷混凝土作业,喷混凝土分层进行,先从拱脚或墙角处由下向上喷射,防止上层喷射料虚掩拱脚(墙角)不密实,造成强度不够,拱脚(墙角)失稳。

6.1.4.7　防止钢架下沉的措施

拱部开挖安装型钢拱架后,由于隧道围岩的自稳性较差以及各部开挖安全距离的限制,钢架短时间内不能全断面闭合,有可能会出现拱顶钢架下沉,导致围岩失稳或侵入衬砌界限,因此在施工过程中需加强对钢架安装以后的监控量测,必要时采取有效措施进行加固,以防止拱顶钢架下沉。具体措施如下所述。

(1)必要时设置锁脚锚杆。由于采用分部开挖方法,拱部钢架安装后,钢架暂时不能全断面封闭成环,同时土质隧道拱部钢架无法坐落在坚实的基岩上,因此,拱部钢架必须采取锁脚措施,将钢架两底脚牢固锁定,以防止钢架下沉或两底脚回收。必要时采用两根 $L=4.5\text{m}$ 的 $\phi50$ 锁脚锚管锁定,锚管采用钢花管,压注水泥浆液进行锚固。如地质较差时,采用加长锁脚锚管长度和再增设一根锁脚锚管以加强钢架的稳定。

(2)加设钢架基础连接纵梁,扩大开挖底脚,防止钢架悬空。为防止钢架下沉,视地质情况,必要时在拱部钢架底脚增设连接纵梁,纵梁采用32号槽钢,与钢架底脚采用焊接连接,以增加钢架底脚的承力面积。

(3)及时喷射混凝土进行覆盖。钢架安装完成后,及时喷射微纤维混凝土,喷射时分层、分段进行,钢架应全部被喷射混凝土覆盖,保护层厚度不得小于40mm。

(4)防止施工过程中的碰撞和损坏。机械开挖时,为防止挖掘机等大型机械碰撞和冲击已支护好钢架,造成钢架损坏,开挖时,要派专人对开挖作业进行指挥,严格限制机械作业界限。

6.1.4.8 施工操作要点

(1)隧道各部开挖完成初喷混凝土后,分单元及时安装钢架,采用定位锚杆、径向锚杆以及双侧锁脚锚管等方法固定,钢架采用 $\phi22$ 钢筋八字形内侧连接,钢架之间铺挂钢筋网,然后复喷混凝土到设计厚度。

(2)钢架应按设计位置安设,钢架之间必须用钢筋纵向连接,并要保证焊接质量。钢架安设过程中当钢架与围岩之间有较大的空隙时,沿钢架外缘每隔 2m 应用混凝土预制块楔紧。

(3)钢拱架的拱脚采用纵向托梁和锁脚锚管等措施加强支承。

(4)钢架应尽可能多地与锚杆露头和钢筋网焊接,以增强其联合支护的效应。

(5)喷射混凝土时,要将钢架与岩面之间的间隙喷射饱和达到密实。

(6)型钢钢架应采用冷弯成型,钢架加工的焊接不得有假焊,焊缝表面不得有裂纹、焊瘤等缺陷。

(7)钢架应在初喷混凝土后及时架设, 各节钢架间以螺栓连接,连接板必须密贴。

(8)钢架安装前应清除底脚下的虚渣和杂物,钢架底脚应置于牢固的基础上。

(9)每榀钢架各节都应在法线方向上,在架设左侧钢架时,每榀里程、间距、拱顶高程、连接板处高程(同里程、同间距、同高程)都必须记录清楚;在右侧施工时,按左侧里程、高程、间距架设钢架。

(10)分部开挖施工时,每榀钢架安装时均在其底部设一块"托板", 并在每侧底部施打 2 根 $\phi50\text{mm}$、$L=4.5\text{m}$ 的锁脚锚管,锁脚锚管在拱脚和墙脚打设,以防止钢架下沉。下半部开挖后钢架及时落底接长。

(11)法线方向的控制:在前一榀钢架连接板处打上法向方向线和高低位置线,按法线方向和高低位置线分别用钢卷尺和水平仪测量定位。每隔 5 榀用经纬仪测定一次法线方向,以消除随机或累计误差。为了控制钢架位置,尤其要控制好各接板处的间距和高程位置,成型后钢架应无扭转、凸出、凹进现象。

(12)中线位置的控制:在每榀钢架安装时,采用全站仪激光打点定出中线位置,然后沿法线方向用钢卷尺进行定位。也可根据支距计算出的坐标,采用全站仪直接定位,但置镜处与放设点位处的距离不宜过远,以免引起单边误差过大。

(13)喷射混凝土前,在需架立临时钢支撑的连接位置,用塑料纸包裹,防止混凝土包裹钢架连接位置,影响连接。

(14)永久钢支撑和临时钢支撑前、后、左、右、上、下位置必须正确,否则会影响连接,影响钢架架设质量、影响进度。

(15)钢架拼装可在开挖面内进行,各节钢架间垫设橡胶垫板,用螺栓连接并拧紧,连接板密贴。

6.1.4.9　施工质量检验标准

(1)实测项目

钢架实测项目见《公路工程质量检验评定标准》(JTG F80—2004)表10.12.2,如表6-5所示。

钢支撑支护实测项目　　表6-5

项次	检查项目		规定值或允许偏差	检查方法和频率
1	安装间距(mm)		50	尺量:每榀检查
2	保护层厚度(mm)		≥20	凿孔检查:每榀自拱顶每3m检查一点
3	倾斜度(°)		±2	测量仪器检查每榀倾斜度
4	安装偏差(mm)	横向	±50	尺量:每榀检查
		竖向	不低于设计高程	
5	拼装偏差(mm)		±3	尺量:每榀检查

(2)外观鉴定

无污秽、无锈蚀和假焊,安装时基底无虚渣和杂物,接头连接牢靠。

6.1.5　喷射混凝土

6.1.5.1　喷射混凝土材料要求

喷混凝土材料进场必须进行检验,除符合国家现行的有关标准外,并应符合表6-6所示要求。

喷混凝土原材料技术要求　　表6-6

材料名称	技术要求
水泥	①应优先采用硅酸盐水泥或普通硅酸盐水泥,强度等级不宜低于42.5MPa。 ②遇含有较高可溶性硫酸盐地层或地下水地段,应按侵蚀类型和侵蚀程度采用相应的抗硫酸盐水泥;水泥的安定性、凝结时间均应合格。集料与水泥中的碱离子可能发生反应时,应选用低碱水泥;喷混凝土需要有较高早期强度时,可选用硫铝酸盐水泥或其他早强水泥。 ③有特殊要求时,应使用相应的特种水泥
砂、石	①粗集料应采用坚硬耐久的碎石或卵石(豆石),或两者混合物。严禁选用具有潜在碱活性集料,当使用碱性速凝剂时,不得使用含有活性二氧化硅的石料。喷混凝土中的石子最大粒径不宜大于15mm,喷射钢纤维混凝土中的石子最大粒径不宜大于10mm,集料级配宜采用连续级配。按重量计含泥量不应大于1%,泥块含量不应大于0.25%。 ②细集料应采用坚硬耐久的中砂或粗砂,细度模数应大于2.5。砂中小于0.075mm的颗粒不应大于20%。含泥量不应大于3%,泥块含量不应大于0.5%
水	水质应符合工程用水的有关标准,水中不应含有影响水泥正常凝结与硬化的有害杂质,不应使用污水、海水、pH值小于4.5的酸性水、硫酸盐含量按SO_4^{2-}计超过水重1%的水
外加剂	①应对混凝土的后期强度无明显损失;对混凝土和钢材无腐蚀作用;不污染环境,对人体无害。采用低碱或无碱外加剂。 ②在使用外加剂前,应做与水泥的相容性试验和水泥净浆凝结效果试验,严格控制掺量;水泥净浆初凝时间不应大于5min,终凝时间不应大于10min

6.1.5.2　施工工艺

隧道初期支护喷射混凝土采用湿喷工艺。喷射混凝土在洞外拌和站集中拌和，由混凝土搅拌运输车运至洞内，采用湿喷机喷射作业。在隧道开挖完成后，先初喷 4 ~ 6cm 速凝混凝土封闭岩面，然后打设锚杆、架立钢架、挂钢筋网，对初喷岩面进行清理后复喷至设计厚度。

6.1.5.3　喷射混凝土施工

1)喷射混凝土配比设计

喷混凝土的性能(强度、密实度、黏结力)、回弹率、粉尘浓度应符合国家现行标准《锚杆喷混凝土支护技术规范》的规定。

喷混凝土因施工方法及环境条件的不同，其性能的要求也不同。配合比应满足设计强度和喷射工艺的要求，并通过试喷确定。

2)喷射前准备

(1)设置控制喷射混凝土厚度的标志，一般采用埋设钢筋头做标志，亦可在喷射时插入长度比设计厚度大 5cm 的铁丝，每 1 ~ 2m 设一根，作为施工控制用。

(2)喷混凝土施工前，应对受喷岩面进行处理。一般岩面可用高压水冲洗受喷面上的浮尘、岩屑，当岩面遇水容易潮解、泥化时，宜采用高压风吹净岩面。

(3)受喷面的小股水或裂隙渗漏水宜采用岩面注浆或导管引排后再喷混凝土。

(4)大面积潮湿的岩面宜采用黏结性强的混凝土，可通过添加外加剂、掺和料改善混凝土性能。

(5)大股涌水宜采用注浆堵水后再喷射混凝土。

3)混凝土搅拌、运输

湿喷混凝土搅拌采取全自动计量强制式搅拌机，施工配料应严格按配合比进行操作，速凝剂在喷射机喂料时加入。

运输采用混凝土运输罐车，随运随拌。喷射混凝土时，多台运输车应交替运料，以满足湿喷混凝土的供应。在运输过程中，要防止混凝土离析、水泥浆流失、坍落度变化和产生初凝等现象。

4)喷射作业

喷射操作程序应为打开速凝剂辅助风→缓慢打开主风阀→启动速凝剂计量泵、主电机、振动器→向料斗加混凝土。

喷射混凝土作业应采用分段、分片、分层依次进行，喷射顺序应自下而上，分段长度不宜大于 6m。喷射时先将低洼处大致喷平，再自下而上顺序分层、往复喷射。

喷射混凝土分段施工时，上次喷混凝土应预留斜面，斜面宽度为 200 ~ 300mm，斜面上需用压力水冲洗润湿后再行喷射混凝土。

分片喷射要自下而上进行并先喷射钢架与壁面间混凝土，再喷射两钢架之间混凝土。边墙喷混凝土应从墙脚开始向上喷射,使回弹料不致裹入最后喷层。

分层喷射时,一次喷混凝土的厚度不小于40mm,后一层喷射应在前一层混凝土终凝后进行。若终凝1h后再喷射,应先用风水清洗喷射表面。

初喷混凝土在开挖后及时进行,复喷应根据开挖工作面的地质情况分层、分时段进行喷射作业,以确保喷射混凝土的支护能力和喷层的设计厚度;喷射混凝土终凝后3h内不得进行爆破作业。复喷混凝土的一次喷射厚度:拱部为50～100mm,边墙为70～150mm。

喷射速度要适当,以利于混凝土的压实。风压过大,喷射速度增大,回弹增加;风压过小,喷射速度过小,压实力小,影响喷混凝土强度。因此在开机后要注意观察风压,起始风压达到0.5MPa后,才能开始操作,并据喷嘴出料情况调整风压。一般工作风压为1.0MPa左右。

喷射时使喷嘴与受喷面间保持适当距离,喷射角度尽可能接近90°,以使获得最大压实和最小回弹。喷嘴与受喷面间距宜为1.5～2.0m;喷嘴应连续、缓慢作横向环行移动,一圈压半圈,喷射手所画的环形圈,横向40～60cm,高15～20cm;若受喷面被钢架、钢筋网覆盖时,可将喷嘴稍加偏斜,但不宜小于70°。如果喷嘴与受喷面的角度太小,会形成混凝土物料在受喷面上的滚动,产生出凹凸不平的波形喷面,增加回弹量,影响喷混凝土的质量。

根据具体情况,变换喷嘴的喷射角度和与受喷面的距离,将钢架、钢筋网背后喷填密实,如图6-6、图6-7所示。必要时钢架背后采用注浆充填,严禁填充异物。

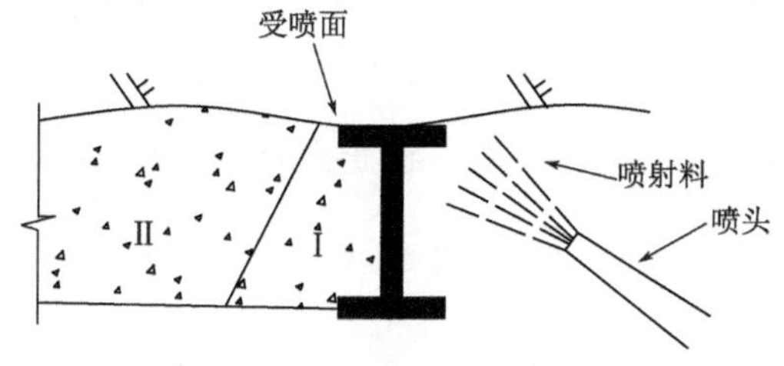

图6-6　钢架背后的喷射角度

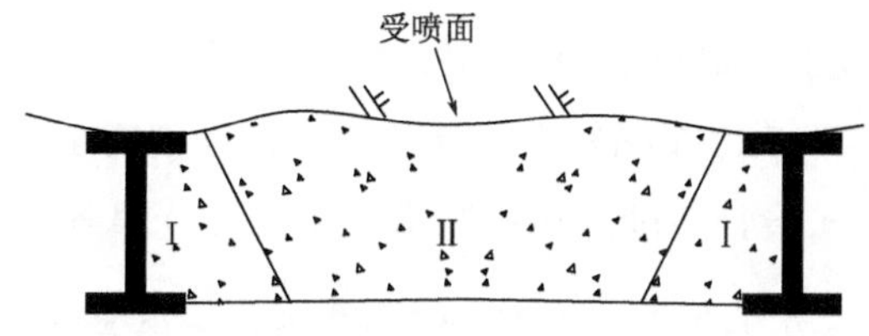

图6-7　钢架之间的混凝土喷射顺序

在喷射边墙下部(台阶法施工上半断面拱脚)和仰拱时,需将上半断面喷射时的回弹物清理干净,防止将回弹物卷入下部喷层中形成“蜂窝”,而降低支护能力。

5)养护

喷射混凝土终凝2h后,应进行养护。采用喷雾养护。养护时间不小于14天。当气温低于+5℃时,不得洒水养护。

6.1.5.4　施工控制要点

(1)喷射混凝土原材料先检验合格后才能使用,速凝剂应妥善保管,防止受潮变质。严格控制拌和物的水灰比,经常检查速凝剂注入环的工作状况。

(2)喷射混凝土的坍落度宜控制在8～13cm,坍落度过大混凝土会流淌,过小容易出现堵管现象。喷射过程中应及时检查混凝土的回弹率和实际配合比。喷射混凝土的回弹率:侧壁不应大于15%,拱部不应大于25%。

(3)喷射混凝土拌和物的停放时间不得大于30min。

(4)喷射混凝土作业必须在隧道开挖后及时施作。喷射混凝土严禁选用具有潜在碱活性集料。喷混凝土厚度应预埋厚度控制标志,严格控制喷射混凝土的厚度。

(5)喷射前应仔细检查喷射面,如有松动石块应及时处理。喷射机应布置在安全地带,并尽量靠近喷射部位,便于掌机人员与喷射手联系,随时调整工作风压。

(6)喷射完成后应检查喷射混凝土与岩面黏结情况,可用锤敲击检查。同时测量其平整度和断面,并将此断面与开挖断面对比,确认喷射混凝土厚度是否满足设计和规范要求。当有空鼓、脱壳时,应及时凿除,冲洗干净进行重喷,或采用压浆法充填。

(7)在喷射侧壁下部时,需将上半断面喷射时的回弹物清理干净,防止将回弹物卷入下部喷层中形成"蜂窝"而降低支护强度。

(8)经常检查喷射机出料弯头、输料管和管路接头,发现问题及时处理。管路堵塞时,必须先关闭主机,然后才能进行处理。

(9)喷射完成后应先关主机,再依次关闭计量泵、震动棒和风阀,然后用清水将机内、输送管路内残留物清除干净。

(10)喷射混凝土冬期施工时,洞口喷射混凝土的作业场合应有防冻保暖措施;作业区的气温和混合料进入喷射机的温度均不应低于5℃;在结冰的层面上不得进行喷射混凝土作业;混凝土强度未达到6MPa前,不得受冻。

(11)喷混凝土的厚度应符合下列规定:平均厚度大于设计厚度。检查点数的80%及以上大于设计厚度。最小厚度不小于设计厚度的2/3。

6.1.5.5 隧道喷射混凝土施工质量检验标准

(1)实测项目

见《公路工程质量检验评定标准》(JTG F80—2004)表10.8.2,如表6-7所示。

(钢纤维)喷射混凝土支护实测项目 表6-7

项次	检查项目	规定值或允许偏差	检查方法和频率	权值
1	喷射混凝土强度(MPa)	在合格标准内	按附录E检查	3
2	喷层厚度(mm)	平均厚度≥设计厚度;检查点的60%≥设计厚度;最小厚度≥0.5设计厚度,且≥50	凿孔法或雷达检测仪:每10m检查一个断面,每个断面从拱顶中线起每3m检查1点	2
3	空洞检测	无空洞、无杂物	凿孔或雷达检测仪:每10m检查一个断面,每个断面从拱顶中线起每3m检查1点	2

注:发现一处空洞本分项工程为不合格。

(2)外观鉴定

无漏喷、离鼓、裂缝、钢筋网外露现象,不符合要求返工处理。

6.2 二 次 衬 砌

隧道衬砌要遵循“仰拱超前、墙拱整体衬砌”的原则,仰拱尽量紧跟开挖面施工。根据围岩量测数据,适时组织二次衬砌施工;二次衬砌采用10.5m长液压钢模整体衬砌台车,行车、行人和救援通道二次衬砌采用大块弧形钢模衬砌台架,采用拱墙一次整体灌注成型。

混凝土在洞外采用拌和站集中拌和,混凝土搅拌运输车运至洞内,混凝土输送泵泵送入模,对称浇筑;以插入式振动棒振捣为主,附着式振捣为辅方式振捣。

仰拱及填充混凝土采用栈桥平台全幅一次性浇筑;铺底混凝土半幅施工,以保证洞内车辆通行。老虎山隧道二次衬砌设计参数如表6-8所示。

老虎山隧道二次衬砌设计参数 表6-8

支护类型	C30模筑二次衬砌,P8		
	拱部及边墙厚度	仰拱	仰拱回填或铺底
普通明洞	90cm钢筋混凝土	90cm钢筋混凝土	C15素混凝土
单压明洞	100cm钢筋混凝土	100cm钢筋混凝土	C15素混凝土
Ⅴ级浅埋	70cm钢筋混凝土	70cm钢筋混凝土	C15素混凝土
Ⅴ级加强	70cm钢筋混凝土	70cm钢筋混凝土	C15素混凝土
Ⅴ级一般	65cm钢筋混凝土	65cm钢筋混凝土	C15素混凝土
Ⅳ级加强	55cm钢筋混凝土	55cm钢筋混凝土	C15素混凝土
Ⅳ级一般	55cm钢筋混凝土	55cm钢筋混凝土	C15素混凝土
Ⅲ级	50cm钢筋混凝土	50cm钢筋混凝土	C15素混凝土

6.2.1 施作时机

1)二次衬砌施作一般应在围岩和初期支护变形趋于稳定后进行,变形趋于稳定应符合如下要求。

(1)隧道周边变形速率明显下降并趋于缓和。

(2)水平收敛(拱脚附近7天平均值)小于0.15mm/d或拱部下沉速度小于0.1mm/d。

(3)施作二次衬砌前的累计位移值已达极限位移值的80%以上。

(4)初期支护表面无再发展的明显裂缝。当不能满足上述条件,围岩变化无收敛趋势时,必须加强措施,使初期支护基本稳定后才可施作二次衬砌,或者根据要求采用加强衬砌,及时施工。

2)在隧道洞口段、浅埋段、围岩松散破碎段,应尽早施作二次衬砌。

3)进行二次衬砌的作业区段的初期支护、防水层、环纵向排水系统等均已验收合格,防水层表面粉尘已清除干净。

4)隧道中线、高程、断面尺寸必须符合设计要求。

5)仰拱上的填充层或铺底调平层已施工完毕;地下水已合理引排;施工缝已按设计处理合格;基础部位的杂物和积水必须清理干净。

6)模板台车、拌和站、运输车、输送泵、捣固机械等处于可正常运转状态,设备能力可满足二次衬砌混凝土施工的需要。

7)二次衬砌作业区段的照明、供电、供水、排水系统能满足衬砌正常施工要求,隧道内通风条件良好。

6.2.2 仰拱、仰拱填充施工

有仰拱的地段采用仰拱先行的施工方法,并且采用全幅浇筑的方法一次完成浇筑仰拱,严禁半幅施工,以起到早闭合,防塌方的作用,并能够营造良好的施工环境。为保证整体工期要求,减少仰拱铺底对施工进度的影响,降低施工干扰,开挖和浇筑混凝土时利用仰拱栈桥保证车辆的通行。仰拱栈桥如图 6-8 所示。

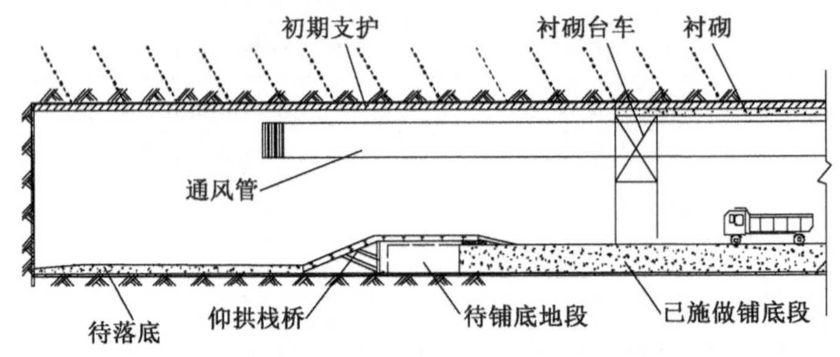

图 6-8 仰拱栈桥立面示意图

施作仰拱混凝土时必须将基底清理干净,并且注意及时排水。支立仰拱模板,排干积水,绑扎钢筋,保护层采用混凝土垫块,经监理工程师验收合格后浇筑混凝土。混凝土在拌和站集中拌制,混凝土运输车运入,泵送入模,振捣器振捣密实。

填充必须在仰拱混凝土达到强度后进行,支立侧模,一次浇筑到位。

6.2.2.1 仰拱施工

仰拱衬砌钢筋安设满足设计要求,钢筋搭接采用双面焊接,焊接接头的搭接长度为钢筋直径的 5 倍。在影响区内搭接接头钢筋的截面积,对受拉钢筋不宜超过钢筋总面积的 25%,对受压钢筋相应的数值为 50%。纵向需预留钢筋与下循环连接。

仰拱立模采用木板支模,要求立模尺寸必须按测量组放线及技术交底进行,误差应控制在

5mm 之内。模板加固牢固,防止跑模,各支撑应避免来回车辆碰撞。各竖向、纵向模板缝应成一条直线,局部错台错缝应控制在 3mm 以内,模板表面应平整,局部不平整应控制在 2mm 以内。

仰拱采用 C30 混凝土,混凝土施工应严格按混凝土施工规范进行,计量要准确。混凝土由拌和站生产,混凝土运输车运输至工作面,人工灌注(灌注前将虚石、浮土清理干净,积水全部排除),边浇灌边捣固密实,插入式捣固器振捣,捣固棒要竖直,快入慢出,捣固点均匀分布,间距不超过捣固棒振捣范围,并远离模板不小于 10cm 捣固以混凝土不冒气泡、不下沉、表面开始泛浆为准,防止捣固不密实或泛砂。

6.2.2.2 填充混凝土

仰拱衬砌混凝土在初凝全即可进行仰拱填充混凝土的施工,仰拱填充采用 C15 混凝土。

测量放线:测量组根据交底每 5m 在模板上放一个水平点,严格控制回填层的顶面高程。

浇灌混凝土:填充前应将填充底面清理干净,并用水湿润,但不得有积水;同时检查中心水沟的安装固定情况。

混凝土施工应严格按混凝土施工规范进行。要求严格按水平点施工,控制回填层的顶面高度。

脱模时应注意不要损伤混凝土,脱模后应对后序混凝土施工接触面进行凿毛,将混凝土表面浮浆凿除,凿毛以混凝土碎石半嵌半露为准,凿毛后用高压水将表面松渣冲洗干净。

养护在混凝土施作完成后 12h,对混凝土用草帘子加以覆盖并保湿养护,养护时间 14 天。

6.2.3 钢筋制作安装

6.2.3.1 钢筋加工

钢筋表面的油渍、漆污、水泥浆和用锤敲击能剥落的浮皮、铁锈等均应清除干净;钢筋应平直,无局部折曲;加工后的钢筋,表面不应有削弱钢筋截面的伤痕。

6.2.3.2 钢筋接头

钢筋接头形式选择:构造钢筋接头采用绑扎形式连接,环向筋与纵向筋节点采用绑扎形式;主筋采用机械连接形式连接;钢筋接长采用搭接焊形式,并在加工场内焊接接长,施工现场尽量减少钢筋焊接工作量。

6.2.3.3 钢筋安装

钢筋的牌号、规格、数量、位置和混凝土保护层的厚度均应符合设计文件的要求。

为保证混凝土保护层厚度,应在钢筋与模板之间采用垫块支垫。垫块应符合下列规定:垫块互相错开,分散布置,不得横贯保护层的全部截面;垫块数量不得少于 4 个/m^2,绑扎垫块和钢筋的铁丝头不得伸入保护层内。保护层垫块的尺寸应保证钢筋混凝土保护层厚度的准确性,其形状(宜为工字形或锥形)应有利于钢筋的定位。垫块的耐久性和抗压强度应不低于构件本体混凝土,且细石混凝土水胶比不大于0.4。

在钢筋的交叉点处,应用直径0.7~2.0mm的铁丝,按逐点改变绕丝方向(8字形)的方式交错扎结,或按双对角线(十字形)方式扎结。

6.2.3.4 衬砌钢筋施工要点

每批钢筋焊接前,应先选定焊接工艺和参数,按实际条件进行试焊,并检验接头外观质量及规定的力学性能。仅在试焊质量合格和焊接工艺(参数)确定后,方可成批焊接。

同一连接区段内钢筋接头数量满足规范要求。同一区段长度为:焊接接头或机械连接接头为35d(d为纵向受力钢筋的较大直径)且不小于500mm,绑扎接头为1.3倍搭接长度且不小于500mm。凡接头中点位于该连接区段长度内的接头均属于同一连接区段。

6.2.4 混凝土浇筑

6.2.4.1 主洞衬砌

主洞隧道衬砌采用10.5m长全液压模板台车施工,每组衬砌长度10m,利用43型钢轨行走,电机驱动。模板台车由钢模板、钢支架、液压动力系统、行走系统等组成。

全断面衬砌模板台车支架具有足够的强度和稳定性,便于整体移动、准确就位;衬砌模板应表面光滑、接缝严密,有足够的刚度。衬砌模板台车模板应留振捣窗,振捣窗间距纵向2.5m,横向2.0m,振捣窗0.5m×0.5m,振捣窗周边加强,防止周边变形,窗门应平整、严密、不漏浆;顶模设置封顶器、注浆管。

6.2.4.2 横洞衬砌

车行横洞、人行横洞和救援通道采用移动式模架和拼装模板施工,采用全断面浇筑。拱、墙模板拱架的间距,应根据衬砌地段的围岩情况、隧道宽度、衬砌厚度和模板长度确定。

架设拱、墙支架和模板安装时,应位置准确,连接牢固,严防移位。移动式模架或拼装模板重复使用时,应注意检查,如有变形应及时修整。

拱架、支架应与隧道中线垂直方向架设。拱架的螺栓、拉杆、斜撑等应安装齐全。

拱架(包括模板)高程应预留沉落量。施工中应随H,l测量、调整。二次衬砌混凝土施工如图6-9所示。

6.2.4.3 施工要点

首先对开挖断面和防排水系统进行自检,检验合格后报现场监理工程师检验,经检验合格后移动台车就位。

混凝土采用水平分层、对称浇筑,控制灌注混凝土的速度和单侧灌注高度,单侧一次连续浇筑高度不超过1m。

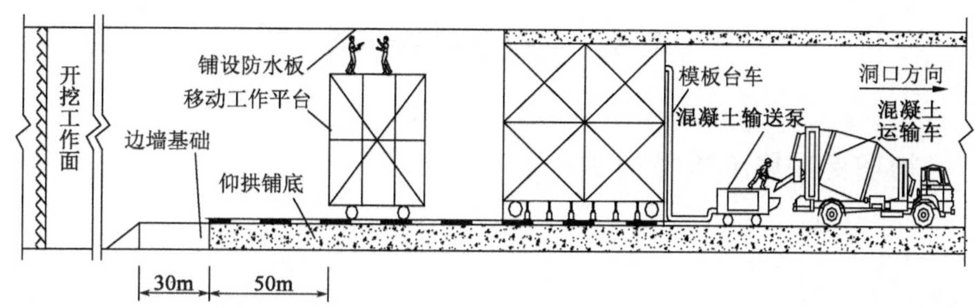

图6-9 二次衬砌混凝土施工示意图

输送软管管口至浇筑面垂直距离混凝土的自落高度控制在1.5m以内,以防止混凝土离析。

混凝土浇筑必须连续,相邻两层浇筑时间间隔控制在规范允许范围之内,因施工需要留设施工缝,必须征得设计同意,并得到监理工程师认可。

捣固选用的振捣器,其频率、振幅、振动速度等参数视混凝土的塌落度和集料粒径而定;振捣器不得碰撞模板、钢筋和预埋件。灌注施工采用全断面一次灌注成型,当混凝土灌至墙拱交界处时,间歇约1h,以便于边墙混凝土沉实。拱圈封顶时,随拱圈灌注及时捣实。

衬砌拆模时混凝土强度不得低于5MPa,并根据湿度情况12h内进行养护,养护时间满足混凝土强度要求。

6.2.5 回填压浆

为防止初期支护与二次衬砌之间出现空洞或不密实,隧道二次衬砌施工完成并达到100%强度后,全隧道衬砌背后进行充填压浆。

二次衬砌拱顶回填注浆常用的方法采用注浆导管法。注浆导管法是在模板台车拱顶处设锥形堵头或预留注浆孔,注浆孔间距满足设计要求。

(1)注浆管用ϕ32钢管制成,长度等于衬砌厚度加200mm(外露),外露端应有连接管路的装置。注浆管应在衬砌浇筑时预埋或采用钻孔埋设法,钻孔时钻杆应有限深装置,防止钻破防水层。

(2)回填注浆压力宜控制在0.2MPa以内。

(3)回填注浆应采用微膨胀性的水泥砂浆,有特殊要求的地段可采用强度高、流动性好的自流平水泥浆。自流平水泥基砂浆3min后的流动度为不小于260mm,30min后的流动度为不小于240mm。

(4)待孔口封堵材料达到一定强度后,才能开始注浆。

(5)注浆顺序宜沿线路上坡方向进行,注浆过程中要时刻观察注浆压力和流量的变化。当注浆压力达到0.2MPa或相邻孔出现串浆时,即可结束本孔注浆。

6.3 施工质量控制

6.3.1 初期支护施工质量控制

6.3.1.1 系统锚杆

(1)实测项目

隧道锚杆支护实测项目见《公路工程质量检验评定标准》(JTG F80/1—2004)表10.8.2，如表6-9所示。

锚杆支护实测项目　　表6-9

项次	检 查 项 目	规定值或允许偏差	检查方法和频率
1	锚杆数量(根)	不少于设计	按分项工程统计
2	锚杆拔力(kN)	28天拔力平均值三设计值，最小拔力:0.9设计值	按锚杆数1%做拔力试验，且不小于3根做拔力试验
3	孔位(mm)	±50	尺量:检查锚杆数的10%
4	钻孔深度(mm)	±50	尺量:检查锚杆数的10%
5	孔径(mm)	砂浆锚杆:>杆体直径+15;其他锚杆:符合设计要求	尺量:检查锚杆数的10%
6	锚杆垫板	与岩面紧贴	检查锚杆数的10%

(2)外观鉴定

钻孔方向应尽量与围岩和岩层主要结构面垂直，锚杆垫板与岩面紧贴。

6.3.1.2 钢筋网

(1)实测项目

隧道初期支护钢筋网实测项目见《公路工程质量检验评定标准》(JTG F80/1—2004)表10.9.2，如表6-10所示。

钢筋网支护实测项目　　表6-10

项次	检 查 项 目	规定值或允许偏差	检查方法和频率
1	网格尺寸(mm)	±10	尺量:每50m^{2}检查2个网眼
2	钢筋保护层厚(mm)	≥10	凿孔检查:每20m检查5点
3	与受喷岩面的间隙(mm)	≤30	尺量:每20m检查10点
4	网的长、宽(mm)	±10	尺量

(2)外观鉴定

钢筋网与锚杆或其他固定装置连接牢固，喷射混凝土时不得晃动。

6.3.1.3　钢拱架

(1)实测项目

钢支撑支护实测项目见《公路工程质量检验评定标准》(JTG F80—2004)表10.12.2,如表6-11所示。

钢支撑支护实测项目　表6-11

项次	检查项目		规定值或允许偏差	检查方法和频率
1	安装间距(mm)		50	尺量:每榀检查
2	保护层厚度(mm)		≥20	凿孔检查:每榀自拱顶每3m检查一点
3	倾斜度(°)		±2	测量仪器检查每榀倾斜度
4	安装偏差(mm)	横向	±50	尺量:每榀检查
		竖向	不低于设计高程	
5	拼装偏差(mm)		±3	尺量:每榀检查

(2)外观鉴定

无污秽、无锈蚀和假焊,安装时基底无虚渣和杂物,接头连接牢靠.不符合要求时减1~5分。

6.3.1.4　格栅钢架

(1)实测项目

钢架实测项目见《公路工程质量检验评定标准》(JTG F80—2004)表10.12.2,如表6-12所示。

钢支撑支护实测项目　表6-12

项次	检查项目		规定值或允许偏差	检查方法和频率
1	安装间距(mm)		50	尺量:每榀检查
2	保护层厚度(mm)		≥20	凿孔检查:每榀自拱顶每3m检查一点
3	倾斜度(°)		±2	测量仪器检查每榀倾斜度
4	安装偏差(mm)	横向	±50	尺量:每榀检查
		竖向	不低于设计高程	
5	拼装偏差(mm)		±3	尺量:每榀检查

(2)外观鉴定

无污秽、无锈蚀和假焊,安装时基底无虚渣和杂物,接头连接牢靠。

6.3.1.5　喷射混凝土

(1)实测项目

见《公路工程质量检验评定标准》(JTG F80—2004)表10.8.2,如表6-13所示。

(钢纤维)喷射混凝土支护实测项目　表6-13

项次	检查项目	规定值或允许偏差	检查方法和频率	权值
1	喷射混凝土强度(MPa)	在合格标准内	按附录E检查	3

续上表

项次	检 查 项 目	规定值或允许偏差	检查方法和频率	权值
2	喷层厚度(mm)	平均厚度≥设计厚度;检查点的60%≥设计厚度;最小厚度≥0.5设计厚度,且不小于50	凿孔法或雷达检测仪:每10m检查一个断面,每个断面从拱顶中线起每3m检查1点	2
3	空洞检测	无空洞、无杂物	凿孔或雷达检测仪:每10m检查一个断面,每个断面从拱顶中线起每3m检查1点	2

注:发现一处空洞本分项工程为不合格。

(2)外观鉴定

无漏喷、离鼓、裂缝、钢筋网外露现象,不符合要求返工处理。

6.3.2 二次衬砌施工质量控制

6.3.2.1 二衬混凝土

1)实测项目

混凝土衬砌实测项目见《公路工程质量检验评定标准》(JTG F80—2004)表10.11.2,如表6-14所示。

混凝土衬砌实测项目 表6-14

项次	检 查 项 目	规定值或允许偏差	检查方法和频率
1	混凝土强度(MPa)	在合格标准内	激光断面仪或地质雷达:每40m检查一个断面
2	衬砌厚度(mm)	不小于设计值	2m直尺:每40m每侧检查5处
3	墙面平整度(mm)	±5	激光断面仪或地质雷达:每40m检查一个断面

2)外观鉴定

(1)混凝土表面密实,每延米的隧道面积中,蜂窝麻面和气泡面积不超过0.5%。蜂窝麻面深度超过10mm时应处理。

(2)结构轮廓线条顺直美观,混凝土颜色均匀一致。

(3)施工缝平顺无错台。

(4)混凝土施工养护不得产生裂缝。

6.3.2.2 二衬钢筋

(1)实测项目

二衬衬砌钢筋实测项目见《公路工程质量检验评定标准》(JTG F80—2004)表10.7.4,如表6-15所示。

衬砌钢筋实测项目　　表 6-15

项　次	检 查 项 目			规定值或允许偏差	检查方法和频率
1	主筋间距(mm)			±10	尺量;每 20m 检查 5 点
2	两层钢筋间距(mm)			±5	尺量;每 20m 检查 5 点
3	箍筋间距(mm)			±20	尺量:每 20m 检查 5 处
4	绑扎搭接长度	受拉	Ⅰ级钢	30d	尺量:每 20m 检查 3 个接头
			Ⅱ级钢	35d	
		受压	Ⅰ级钢	20d	
			Ⅱ级钢	25d	
5	钢筋加工	钢筋长度(mm)		-10，+5	尺量:每 20m 检查 2 根

(2)衬外观鉴定:无污秽、无锈蚀。

第7章　防、排水设计和施工

7.1　设计概况

老虎山隧道防排水设计遵循“防、截、排、堵相结合,先堵后排,因地制宜,综合治理”的原则,即在洞室开挖过程中对出水裂隙、初喷后对出水点先进行封堵,尽量使水绕开洞身,最后形成完整的防排水体系,使隧道防水可靠、排水通畅、后期可维,保证结构的正常使用和行车安全。

7.1.1　防水设计

(1)老虎山隧道采用复合式衬砌,初期支护采用C25喷射混凝土封闭岩面裂隙,二次衬砌采用C30模筑混凝土,在初期支护与二次衬砌间铺设400g/m^2的无纺布+1.5mm厚的EVA防水板形成柔性防水夹层。

(2)隧道的施工缝、沉降缝均使用中埋式橡胶止水带止水,衬砌外侧防水板上设置背贴式止水带。

(3)模筑C30防水混凝土抗渗等级不低于P8,施工时通过混凝土抗渗试验,确定混凝土配合比及外掺剂品种和数量。

7.1.2　排水设计

(1)隧道进出口边、仰坡5m外设置截水天沟。

(2)明洞结构防水采用双层400g/m^2的无纺布+1.5mm厚的EVA防水板组成,无纺布外每10m设环向排水沟一道,并与纵向排水管联通,通过ϕ116横向引水管排至隧道侧式排水暗沟。

(3)隧道两侧拱脚处纵向通长设置ϕ116mm半边打孔HDPE管;暗挖段两次衬砌间每隔5~10m设置25mm×200mm环向塑料盲沟一道,每隔4~8m设置$\phi100\Omega$型环向排水管一道(正常段每道一根,涌水突水段每道两根,扣于渗水通道之上),排水管及排水盲沟末端均与纵向排水管连通;纵向排水管的汇水通过每隔25m设置的ϕ116mm横向排水管排入隧道侧式排水暗沟出洞外。

(4)隧道左、右两侧路面边的排水边沟,每隔25m设一沉砂井,沉砂井盖板上设专用排水孔,将隧道内的消防、冲洗水汇入排水沟排至洞外。

(5)隧道侧式排水暗沟沿隧道纵向每隔150m设一处检查井,以便沉积淤泥,疏通管道,保证排水畅通。

7.2　洞身防排水施工

洞身防排水设计如图7-1～图7-3所示。

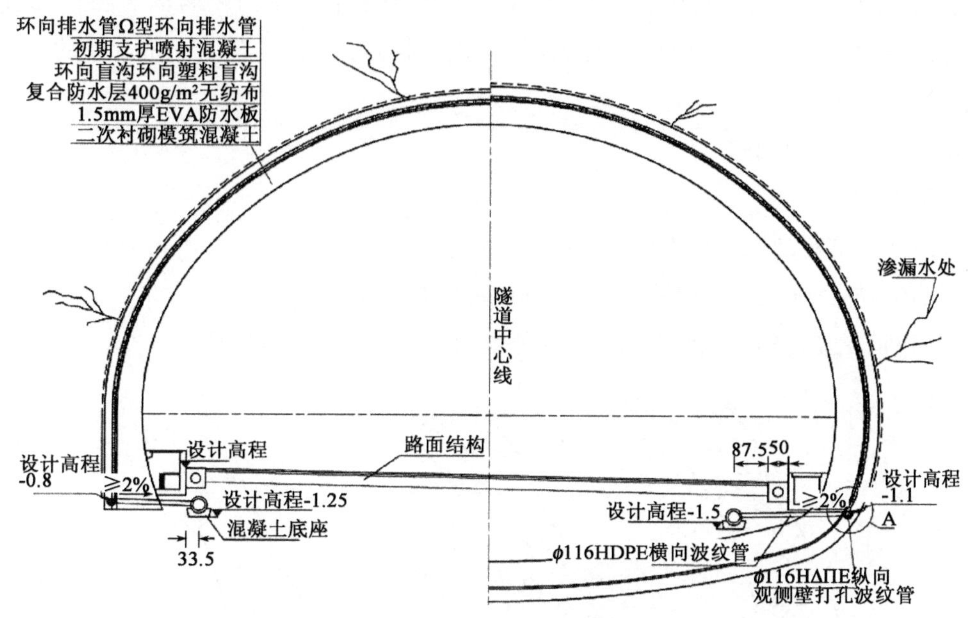

图7-1　复合式衬砌防排水断面图

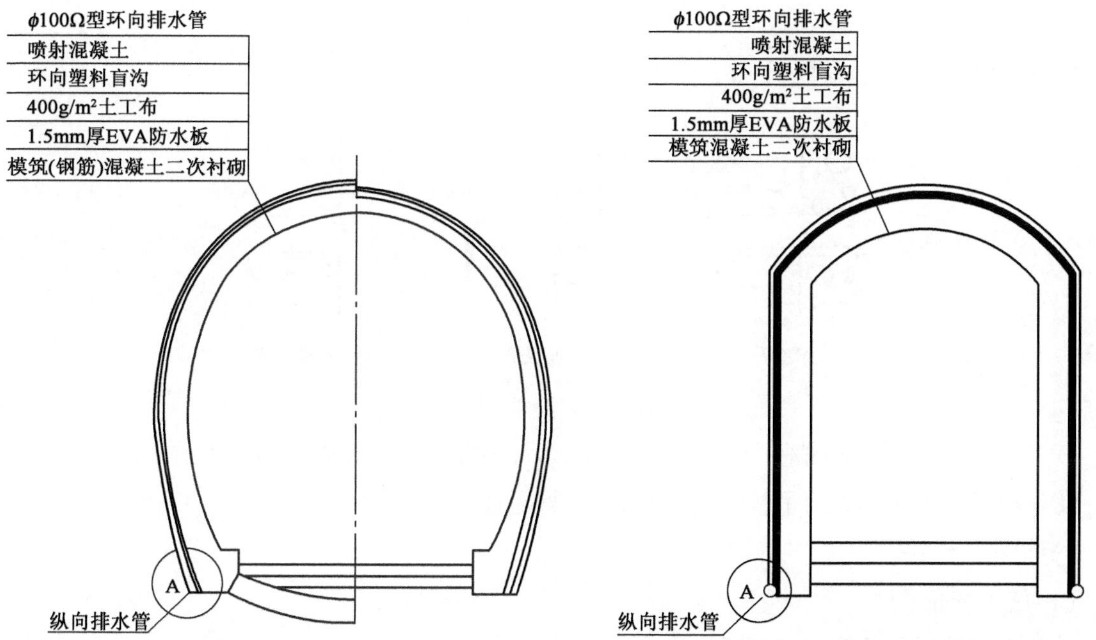

图7-2　车行横洞防排水构造示意图　　　图7-3　老虎山隧道人行车行横洞防排水构造示意图

7.2.1 防水施工

7.2.1.1 防水层施工

老虎山隧道采用复合式衬砌，初期支护采用 C25 喷射混凝土封闭岩面裂隙，二次衬砌采用 C30 模筑混凝土，在初期支护与二次衬砌间铺设 400g/m^2 的无纺布 +1.5mm 厚的 EVA 防水板形成柔性防水层。

防水板施工方法如下：

1)基面处理

铺设防水板前对初期支护表面进行综合检查，彻底清除各种异物，不得有钢筋、凸出的管件等尖锐凸出物，割除尖锐突出物后，割除部位用砂浆抹平。

①钢筋网等凸出部分，先切断后用锤铆平抹砂浆素灰，如图 7-4 所示。

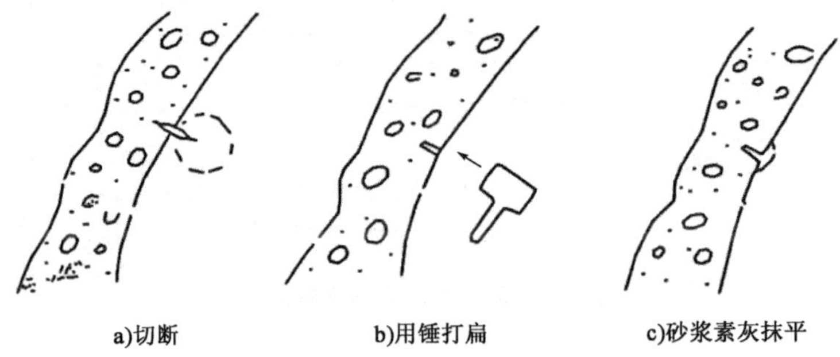

图 7-4 钢筋网凸出部分处理示意图

②有凸出的管道时，切断、铆平后用砂浆抹平，如图 7-5 所示。

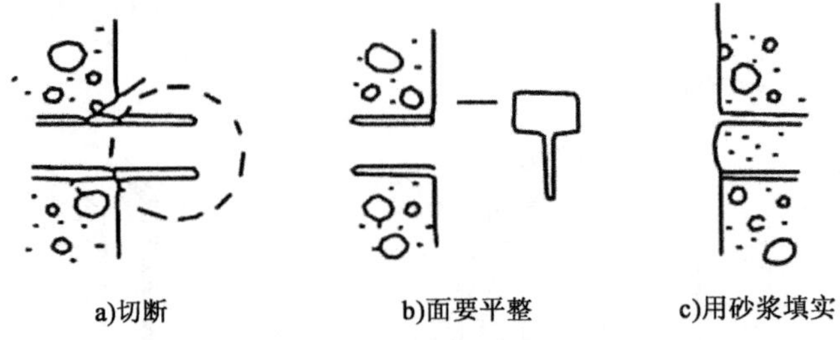

图 7-5 管道凸出部分处理示意图

③锚杆有凸出部位时，螺头顶预留 5mm 切断后，用塑料帽处理如图 7-6 所示。

④补喷混凝土使其表面平整圆顺，凹凸量不得超过 ±5mm。

2)铺设防水层

(1)施工准备

①防水板挂设应超前二衬模板台车 2～3 个衬砌长度施工。

②防水板采用专用防水板作业台车挂设，防水板作业台车应符合以下要求。

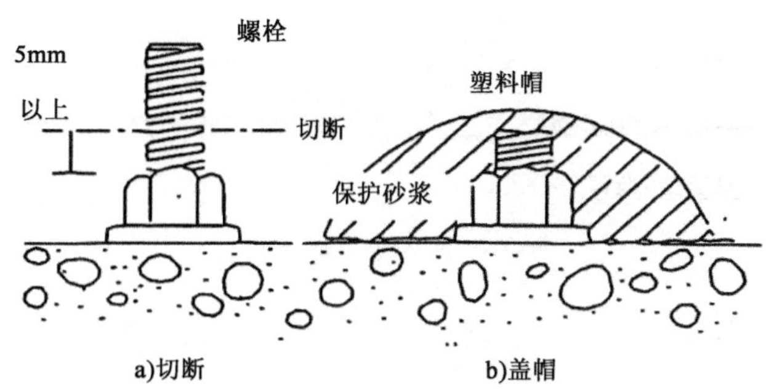

图7-6　锚杆凸出部分处理示意图

a. 防水板作业台车的尺寸应满足防水板挂设需要。

b. 防水板作业台车的刚度和强度应满足施工人员作业和防水板的承重要求。

c. 防水板作业台车内净空应满足施工车辆通行的需要。

d. 防水板作业台车上应配备能达到隧道周边任一部位的作业平台。

e. 防水板作业台车应设置独立轮式走向机构。

③防水板在拼装前检查是否有变色、波纹(厚薄不均)、斑点、刀痕、撕裂、小孔等缺陷,如果存在质量疑虑,立即进行张拉试验、防水试验和焊缝抗拉强试验,防水板必须符合国标中优等品的要求。

(2)施工工艺

①防水板铺设前精确放样,画线标定位置,先行试铺,再加以调整,尽量减少接头数量。

②挂设防水板时,防水板先挂一层土工布,用射钉固定,土工布挂好之后进行防水板敷设。

③防水板利用防水板作业台车为工作平台,自上而下铺设,无钉孔固定,固定处补强。

④防水板从边墙下部设置引水管处至拱部连续施作,呈“U”型包裹纵、环向排水管。

⑤防水板一次铺设长度大于二衬台车长度60cm以上,环向长度应大于基面周长,预留一定富余量,拱顶位置须富余有40~50cm的长度满足混凝土挤压边墙及拱腰防水层与初支密实所需。

⑥敷设防水板时,采用手动专用熔接器热熔在衬垫上,两者黏结剖离强度不得小于防水板的抗拉强度。

⑦防水板间采用专用熔接器热熔粘接,结合部位不小于100mm,且黏结剖离强度不得小于母体拉伸强度的80%,防水板搭接如图7-7所示。

⑧在防水板与土工布之间设有EVA垫片,采用水泥钉锚固,水泥钉长度不得小于50mm,平均拱顶点3~4个/m^2,边墙点2个/m^2,无纺布、防水板固定方式如图7-8所示。

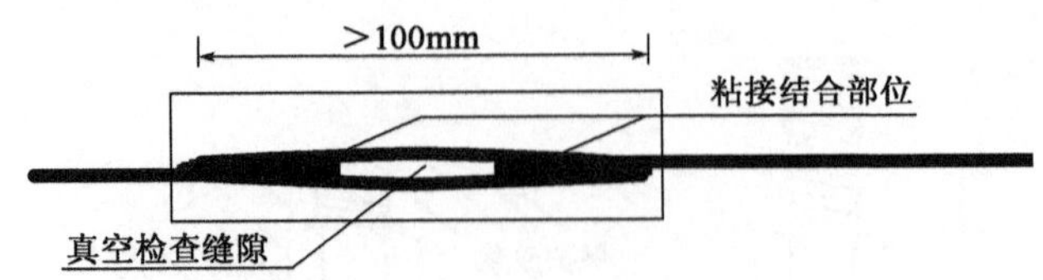

图 7-7　防水板搭接示意图

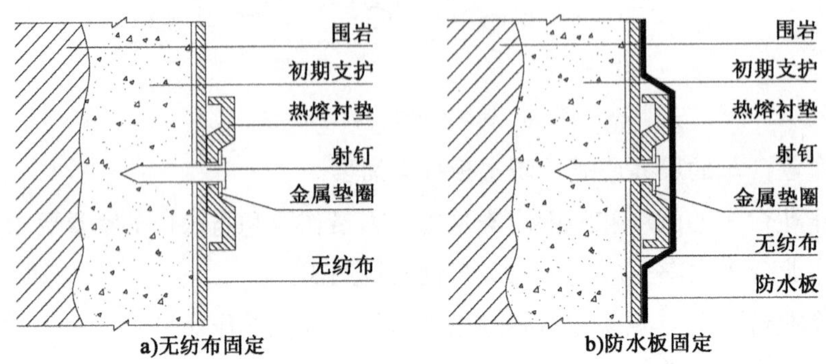

图 7-8　无纺布、防水板固定示意图

⑨防水层表面要平顺,无折皱、无气泡、无破损等现象,与洞壁紧贴,松紧适度,无紧绷现象。接缝、补眼粘贴密实饱满,不得有气泡、空隙。

⑩防水板之间粘接结合部位采用真空加压检测,在 0.25MPa 压力作用下 5min 不得小于 0.16MPa。

⑪附属洞室处铺设防水板时,先按照附属洞室的大小和形状加工防水板,将其固定在洞室内壁的喷锚支护上,并与边墙防水板连接成一个整体。铺设要预留 20cm 的长度,保证混凝土挤压时有足够的扩张长度,与整体防水板的连接缝应焊接密实。

(3)防水板保护

①洞内堆放材料、工具应远离已经铺好防水板的地段,严禁在堆放好的防水材料上来回走动。

②防水板施工时严禁吸烟,钢筋焊接作业时,应设临时挡板防止机械损伤和电火花灼伤防水板。

③挡头板的支撑物在接触到塑料防水板处必须加设橡皮垫层。

④采用钢筋混凝土衬砌时,要对钢筋头部进行防护,避免损伤防水板。

⑤绑扎钢筋和衬砌台车就位时,要采取保护措施防止碰撞和刮破塑料板。

⑥衬砌浇筑中应特别注意振捣引起的防水板破坏,避免振捣棒直接接触防水板,插入式振动棒变换位置时应竖向缓慢拔出,不得在仓内平拖,发现损伤应立即修补。

⑦在浇筑衬砌混凝土时,应在混凝土输送泵口处设置防护板,防止混凝土直接冲击防水板。

⑧二次衬砌中预埋件与防水板间距不小于5cm，以防止损坏防水板。

⑨对防水板局部破损处要进行及时修补，焊缝要满足防水板搭接要求，确保防水板不能漏水、漏气。

(4)防水板质量验收

防水板、无纺布复合材料的材质、性能、规格必须符合设计要求。

防水板的缝焊全部充气法检查，充气检查方法：将5号注射针与压力表相接，用打气筒进行充气，当压力表达到0.25MPa时停止充气，保持15min，压力下降在10%以内，说明焊缝合格，如果压力下降过快，说明焊缝不严，用肥皂水涂在焊缝上，有气泡的地方应重新补焊，直到不漏气为止。对防水板补焊处可采用负压检查方法进行检验，如焊缝密封不合格应进行再次修补直到检测合格。

7.2.1.2　止水带施工

老虎山隧道的施工缝、沉降缝均使用中埋式橡胶止水带，衬砌外侧防水板上设置背贴式止水带。

中埋式止水带安装方法：中埋式止水带安设于1/2衬砌厚度处，台车就位后，进行挡头板的封端，将ϕ10钢筋卡与衬砌钢筋焊接牢固，中埋式止水带装入钢筋卡中，止水带用2cm厚松木板内外夹紧，待浇混凝土段钢筋卡外用铁丝绑扎，另一端钢筋卡及止水带弯折90度紧贴挡头板，待混凝土浇筑完之后下一模混凝土浇筑时再将钢筋卡与止水带扳至水平。待混凝土强度达到一定强度时拆除2cm厚松木板，用沥青麻絮板将中埋式止水带内外夹紧，关闭挡头板，进行混凝土浇筑。

止水带安装前应清理干净止水带面上的污垢，安装时使止水带气孔中心线和变形缝中心线重合，填缝板必须垂直，并支撑牢固不得跑模，施工缝处混凝土加强振捣及时养生，止水带安装如图7-9～图7-14所示。

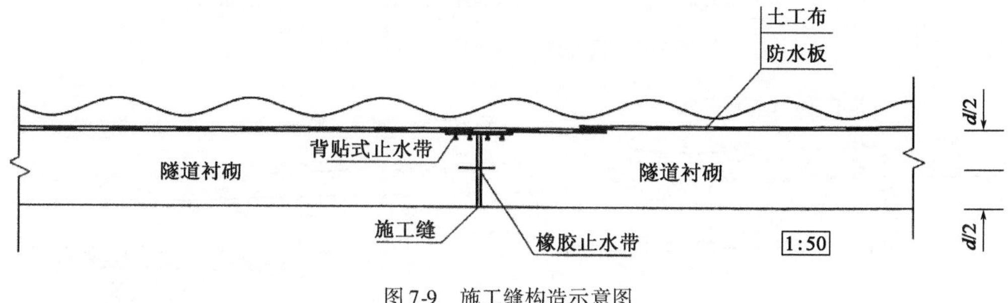

图7-9　施工缝构造示意图

结构缝处防水施工应注意以下事项：

(1)止水带埋设位路应准确，其中间空心圆环应与变形缝重合。

(2)固定止水带时，应防止止水带偏移，以免单侧缩短，影响止水效果。

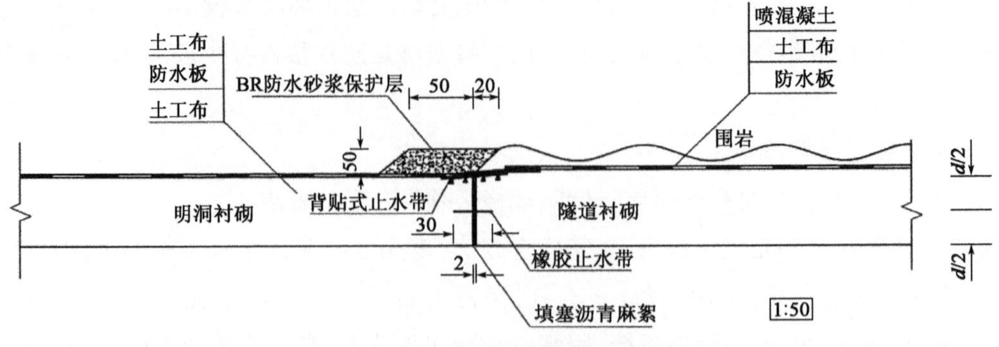

图 7-10　明洞、二次衬砌接缝构造示意图

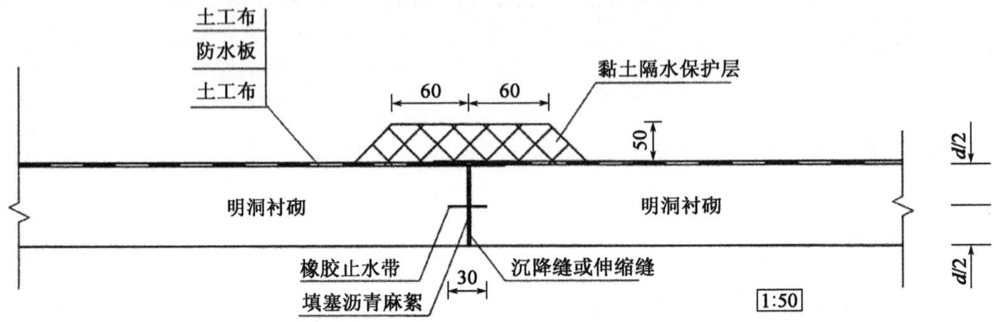

图 7-11　明洞沉降、伸缩缝构造示意图

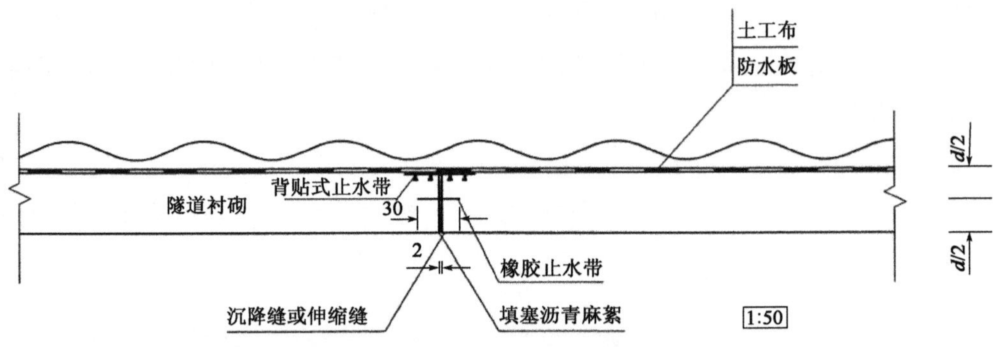

图 7-12　沉降缝、伸缩缝防水构造示意图

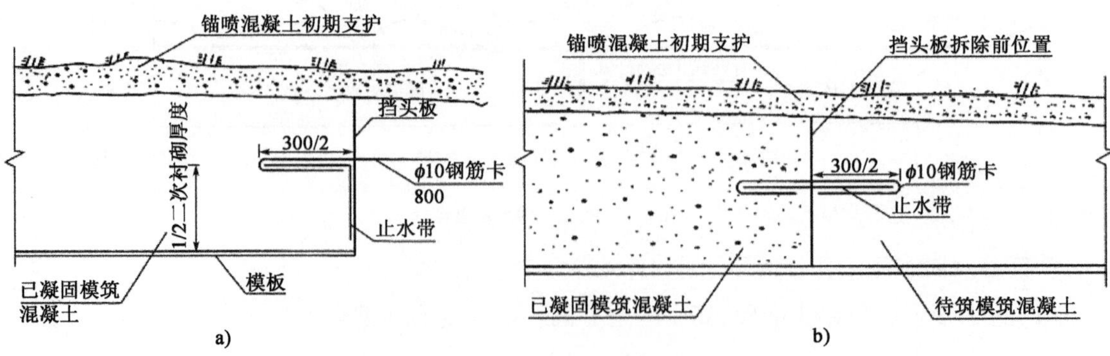

图 7-13　施工缝止水带安装定位示意图

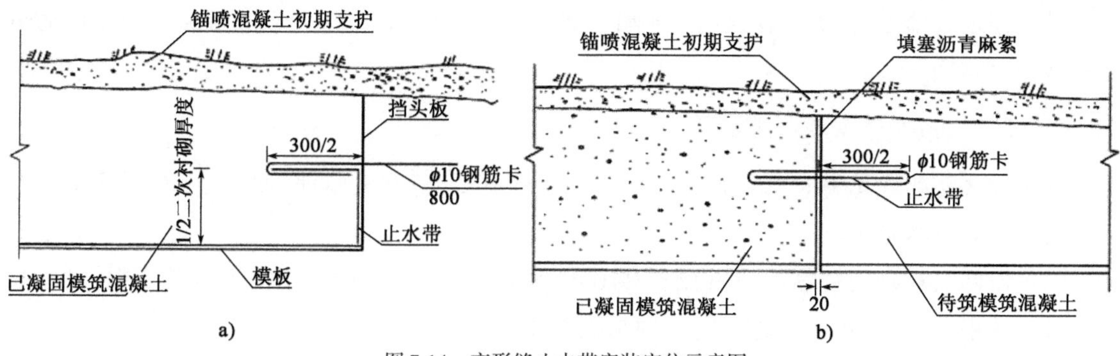

图 7-14　变形缝止水带安装定位示意图

(3)止水带定位时,应使其在界面部位保持平展,不得使橡胶止水带翻滚、扭结,如发现有扭结不展现象应及时调正。

(4)在浇捣靠近止水带附近的混凝土时,应严格控制浇捣的冲击力,避免力量过大而刺破橡胶止水带,同时还必须充分振捣,保证混凝土与橡胶止水带的紧密结合,施工中如发现有破裂现象应及时修补。否则在接缝变形和受水压时橡胶止水带抵抗外力的能力就会大幅度降低。

(5)衬砌脱模后,若检查发现施工中有走模现象发生,致使止水带过分偏离中心,则应适当凿除或填补部分混凝土,对止水带进行纠偏。

7.2.2　排水施工

老虎山隧道排水系统构造如图 7-15 所示。

7.2.2.1　ϕ116mm 纵向半边打孔 HDPE 管

隧道两侧拱脚处,纵向通长设置 ϕ116mm 半边打孔 HDPE 双壁波纹管排水管,坡度与路面坡度一致。

按设计位置及坡度测放排水管设置线,沿线钻孔,打入膨胀螺栓,安设纵向排水管,用卡子卡住盲管,固定在膨胀螺栓上。环向与纵向、纵向与横向之间的三通连接必须紧密可靠,防止松脱,接头处缠无纺布。

纵向排水管道用无纺布等渗水材料包裹,使纵向排水管位置的渗水尽量流入管内;管道中间不得有凹陷、扭曲等,以防止泥沙淤积堵塞。

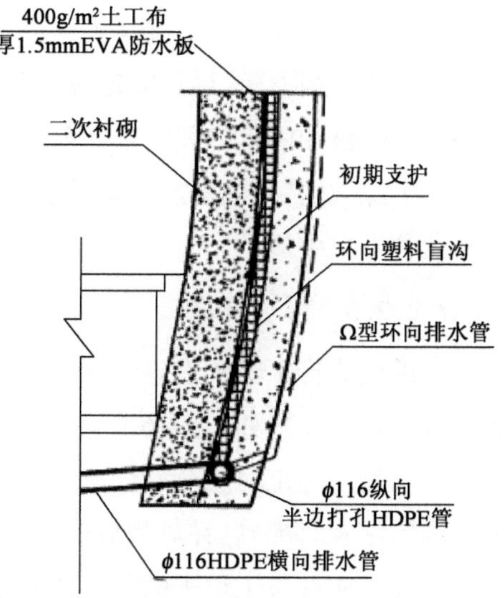

图 7-15　老虎山隧道排水系统构造示意图

7.2.2.2　横向排水管

纵向排水管的汇水通过每隔 25m 设置的 ϕ116mm 横向排水管排入隧道侧式排水暗沟出洞外,采用 ϕ116mm HDPE 双壁波纹管作为横向排水管。

横向排水管施工时，应先在纵向排水管上预留接口，然后在仰拱及填充混凝土施工前通过接长至排水暗沟。

7.2.2.3 ϕ100Ω 型环向排水管

明洞段无纺布外每 10m 设环向排水沟一道，并与纵向排水管联通，通过 ϕ116 横向引水管排至隧道侧式排水暗沟。

暗挖段两次衬砌间每隔 4～8m 设置 ϕ100Ω 型环向排水管一道（正常段每道一根，涌水突水段每道两根，扣于渗水通道之上），末端与纵向排水管连通。

环向排水盲管布设时应尽量圆顺，尤其在拱顶部位不得起伏不平，尽可能沿基面低凹和有水点的地方挂设；环向排水盲管安装时先用钢卡等固定，使其紧贴渗水基面，尽量减少地下水渗入到排水管道的阻力；环向排水盲管应采取适当的保护措施，防止杂物、喷射混凝土料或泥沙进入排水管道，堵塞管道。

纵向排水管、环向排水管、横向排水管用三通连为一体，形成完整的排水系统，确保排水通畅。

7.2.2.4 环向塑料排水盲沟

暗挖段两次衬砌间每隔 5～10m 设 25mm×200mm 环向塑料盲沟一道，盲沟设置于防水卷材与初期支护之间，盲沟间距根据地下水情况确定：地下水丰富地段纵向间距 5m，其余地段 10m，沿喷射混凝土表面环向布置。

盲沟施工时先在喷射混凝土面上定位画线，线位布设原则上按设计进行，但根据洞壁实际渗水情况作适当调整，尽可能通过喷射层面的低凹处和有出水点的地方。沿线用 PE 板窄条（8cm×20cm）和固定钉固定于初喷混凝土表面，固定钉间距 1m，采用 5cm 长圆钉。集中出水点沿着水源方向钻孔，然后将单根引水盲管插入其中，并用速凝砂浆将周围封处沿堵，以便地下水从管中集中流出。

7.2.2.5 排水暗沟

隧道侧式排水暗沟沿隧道纵向设置，每侧各设置一条，每隔 100m 设置一处检查井，隧道侧式排水暗沟设置如图 7-16 所示。

排水暗沟施工时用全站仪测放出排水暗沟中心线，仰拱施工完成一段测放一段，以保证排水暗沟施作及时准确，并对测放出的排水暗沟位置进行交底。

将仰拱底部施工留下的杂物清除干净，按照排水暗沟设计尺寸采用定型钢模逐段进行支模，每一次支模长度根据现场实际进行确定，同时满足仰拱超前，排水暗沟施工在后。排水暗沟施工支模仅支侧模，内外与仰拱接触面空隙，采取砂浆填塞以免浇筑混凝土时漏浆，侧模加斜撑支撑牢固，以免浇筑混凝土时模板移位，导致排水沟尺寸不符合设计要求。模板安装须经监理工程师检查合格后方能进行下一步工作。

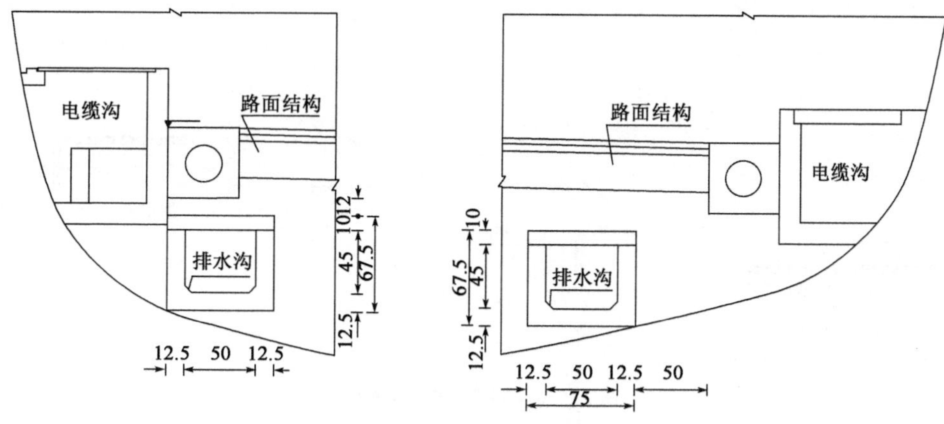

图 7-16 隧道侧式排水暗沟示意图(尺寸单位:cm)

浇筑沟所用混凝土采取搅拌站按配合比集中拌制,混凝土罐车运输至施工现场,浇筑过程中注意在要求位置按设计要求预留 $\phi20$ 泄水孔。

浇筑过程中随时观察混凝土坍落度,以控制混凝土和易性指数,自由倾落高度不宜超过2m,以不发生离析为准。插入式振捣器移动距离应保证混凝土均受到振实,每一位置振捣延续时间,应保证混凝土获得足够密实度,养护时间不少于7~14天。

7.2.2.6 施工期间排水

施工排水根据设计要求结合隧道涌水实际情况引水归槽,集中引排,排至洞外净化池,达标后排放至地表排放体系。

(1)顺坡排水

隧道采用单侧设置排水沟,断面尺寸50cm×40cm(宽×深);在围岩松软地段、土质地段根据现场需要采用铺砌水沟。

施作仰拱时在作业区设置临时集水井(坑),采用排水管路跨越基坑。

排水沟应经常清理以防堵塞;排水沟距离初期支护拱脚应大于1m,防止拱脚浸泡松软。

(2)反坡排水

隧道反坡施工中则采用反坡排水,在洞内一侧每隔400m左右布置一个集水坑,集水坑之间水泵接力抽水,铺设 $\phi150$mm 钢管作为隧道排水管路,直至排到洞外场地污水处理池,净化处理达标后排放。反坡排水布置如图7-17所示。

洞内反坡采用机械抽水,根据距离、坡度、水量和设备情况布置管路、集水坑(水仓)和泵站,接力排出洞外。

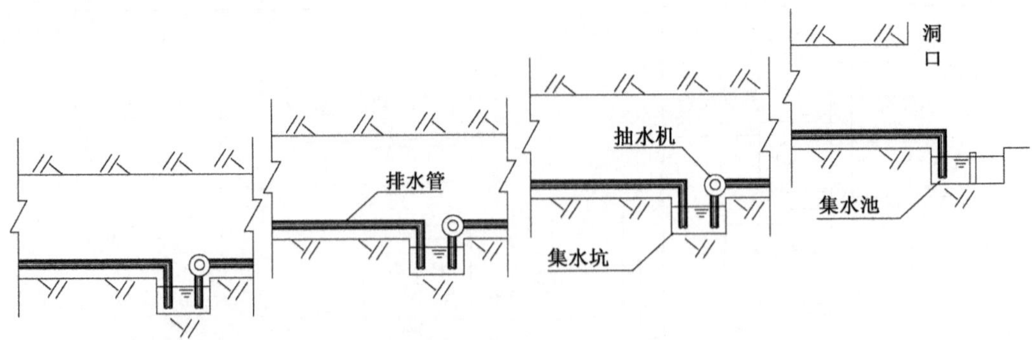

图 7-17　反坡排水布置示意图

配备抽水机的抽水能力应大于预计最大涌水量的 20% 以上，并有足够数量的备用抽水设备，同时满足施工要求；反坡排水时，应根据施工中的变化及时调整排水能力。

(3) 施工防突水措施

施工中应备足抽水设备及管道，以防突水。在突水情况下除启用全部排水设备和备用设备外，利用高压风管、水管作为应急排水管路。排水管选用 ϕ150mm 无缝钢管，法兰连接，表面涂漆防腐处理；泵站设置大功率离心泵，污水泵、潜水泵设置于掌子面和其他小范围抽水，根据需要配置。

充分考虑隧道洞内所有管线布置形式，排水管布置于隧道线路右侧，做到布置合理，安全规范。

7.3　超前预注浆堵水

7.3.1　地下水处理原则

(1) 地下水发育地段，采取"以防为主，防突防涌"的原则处理，通过注浆堵水加固围岩，防止突水突泥，确保施工安全。

(2) 对于开挖导致地下水流失，可能引起地表环境变化并影响到居民生活用水的段落，采取"以堵为主"的防水措施。

(3) 其余地段采取"以堵为主，堵排结合，因地制宜，综合治理"为原则。

7.3.2　注浆方案

老虎山隧道采用超前局部注浆、超前帷幕注浆堵水这两种超前预注浆堵水方案。隧道施工时采用综合地质预报手段（TRT6000、红外探水和地质雷达）探测掌子面前方岩溶发育情况（规模、性质及位置）、地下水赋存情况（水量及水压等），并用超前探孔进行验证，据此进行突水突泥危险性判别，进而确定采用哪种施工方案。注浆方案选择如图 7-18 所示，注浆流程如图 7-19 所示。判别标准如下：当探水孔有 2/3 孔满且总水量大于 15m^3/h，或未发现明显的漏水通道而漏水严重的地段，采用洞身周边帷幕注浆堵水。当超前探水孔中出水量小于 15m^3/h，单个别探水孔出水量大于 3m^3/h 的情况，采用局部超前注浆堵水。

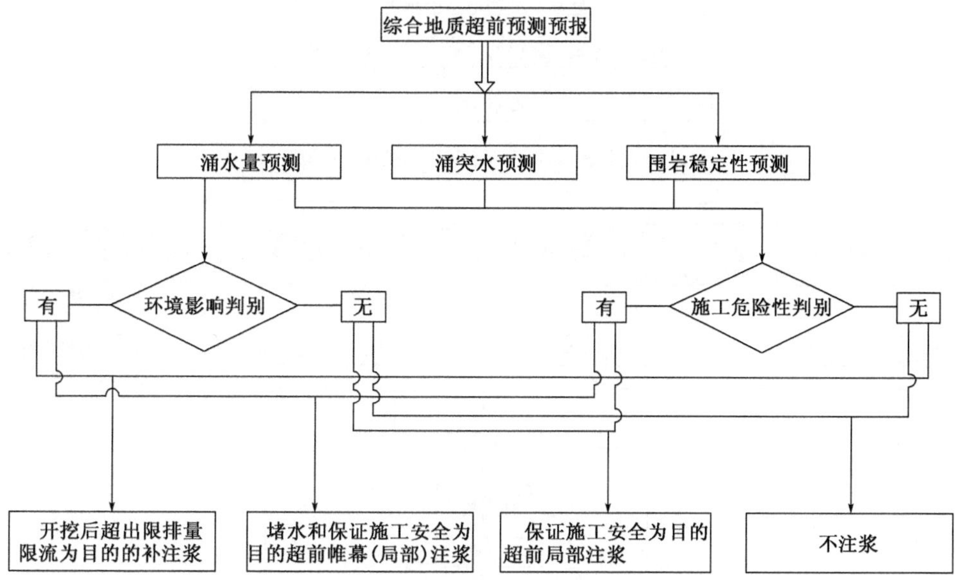

图 7-18　老虎山隧道超前预注浆方案选择

7.3.3　超前探水

老虎山隧道超前探水、堵水动态施工程序如图 7-20 所示。

超前探水钻孔施工要点如下：

(1)超前探水采用开挖钻眼台车施工探水孔。

(2)每次探水段长 35m，开挖 30m，保留 5m 开始下一次探水。

(3)探水孔要详细记录出水点位置、水量、水压等。

(4)探水孔孔径为 55mm，钻孔外偏角为 5°。

(5)探水孔有 2/3 孔满水且总水量大于 15m^3/h 时，全断面堵水注浆；当总水量小于 15m^3/h 但个别孔出水量大于 3m^3/h 时，采用局部超前注浆堵水进入下一循环。

探水钻孔横断面、纵断面如图 7-21 和图 7-22 所示。

7.3.4　局部注浆堵水

当超前探水孔中出水量小于 15m^3/h，单个别探水孔出水量大于 3m^3/h 的情况，采用局部超前注浆堵水。

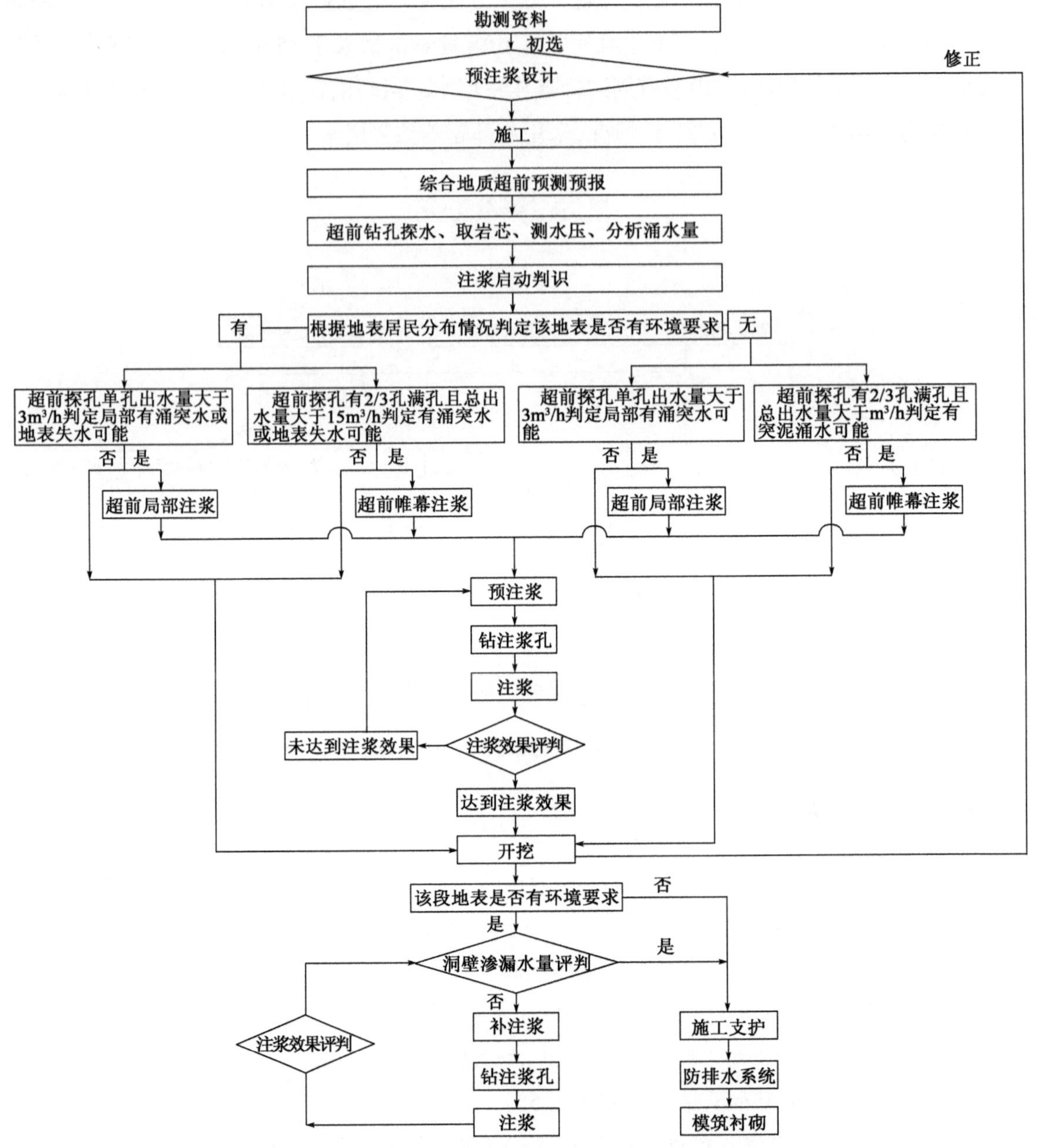

图 7-19 老虎山隧道超前预注浆堵水流程

7.3.4.1 施工顺序

老虎山隧道局部注浆施工顺序如图 7-23 所示。

7.3.4.2 注浆孔设置

注浆孔孔径 108mm，开孔孔径 150mm，施工时根据探水钻孔探明的出水点位置、水量和预注浆段岩层节理、裂隙发育情况，布置注浆孔个数和位置。

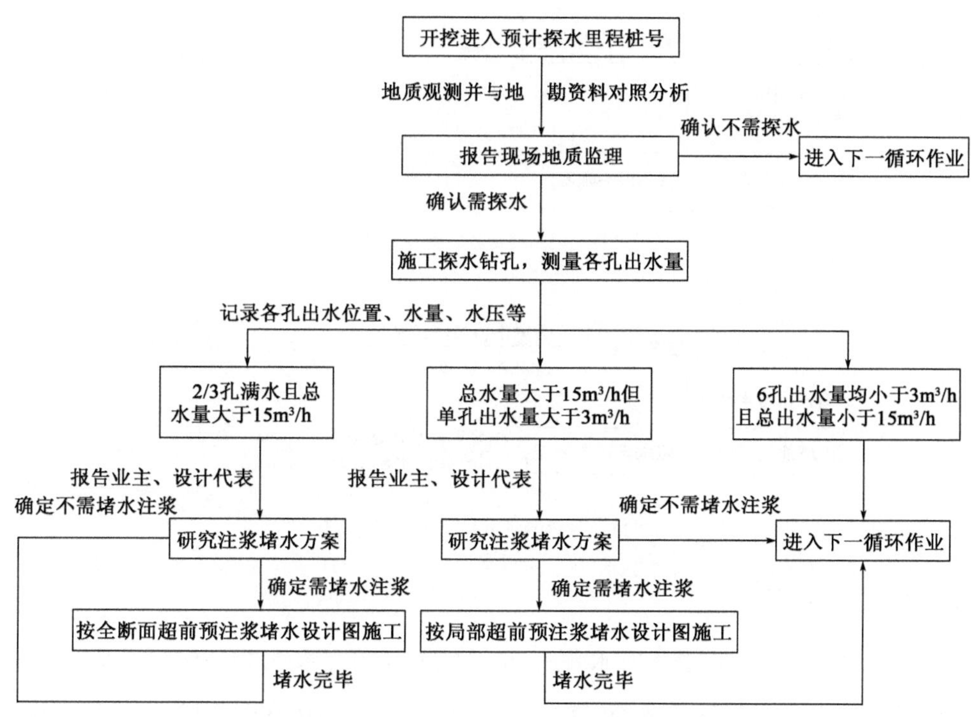

图7-20　老虎山隧道超前探水、堵水动态施工程序图

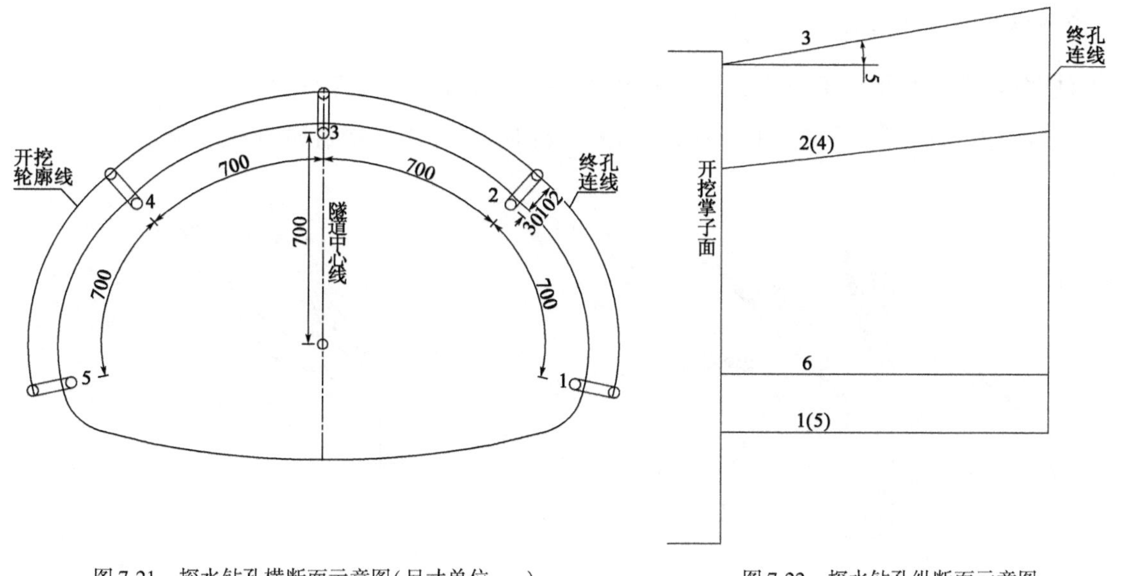

图7-21　探水钻孔横断面示意图(尺寸单位:cm)

图7-22　探水钻孔纵断面示意图

7.3.4.3　注浆范围

出水通道范围内,隧道开挖外轮廓线以外5～6m,单孔注浆单孔注浆有效扩散半径 $R=3.6\text{m}$,注浆结束最终压力为净水压力2～3倍。

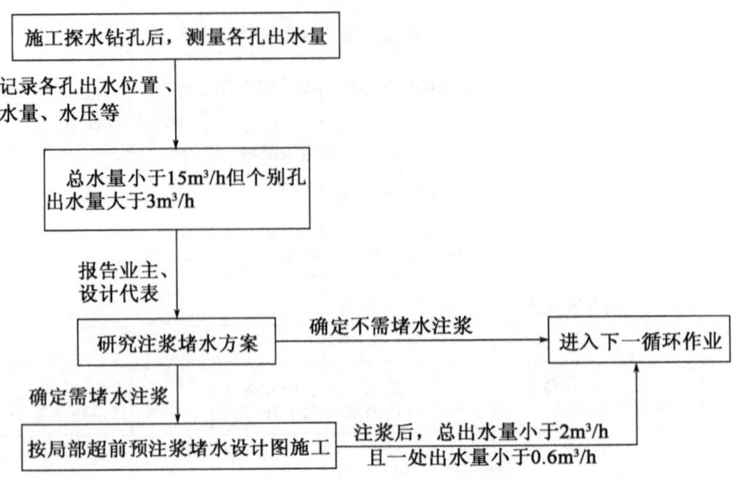

图 7-23　老虎山隧道局部注浆施工程序

7.3.4.4　注浆材料

主要采用单液浆，困难时采用水泥—水玻璃双液浆，水泥为 32.5 级普通硅酸盐水泥，水灰比 W/C = 0.6 ~ 1.1，水泥浆与水玻璃体积比为 1∶0.05，凝胶时间根据现场情况确定。

7.3.4.5　终止注浆

注浆后，总出水量小于 $2m^3/h$ 且一处出水量小于 $0.6m^3/h$，结束注浆。

老虎山隧道局部注浆横断面、纵断面如图 7-24 所示，注浆孔构造如图 7-25 所示。

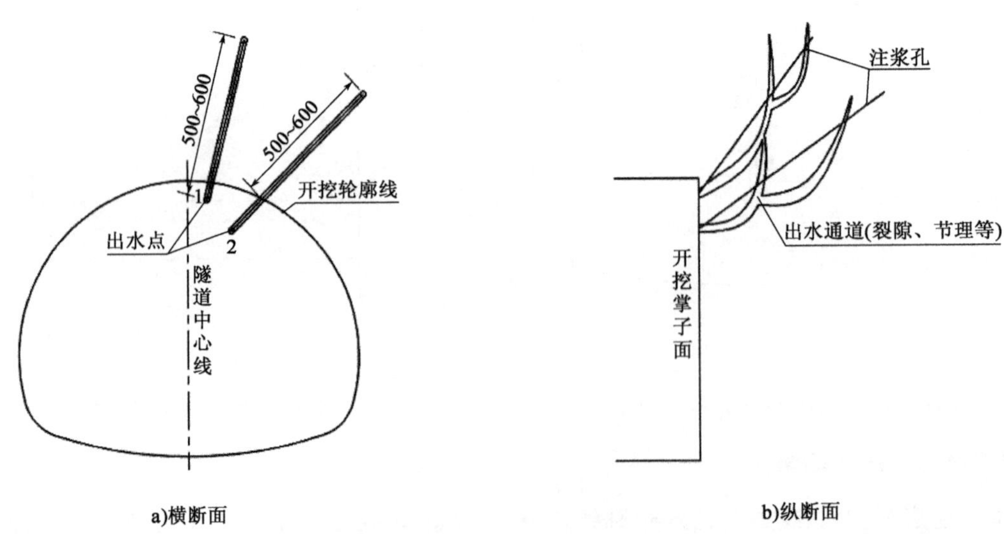

图 7-24　老虎山隧道局部注浆横断面、纵断面示意图(尺寸单位:cm)

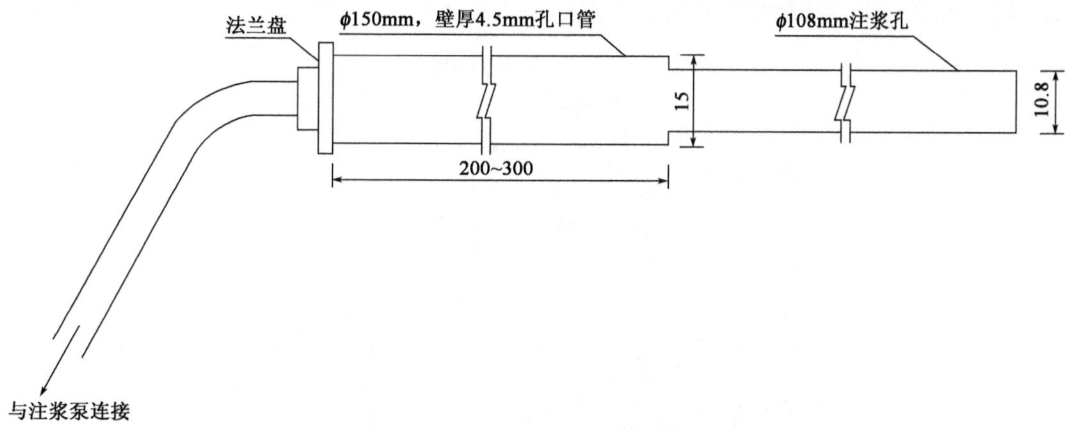

图 7-25　老虎山隧道局部注浆注浆孔大样图(尺寸单位:cm)

7.3.5　帷幕注浆堵水

当探水孔有 2/3 孔满且总水量大于 $15m^3/h$,或未发现明显的漏水通道而漏水严重的地段,采用洞身周边帷幕注浆堵水。

7.3.5.1　施工顺序

老虎山隧道洞身周边帷幕注浆堵水施工顺序如图 7-26 所示。

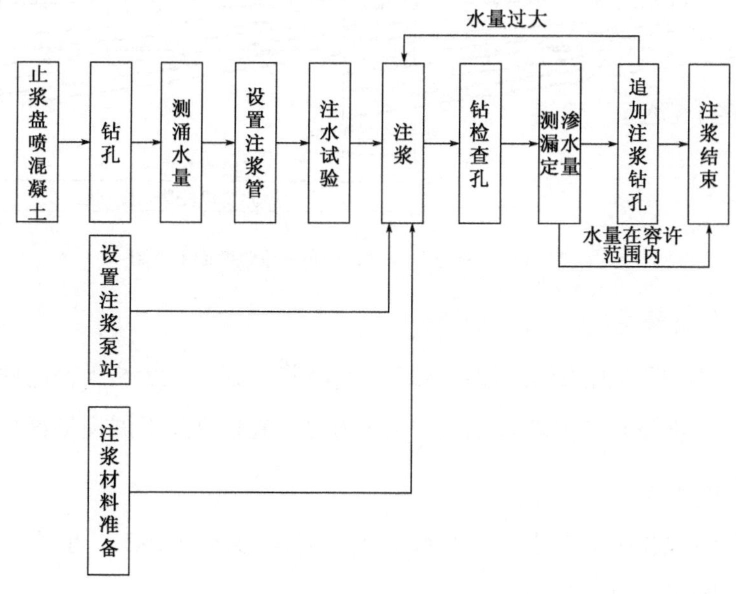

图 7-26　老虎山隧道洞身周边帷幕注浆施工程序

7.3.5.2　注浆孔设置

周边帷幕预注浆分 2 次进行,第一次钻孔数 18 个,孔位距离开挖边界 0.5m,外插角 9.3°;第二次钻孔数 20 个,孔位距离开挖边界 1.0m,外插角 9.7°,为防止串浆,第一次注浆与第二次注浆之间间隔 2 ~ 3h。帷幕注浆注浆管布置如图 7-27 和图 7-28 所示。

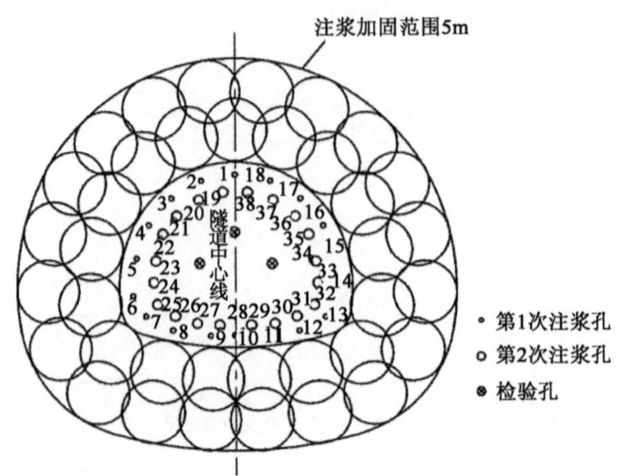

图 7-27　老虎山隧道洞身周边帷幕注浆横断面示意图

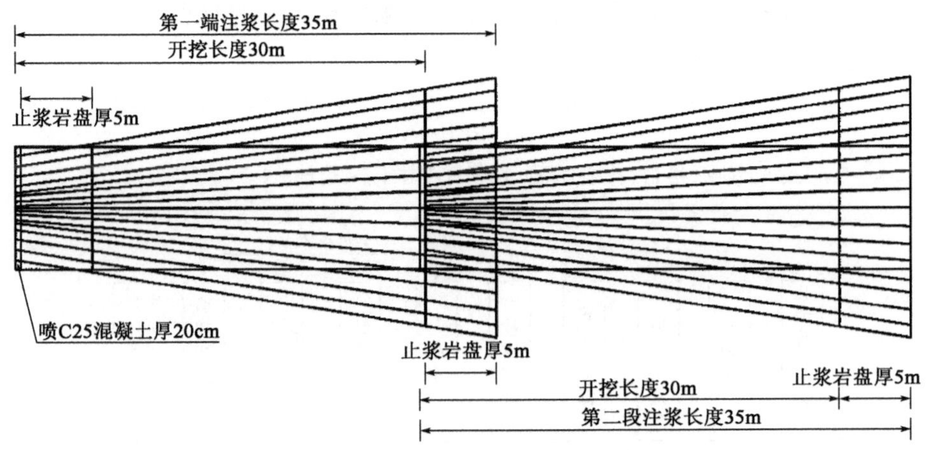

图 7-28　老虎山隧道洞身周边帷幕注浆纵断面示意图

7.3.5.3　注浆材料

主要采用单液浆，困难时采用水泥—水玻璃双液浆，水泥为 32.5 级普通硅酸盐水泥，水灰比 W/C = 0.6 ~ 1.1，水泥浆与水玻璃体积比为 1:0.05，凝胶时间根据现场情况确定。

7.3.5.4　终止注浆

（1）帷幕注浆最大注浆压力不超过 5MPa，当注浆压力达到 3MPa，进浆量小于 100L/min，而且压力升高较快时即可停止注浆。

（2）注浆后，总出水量小于 $2m^3/h$ 且一处出水量小于 $0.6m^3/h$，结束注浆。

7.3.5.5　注意事项

当注浆压力突然升高，应停止水玻璃注浆泵，只注入水泥浆或清水，当注浆量很大，压力长时间不升高,应及时调整浆液浓度及配合比。

7.3.5.6 帷幕注浆施工

注浆施工前,除根据注浆工艺要求配备应有的机具设备外,还应视工作条件,做好注浆站的选址与布置,进行试泵与注水试验,安装注浆管路和止浆塞、止浆岩盘,然后制浆压注。

(1)施作止浆墙

止浆墙施作位置及结构形式要根据现场情况和堵水方式来确定,止浆墙厚度为5m。止浆墙位置的隧道断面扩大50~100cm,必要时可安装少量的径向锚杆,确保止浆墙的稳定。止浆墙施工时,可在周边及拱部预埋注浆管,正式注浆开始时,首先进行注浆填充空隙,待止浆墙混凝土强度达到设计强度的75%以上后方可开始钻孔注浆施工。

(2)钻孔

钻孔顺序宜先钻内圈孔后外圈孔,先无水孔后有水孔。

钻机安装应平整稳固,保证钻杆中心线与设计注浆孔中心线相吻合,在钻孔过程中要经常检查校正钻杆方向。注浆孔的孔底偏差应不大于孔深的1/40孔深,检查孔的孔底偏差应不大于孔深的1/80孔深,其他钻孔的孔底偏差应小于1/60孔深或符合设计规定。

钻孔2m后应安装孔口管或注浆管,测量水压力及涌水量,并按表格填写记录,主要内容有按孔号、进尺、起始时间、岩石裂隙发育情况、出现涌水位置、涌水量和涌水压力等。

(3)注浆

采用后退式分段注浆,一次钻至全孔深,在孔内设置止浆塞,从孔底开始,对一个注浆分段进行注浆,第一分段注浆完成后,后退一个分段长度进行第二分段注浆,如此往复,直到将整个注浆段完成,注浆分段长度宜取0.6~1.0m。

当注浆压力达到3MPa,进浆量小于100L/min,而且压力升较快可停止注浆。最大注浆压力不能超过5MPa;注浆后,总出水量小于2m^3/h且一处出水量小于0.6m^3/h,即可结束注浆。

(4)注浆作业要求

①注浆工作站的布置:注浆工作站应尽量靠近工作面,泵站布置不仅要考虑紧凑、操作方便,并应加强通风防尘。若场地狭窄,应采用移动式的注浆工作站。

②压水试验:注浆前应进行压水试验,以测定岩层的吸水性,核实岩层的渗透性,为注浆时选取泵量、泵压及浆液配方等提供参考依据,同时冲洗钻孔,检查止浆塞效果和注浆管路是否有跑、漏水现象,注浆管路可参照图7-29进行连接。

③全风化、中强风化及断层破碎带富水和动水条件下宜采用普通水泥-水玻璃双液浆,在砂层中宜采用超细水泥-水玻璃双液浆。

④注浆前检查注浆材料数量能否满足连续注浆要求,如不能保证连续注浆要求,则要等补足数量或有运输保障供应的情况下才能注浆。

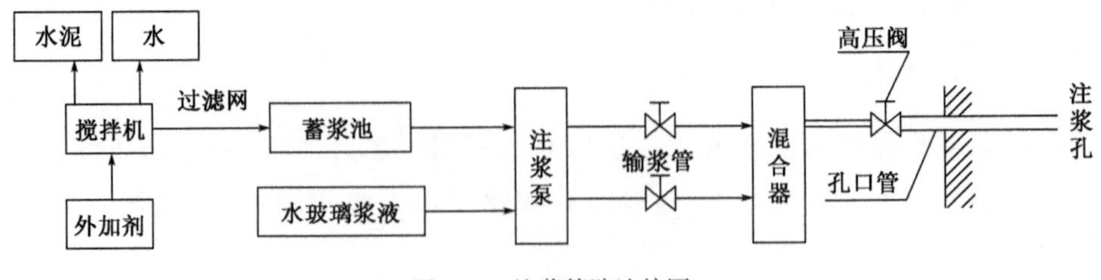

图 7-29　注浆管路连接图

7.4　施工质量检验

7.4.1　防水层

7.4.1.1　实测项目

防水实测项目见《公路工程质量检验评定标准》(JTG　F80—2004)表 10.16.2,如表 7-1 所示。

防水层实测项目　　表 7-1

项次	检查项目		规定值或允许偏差	检查方法和频率
1	搭接宽度(mm)		≥100	尺量:全部搭接均要检查,每个搭接检查 3 处
2	缝宽(mm)	焊接	两侧焊缝宽≥25	尺量:每个搭接检查 5 处
		粘接	粘缝宽≥50	
3	固定点间距(mm)		符合设计要求	尺量:检查总数的 10%

7.4.1.2　外观鉴定

(1)防水层表面平顺,无折皱、无气泡、无破损等现象,与洞壁密贴,松紧适度,无紧绷现象。

(2)接缝、补眼粘贴密实饱满,不得有气泡、空隙。

7.4.2　止水带

7.4.2.1　实测项目

止水带实测项目见《公路工程质量检验评定标准》(JTG　F80—2004)表 10.17.2,如表 7-2 所示。

止水带实测项目　　表 7-2

项次	检查项目	规定值或允许偏差	检查方法和频率
1	纵向偏离(mm)	±50	尺量:每环 3 处
2	偏离衬砌中心线(mm)	≤30	尺量:每环 3 处

7.4.2.2　外观鉴定

(1)发现破裂应及时修补。

(2)衬砌脱模后,若发现因走模致使止水带过分偏离中心,应适当凿除或填补部分混凝土,对止水带进行纠偏。

7.4.3　排水

排水结构物(如浆砌片石水沟,现浇混凝土等)按照第5章排水工程相应项目检验评定。

(1)洞口排水沟施工质量应符合《公路隧道施工技术规范》(JTG F60—2009)表11.7.2相关要求,如表7-3所示。

洞口排水沟施工质量标准　　表7-3

序号	项　目	规定值或允许偏差	检 查 方 法
1	轴线偏差(mm)	±50	仪器测量:每条排水沟不少于5处
2	沟底高程(mm)	±15	
3	排水沟纵坡(%)	±0.5,不积水	
4	排水沟宽度(mm)	+30,0	尺量:每条排水沟不少于4处
5	排水沟侧墙高度(mm)	-10	
6	壁厚(mm)	-10	

(2)洞内排水沟布置、结构形式、纵向坡度应符合设计要求,排水沟断面尺寸应符合《公路隧道施工技术规范》(JTG F60—2009)表11.7.3相关要求,如表7-4所示。

洞内排水沟断面尺寸质量标准　　表7-4

序号	项　目	规定值或允许偏差	检 查 方 法
1	断面尺寸(mm)	±10	尺量:每100m,随机检查5处
2	壁厚(mm)	±5	
3	高度(%)	0,-20	
4	沟底高程(mm)	±20	水准仪:每20m测高程

(3)检查井施工质量应符合《公路隧道施工技术规范》(JTG F60—2009)表11.5.6相关要求,如表7-5所示。

检查井施工质量标准　　表7-5

序号	项　目	规定值或允许偏差(mm)	检 查 方 法
1	轴线偏位	±50	经纬仪:逐个检查
2	断面尺寸	±20	尺量:逐个检查
3	井底高程	±20	水准仪:逐个检查
4	井盖与相邻路面高差	0,+4	水准仪、水平尺:逐个检查

7.4.4 防水混凝土

防水混凝土抗压强度应满足设计要求。抗渗性能符合现行相关规定,试件应在浇筑现场制作,标准条件下养护,防水混凝土质量应符合《公路隧道施工技术规范》(JTG F60—2009)表11.7.4相关要求,如表7-6所示。

检查井施工质量标准　　表7-6

序号	项　目	规定值或允许偏差	检查方法和检查频率
1	抗压强度	在合格标准内	按附录A检查
2	抗渗等级	符合设计	每200m衬砌做一组(6个)试件

附录A相关规定如下:

评定水泥混凝土的抗压强度,应以标准养生28d龄期的时间为准。试件为边长150mm的立方体,试件3件为1组,制取组数应符合下列规定:

(1)不同强度等级及不同配合比的混凝土应在浇筑地点和拌和地点分别随机制取试件。

(2)一般体积的结构物,每1单元结构物应制取2组。

(3)连续浇筑大体积结构时,80~200m^3或每一工作班应制取2组。

(4)可根据施工需要,另制取与结构物同条件养生的试件,作为拆模的强度依据。

(5)喷射混凝土每作业循环至少在拱部和边墙各制取1组。

第 8 章　隧道监控量测和实施

现场监控量测是在隧道施工过程中，通过量测围岩、地表变形以及支护结构应力、围岩与支护结构、支护与支护之间接触压力等，了解隧道开挖和支护结构施工过程中围岩和结构物的变形情况、相互作用及其规律，掌握围岩和支护的动态信息并及时反馈、指导施工作业，必要时修改支护系统设计、施工工艺和参数，以保证施工安全，构成一个完整的信息化设计和施工过程。隧道监控量测流程详如图 8-1 所示。

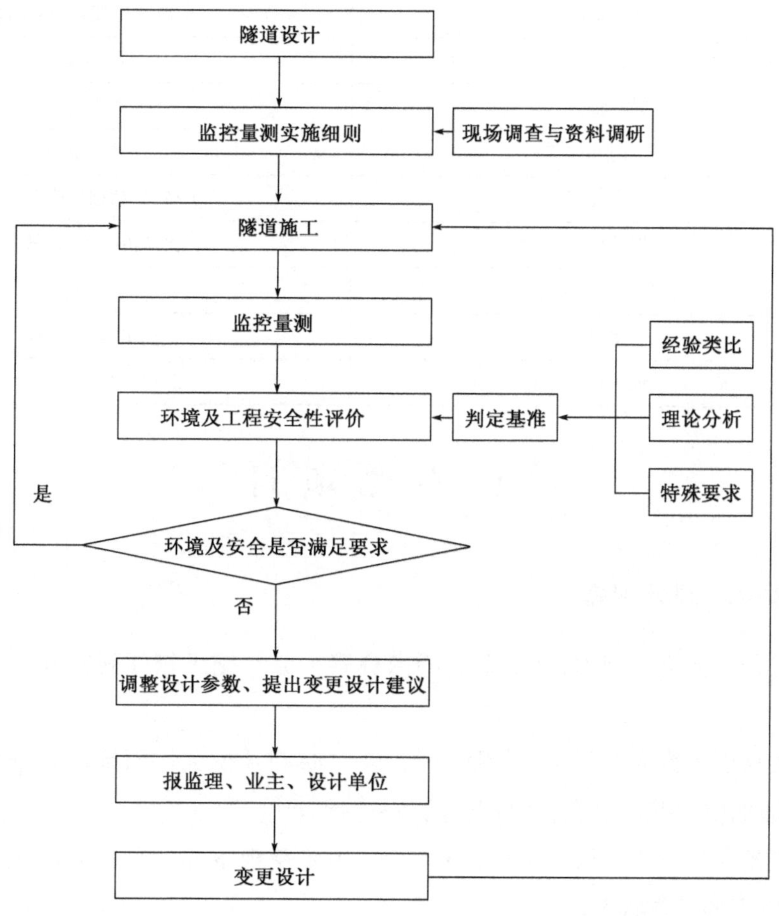

图 8-1　老虎山隧道施工监控量测流程

老虎山隧道监控量测必测项目、选测项目如表8-1和表8-2所示。

老虎山隧道监控量测必测项目　表8-1

序号	监控量测项目	量测仪器	备注
1	洞内、外观察	现场观察、数码相机、罗盘仪	
2	拱顶下沉	水准仪、钢挂尺或全站仪	
3	洞身周边位移收敛	收敛仪、全站仪	
4	地表沉降	水准仪、钢挂尺或全站仪	隧道浅埋段

老虎山隧道监控量测选测项目　表8-2

序号	监控量测项目	常用量测仪器
1	围岩压力	压力盒
2	钢架内力	钢筋计、应变计
3	喷射混凝土内力	混凝土应变计
4	二次衬砌内力	混凝土应变计、钢筋计
5	初期支护与二次衬砌间接接触压力	压力盒
6	锚杆轴力	钢筋计
7	围岩内部位移	多点位移计
8	隧底隆起	水准仪、铟钢尺或全站仪
9	爆破振动	振动传感器、记录仪
10	孔隙水压力	水压计
11	水量	三角堰、流量计
12	纵向位移	多点位移计、全站仪

8.1 必测项目

8.1.1 洞内、洞外观察

(1)施工过程中应进行洞内、外观察。洞内观察可分开挖工作面观察和已施工地段观察两部分。

(2)开挖工作面观察应在每次开挖后进行,及时绘制开挖工作面地质素描图、数码成像,填写开挖工作面地质状况记录表,并与勘查资料进行对比。

(3)已施工地段的观察每天至少应进行一次,主要是观察并记录喷射混凝土、锚杆、钢架变形和二次衬砌等的工作状态。

(4)洞外观察重点应在洞口段和洞身浅埋段,记录地表开裂、地表沉陷、边坡及仰坡稳定状态、地表水渗透情况等,同时还应对地面建(构)筑物进行观察。

8.1.2 洞口地表下沉量测

老虎山隧道设计要求隧道洞口浅埋段(V级围岩洞顶埋深 < 40m)进行地表下沉监控量测。

地表下沉量测应从掌子面前方开始测量,采用精密水平仪进行量测,其测点按普通水准点埋设,并在预计破裂面以外 30 m 左右设基准点。

测点的布置与拱顶下沉及周边收敛测量的测点在同一断面内,直到衬砌结构封闭,下沉基本停止为止。地表下沉量测频率如表 8-3 所示,地表下沉量测断面间距如表 8-4 所示。

围 岩 量 测 频 率　　表 8-3

变形速度/(mm/d)	测点距开挖面的距离	量 测 频 率
≥5	0 ~ 1B	2 次/d
1 ~ 5	1 ~ 2B	1 次/d
0.2 ~ 1	2 ~ 5B	1 次/2d
<0.2	>5B	1 次/周

注:B 表示隧道开挖宽度。

地表下沉量测断面间距　　表 8-4

隧道埋深 H(m)	量测断面间距(m)	隧道埋深 H(m)	量测断面间距(m)
$H > 2B$	20 ~ 50	$H < B$	10
$B < H < 2B$	10 ~ 20		

老虎山隧道地表下沉量测测点布置如图 8-2 和图 8-3 所示,地表下沉测定点构造如图 8-4 所示。

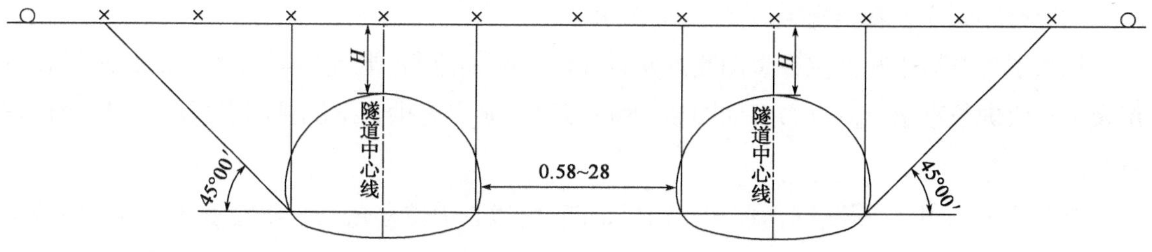

图 8-2　老虎山隧道洞口小净距段地表下沉量测测点布置图

8.1.3 拱顶下沉及周边收敛量测

拱顶下沉量测断面每个断面布置 1 ~ 3 个测点,测点设在拱顶中心或其附近,观测基准点设在距离观测点 3 倍洞径以外稳定点处,量测精度为 ±1mm,量测时间应延续到拱顶下沉稳定后。拱顶下沉量测示意图如图 8-5 所示。

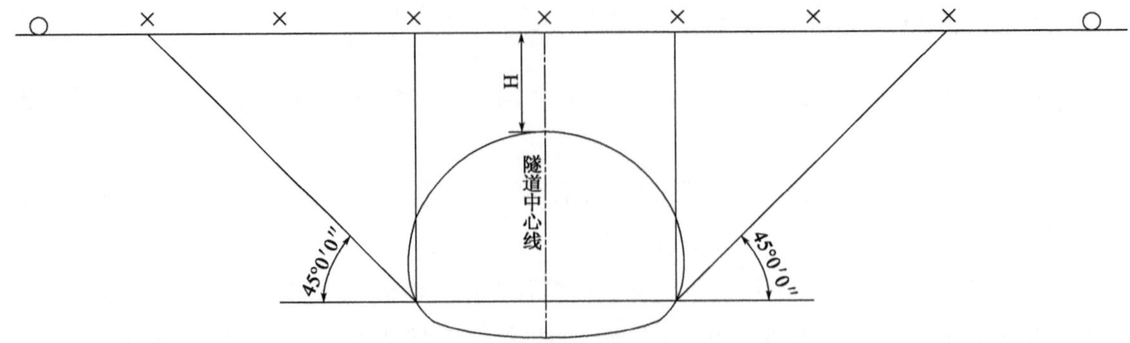

图 8-3　老虎山隧道分离式隧道地表下沉量测测点布置图

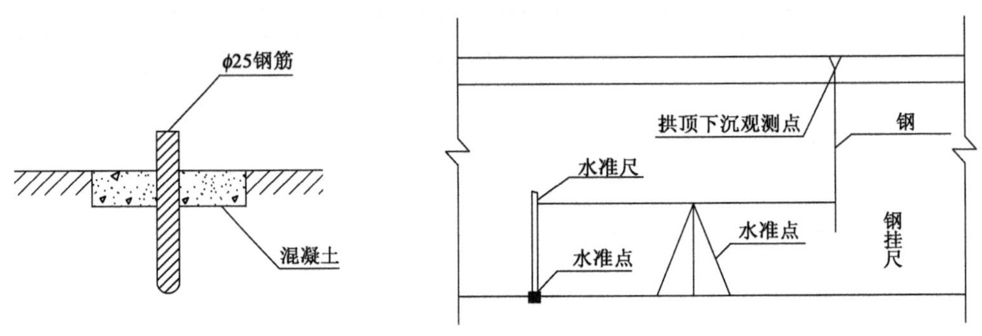

图 8-4　老虎山隧道地表下沉测定点构造图

图 8-5　拱顶下沉量测示意图

周边收敛位移量测是隧道施工监控量测的重要项目，收敛值是最基本的量测数据，必须量测准确，计算无误；周边收敛位移测点距掌子面小于 2m，测点埋设后，第一次量测时间应在上次爆破后 24h 内，并在下次爆破前进行，第一次量测的初读数是关键性数据，应反复测读，当连续量测 3 次的误差 $R \leqslant 0.18$mm 时（R 根据收敛计而异），才能最终测定为初读数。周边收敛位移量测应持续到变形基本稳定后 2 ~3 周结束。

拱项下沉及周边收敛位移量测测点布置在同一断面进行，老虎山隧道各开挖工法拱顶下沉及周边收敛位移量测测点布置如图 8-6 所示，图中 F 点为拱顶下沉量测点，其余为周边位移量测点。

拱顶下沉采用水平仪、铟瓦尺和挂钩尺量测，周边收敛位移量测采用收敛计量测。拱顶下沉测点和周边收敛位移量测断面间距按表 8-5 的要求布置。断面布置时在各级围岩起始地段加密断面，以掌握各级围岩位移变化规律。拱顶下沉测点和周边收敛位移量测采用相同的量测频率，拱顶下沉及周边收敛量测频率如表 8-6 所示。若位移出现异常，应加大量测频率。

监控量测断面间距　　表 8-5

围 岩 级 别	量测断面间距（m）	围 岩 级 别	量测断面间距（m）
Ⅴ	5 ~10	Ⅲ	30 ~50
Ⅳ	10 ~30		

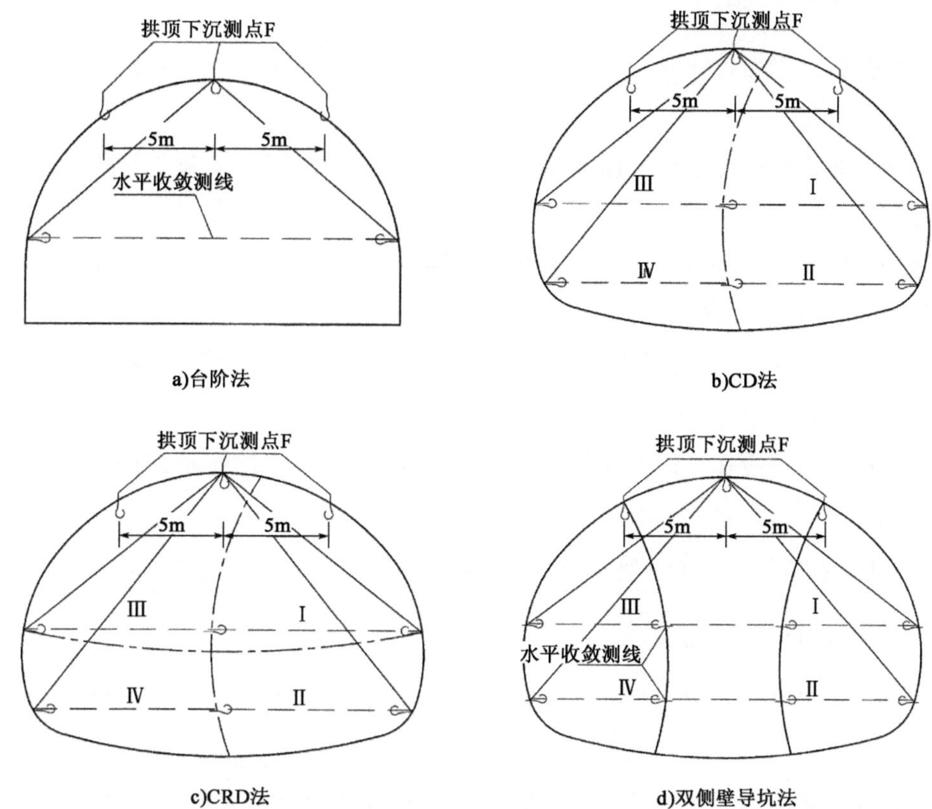

图 8-6 拱顶下沉及周边位移量测测点布置图

围岩量测频率表 表 8-6

变形速度/(mm/d)	测点距开挖面的距离	量测频率
≥5	0 ~ 1B	2 ~ 3 次/d
1 ~ 5	1 ~ 2B	1 次/d
0.2 ~ 1	2 ~ 5B	1 次/2 ~ 3d
<0.2	>5B	1 次/3 ~ 7d

注:B 为隧道开挖宽度。

8.2 选测项目

8.2.1 应力、应变监控量测

(1)应力、应变监控量测宜采用振弦式、光纤光栅传感器。

(2)振弦式传感器通过频率接收仪获得频率读数,依据频率一量测参数率定曲线换算出相应量测参量值。

(3)光纤光栅传感器通过光纤光栅解调仪获得读数,换算出相应量测参量值。

(4)钢架应力量测可采用振弦式传感器、光纤光栅传感器。传感器应成对埋设在钢架的内、外侧。

(5)采用振弦式钢筋计或应变计进行型钢应力或应变量测时,应把传感器焊接在钢架翼缘内测点位置。

(6)采用振弦式钢筋计进行格栅钢架应力或应变量测时,应将格栅主筋截断并把钢筋计对焊在截断部位。

(7)采用光纤光栅传感器进行型钢或格栅钢架应力应变量测时,应把光纤光栅传感器焊接(氩弧焊)或粘贴在相应测点位置。

(8)混凝土、喷混凝土应变量测可采用振弦式传感器、光纤光栅传感器,传感器应固定于混凝土结构内的相应测点位置。

(9)围岩压力量测应在有代表性的部位设测点,以便了解支护体系在整个断面上的受力状态与支护作用。

(10)锚杆轴力量测在局部加强锚杆地段,要在加强区域有代表性的部位设置量测锚杆。

8.2.2 接触压力量测

(1)接触压力量测包括围岩与初期支护之间接触压力、初期支护与二次衬砌之间接触压力的量测。

(2)接触压力量测可采用振弦式传感器。传感器与接触面要求紧密接触,传感器类型的选择应与围岩和支护相适应。

8.2.3 爆破震动检测

(1)爆破振动速度和加速监控量测可采用振动速度和加速度传感器,以及相应的数据采集设备。

(2)传感器应固定在与埋件上,通过爆破振动记录仪自动记录爆破振动速度和加速度,分析振动波形和振动衰减规律。

老虎山隧道监控量测选测项目测点布置如图8-7~图8-9所示。

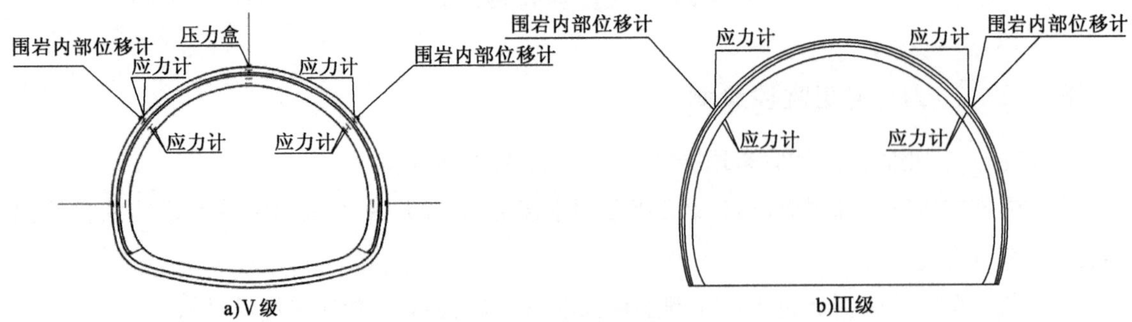

图8-7 选测项目测点布置图

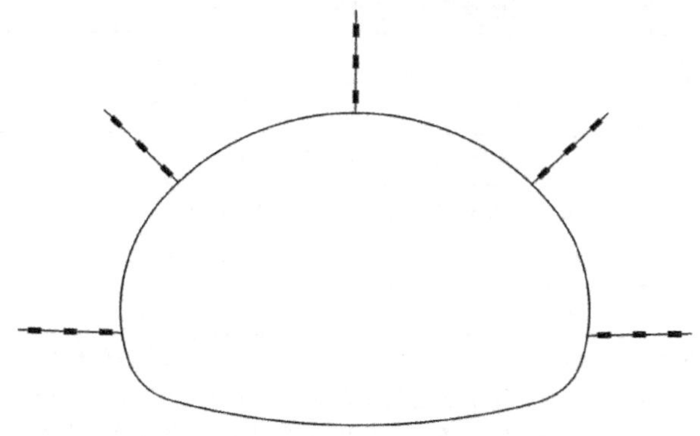

图8-8　锚杆轴力测点布置图

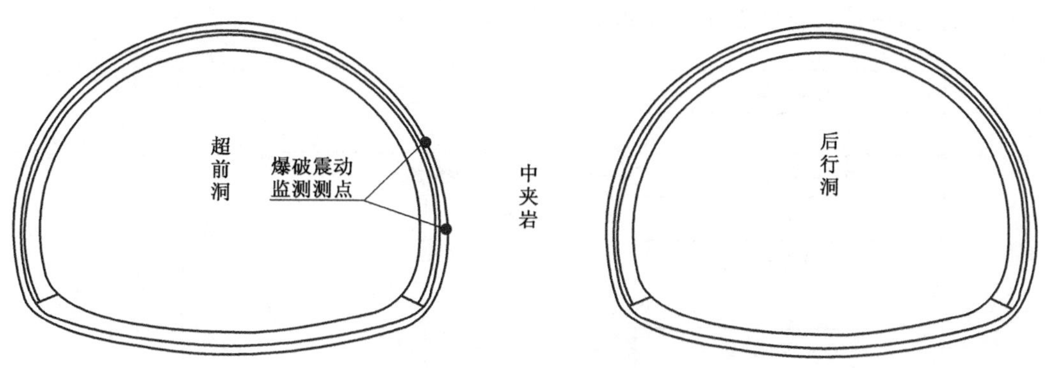

图8-9　隧道爆破震动检测测点布置参考图

8.3　监控量测管理

根据既有成功经验,拟采用三级变形管理并辅以周边允许相对位移值作为量测管理基准。即将允许值的三分之二作为警告值,允许值的三分之一作为基准值,将警告值和允许值之间称为警告范围,实测值落在此范围,应提出警告,说明需商讨和采取施工对策,预防最终位移值超限,警告值和基准值之间称为注意范围,实测值落在基准值以下,说明围岩是稳定的。

监测量测变形管理等级如表8-7所示,隧道周边允许相对位移如表8-8所示。

隧道变形管理等级表　　表8-7

管理等级	管理位移	施工状态
Ⅲ	$U_0 < U_n/3$	可正常施工
Ⅱ	$(U_n/3) \leqslant U_0 \leqslant (2U_n/3)$	应加强支护
Ⅰ	$U_0 > 2U_n/3$	应采取特殊措施

注:U_0 为实测位移值;U_n 为允许位移值。

隧道周边允许相对位移表　　表 8-8

围岩级别	埋深 h(m)		
	$h<50$	$50<h\leq300$	$300<h\leq500$
拱脚水平相对净空变化值(%)			
Ⅲ	0.10～0.30	0.20～0.50	0.40～1.20
Ⅳ	0.15～0.50	0.40～1.20	0.80～2.00
Ⅴ	0.20～0.80	0.60～1.60	1.00～3.00

注:①周边位移相对值系指两测点间实测位移累计值与两测点距离之比,两测点的位移值也称为变化值;②脆性围岩取表中较小值,塑性围岩取表中较大值;③本表适用于高跨比为 0.8～1.2 的下列地下工程:Ⅲ级围岩跨度不大于 20m;Ⅳ级围岩跨度不大于 15m;Ⅴ级围岩跨度不大于 10m;④对于Ⅰ、Ⅱ级围岩和表中以外Ⅲ、Ⅳ、Ⅴ级围岩地下工程,应根据实测数据的综合分析或工程类比方法确定允许值。

隧道监控量测信息反馈工作流程如图 8-10 所示。

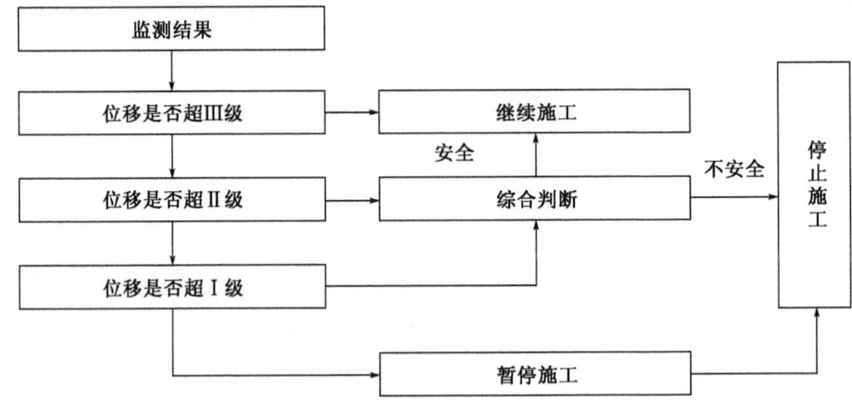

图 8-10　隧道监控量测信息反馈工作流程图

监控量测管理应注意以下要点:

(1)施工前做好监控量测准备工作,配备必要的仪器和人员,对测量仪器进行标定。

(2)施工中应注意保护测点,确保量测数据的连续性,按规范规定的频率采集数据,收集所有的量测数据。

(3)对量测数据进行分析处理,生成相关图表。

(4)施工中保存好所有的量测资料,并将量测数据和分析结果全部归入竣工资料存档。

(5)小净距隧道除了加强对中岩柱的稳定性监测外,还应着重加强浅埋段地表的沉降监测和爆破震动对相邻洞室影响监测。

8.4　量测数据的处理与应用

对量测数据进行分析处理,生成有关图表如下。

(1)绘制地表沉降、周边收敛、拱顶下沉各测点位移-时间曲线,如图 8-11 所示。

(2)绘制每个地表沉降量测断面的累计沉降曲线,如图 8-12 所示。

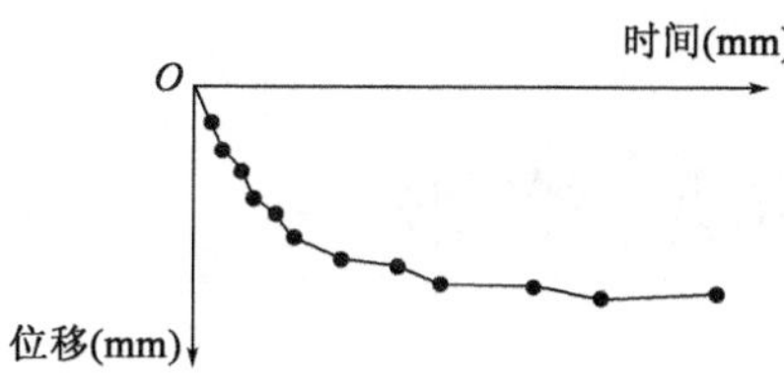

图 8-11　地表沉降、周边收敛、拱顶下沉各测点位移-时间曲线

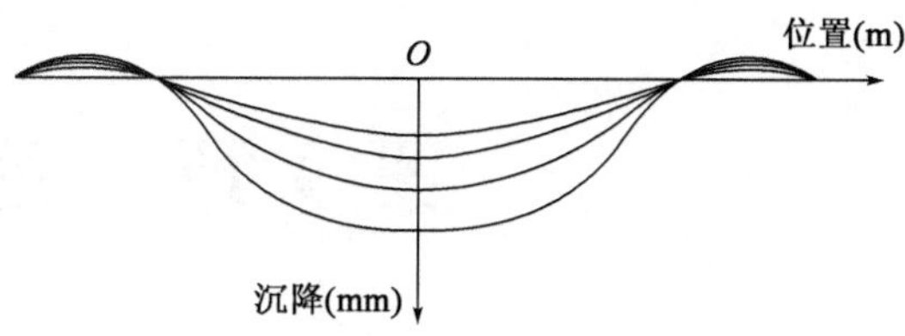

图 8-12　地表沉降量测断面的累计沉降曲线

(3)绘制每个地表沉降量测断面最大沉降与开挖面的关系曲线,如图 8-13 所示。

(4)求出位移-时间回归曲线,如图 8-14 所示,推算最终位移值。

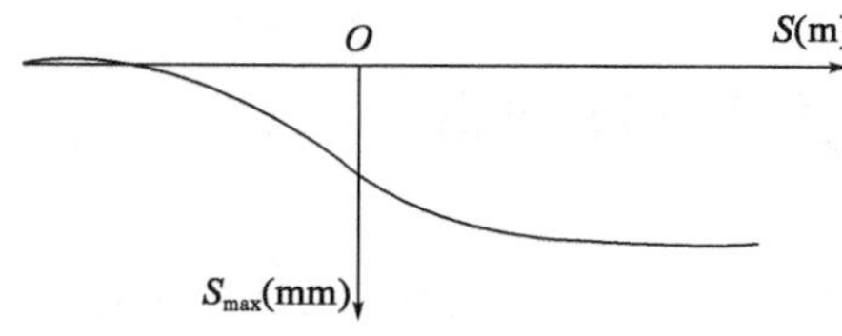

图 8-13　地表沉降量测断面最大沉降与开挖面的关系曲线

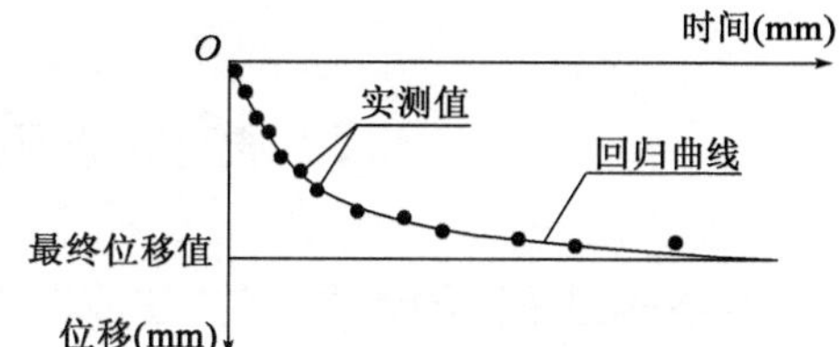

图 8-14　围岩位移-时间回归曲线

(5)绘制地表沉降、周边收敛、拱顶下沉各测点位移速率与时间曲线关系曲线。

(6)必要时根据各级围岩量测数据进行反分析,推算围岩弹性模量、泊松比、黏聚力、内摩擦角等物理力学参数。

第 9 章　超前地质预报

9.1　超前地质预报目的

超前地质预报为正确地选择施工方法、优化支护设计提供依据，对于安全施工具有重要的指导意义。

9.2　超前地质预报主要项目及措施

结合各隧道不同的地质条件，超前地质工作按照长短结合、上下对照、定性与定量相结合的办法来保证预报的准确性。根据各种探测方法的特点，可分为长距离控制预报、中距离预报、短距离验证预报。超前地质预报工作如图 9-1 所示。

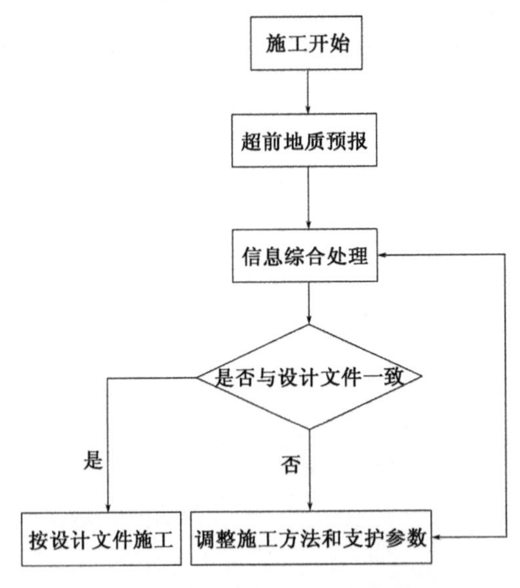

图 9-1　超前地质预报工作流程图

(1)长距离宏观控制预报：在隧道穿过的灰岩地段以及断层在洞身水平方向上采用 TRT6000 超前地质预测预报系统进行距离 100～200m 的预报，采用 150m 的成果。

(2)中距离预报：采用超前地质钻孔(1 孔、3 孔)进行的距离在 30～50m 的验证预报。

(3)短距离预报：地质素描法和采用加长炮眼孔进行的距离小于 30m 的预报。

9.3　超前地质预报方法

9.3.1　利用工作面地质素描预报

地质素描在隧道施工中全段进行。地质素描内容为：

对开挖掌子面和洞身周边综合分析围岩的岩性、结构、构造和地下水情况，分析判断开挖面前方围岩的工程地质、水文地质特征，并依此提出工程措施建议和进一步预报的方案。

根据开挖段围岩的工程地质、水文地质特征进行预报结果的验证，提出是否修改预报方法及参数的意见。

根据开挖段及开挖面水文地质情况，提出施工方案的建议。

9.3.2　TRT6000 隧道反射层析扫描成像超前预报技术

TRT6000 的原理在于当地震波遇到声学阻抗差异（密度和波速的乘积）界面时，一部分信号被反射回来，一部分信号透射进入前方介质。声学阻抗的变化通常发生在地质岩层界面或岩体内不连续界面。反射的地震信号被高灵敏地震信号传感器接收，反射体的尺寸越大，声学阻抗差别越大，回波就越明显，越容易探测到。通过分析，被用来了解隧道工作面前方地质体的性质（软弱带、破碎带、断层、含水等）、位置、形状和大小。

9.3.3　工作面超前地质钻孔探测预报

在隧道施工通过岩溶、断层破碎带段时每开挖 30m 利用超前水平地质钻孔对开挖前进方向进行 30～50m 的钻探。除可溶岩地段、断层破碎带、可溶岩与非可溶岩过度接触带必须施作超前钻孔外，还要结合超前探测结果的异常段，按地质人员要求增设钻孔。钻机钻孔时要固定牢固，并安设孔口管及高压闸阀，确保超前钻孔涌出高压地下水时，能够有效地控制。在可溶岩地段、可溶岩与非可溶岩过度接触带，以及断层破碎带施工中运用开挖用的钻具进行长 5m 的超前钻孔，对洞身前方进行全方位空间探测，探孔成放射形布设。

9.3.4　老虎山隧道超前地质预报方案

9.3.4.1　TRT6000 超前地质预报系统

该系统适用于Ⅲ、Ⅳ、Ⅴ级围岩长距离地质预报（200m），施工时需结合地质调查、地质素描综合判断。隧道掘进过程中，每开挖 150m 通过 TRT6000 对开挖前进方向进行中长距离（150～200m）预报，对一定规模的断层破碎带和岩溶带进行预报。

9.3.4.2 TRT与超前地质钻孔(1孔)结合

在工程地质与水文地质较复杂的地段,仅采用TRT超前地质预报不能满足施工需要,这时应补充超前地质钻孔(1孔)对TRT预报成果加以核查与确认。

超前地质钻孔(1孔)与TRT相结合有以下优点:

(1)可以对TRT预测方法探测到的不良地质体进行确认。

(2)可以获得地层、岩性、节理裂隙等特征。

(3)直接有效的探水方法。

(4)结论直观、可靠。

超前地质钻孔(1孔)全断面布设1个探孔,探孔长30~50m,采用ϕ76mm孔径钻机取芯,断面布置如图9-2所示。

9.3.4.3 TRT与超前地质钻孔(3孔)结合

在岩溶、地质构造强烈发育及初步判断前方有大型隐伏含水体或发育中大型岩溶管道地段采用。

超前地质钻孔(3孔)与TRT相结合有以下优点:

(1)可以对其他预测方法不良地质体进行最后确认。

(2)可以获得地层、岩性、节理裂隙等特征。

(3)是直接有效的探水方法。

(4)结论直观、可靠。

超前地质钻孔(1孔)全断面布设3个探孔,探孔长30~50m,1、3孔采用ϕ38mm孔径钻机取芯,2孔采用ϕ76mm孔径钻机取芯,断面布置如图9-3所示。

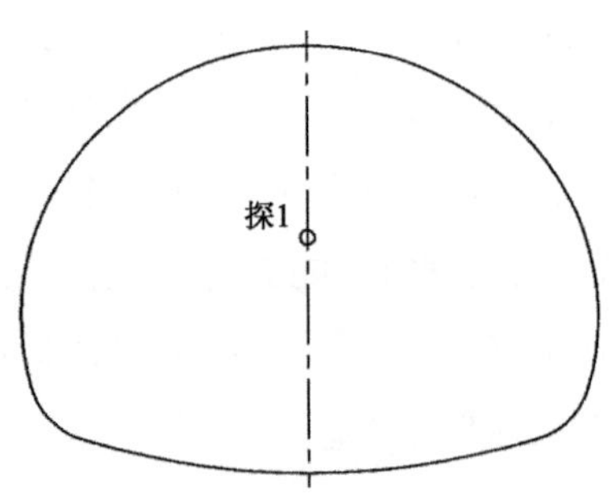

图9-2 超前地质钻孔(1孔)断面布置图

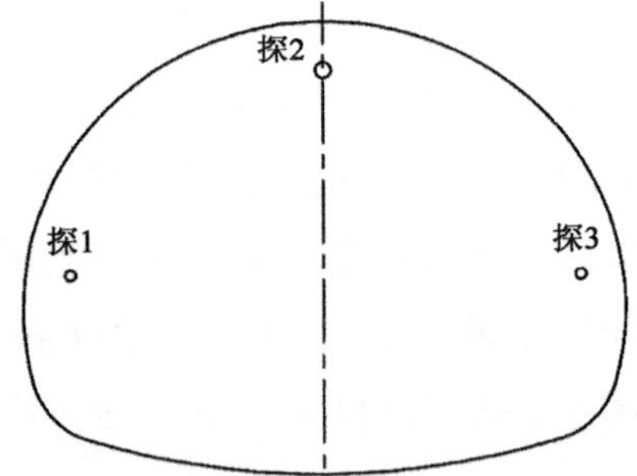

图9-3 超前地质钻孔(3孔)断面布置图

9.4 地质信息收集与处理

超前地质预报建立一个地质信息系统,通过各种方法收集地质信息,进行综合分析、判断,编制信息预报成果由主管技术人员予以复核,并报设计、监理。为变更设计和施工提供决策依据，及时调整施工方法和支护参数。经分析、整理的地质资料作为施工技术资料存档。

采用新的施工方法和支护参数后，有从施工过程中获取新的地质信息，更新地质信息系统，经处理后，再一次反馈给施工，如此往复，形成地质信息系统化。地质预报信息收集处理系统流程如图 9-4 所示。

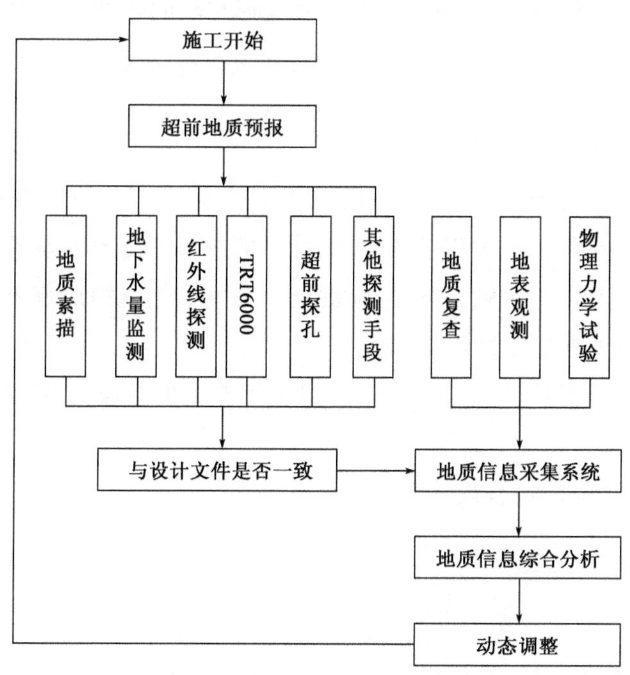

图 9-4 地质预报信息处理流程图

9.5 防坍技术措施

坍塌是隧道施工的大害，分析坍塌原因，大部分是由于对复杂地质条件下围岩的属性研究不够彻底，应对措施不当造成的。防止坍塌是确保隧道施工顺利进行及保证工程质量的关键，为此结合本隧道的特点及其地质情况，拟采用以下主要的防坍措施。

9.5.1 采用超前地质预报，制定和选择合理的施工方法

根据以往的施工经验，在不同地质条件下选用合理施工方法是防坍的重要手段。在制定和选择施工方法时我们特别注意以下几点：

(1) 贯彻“不坍就是进度”的思想。在软弱围岩中的施工方法必须稳妥可靠，在保证不坍的原则下再考虑加快施工进度。

(2) 选定初期支护参数贯彻“宁强勿弱”的思想，由于对岩体工程性质的认识很难恰如其分，对于介于两级围岩之间的按偏低的围岩级别进行初期支护。

9.5.2 采用锚喷构筑法原理指导施工

(1)采用控制爆破,尽量减少对围岩的扰动,及早进行初期支护。

(2)开挖后自稳能力差的地段应采用超前支护或超前加固,开挖后尽快封闭成环。

(3)加强监控量测工作,做到信息化施工。对变形超限的初期支护要及时进行加固。

(4)初期支护变形稳定后立即进行二次衬砌,软弱围岩地段二次衬砌适度紧跟。

9.5.3 保证初期支护质量

初期支护严格按设计和施工规范施工,确保支护质量,重点注意以下几点:

(1)提高开挖质量是保证支护质量的关键,凡爆破成形不良地段均考虑超前支护。

(2)确保喷混凝土与围岩密贴,并保证喷混凝土强度。钢支撑后部不允许有空洞,不许填片石和木料,喷混凝土将钢支撑封闭。

(3)钢支撑间距符合设计,安装位置正确,保证接头处的等强连接,钢支撑底角采用锁脚锚杆加固。

(4)锚杆孔的长度、间距符合设计要求。

9.5.4 严格施工纪律

防坍的施工方案一经讨论确定,操作人员必须严格执行,严格的施工纪律,合理的工序安排,先进的施工工艺,严肃的管理制度是一套防坍的有效手段。

第 10 章　隧道建设管理与质量控制

10.1　工程施工安全生产风险评估

10.1.1　静态风险评估

济南绕城高速济南连接线工程老虎山隧道位于济南市黄金 99 地产西南，搬倒井村北，隧道跨济南市历下区、市中区两地，为分离式隧道，隧道轴线起止桩号为左线 ZK2 +080 ~ ZK3 +820，长 1 740m，右线 YK1 +950 ~ YK3 +838，长 1 888m，属长隧道，隧洞轴线为曲线型，隧洞设计路面高程约 172.2 ~212.9m。隧址区岩石等级为较坚硬岩 ~ 较软岩，围岩等级为Ⅲ ~ V 级。左线Ⅲ2 级围岩长 370m，占全长 21.3%，Ⅳ1 级围岩长 153m，占全长 8.8%，Ⅳ2 级围岩长 913m，占全长 52.5%，Ⅳ3 级围岩长 132m，占全长 7.6%，V2 级围岩长 172m，占全长 9.9%。右线Ⅲ2 级围岩长 389m，占全长 20.60%，Ⅳ2 级围岩长 802m，占全长 42.5%，Ⅳ3 级围岩长 350m，占全长 18.5%，V2 级围岩长 347m，占全长 18.4%。

10.1.1.1　地形地貌

隧址区为剥蚀低山丘陵地貌区，地表植被较发育，山体岩石出露较好，植被多为松柏，山体陡立。隧道相对高差约 90m，两处较陡山头坡角为 45°和 50°，局部较陡，隧道洞顶最大埋深约 127.8m。

10.1.1.2　地层岩性

隧址区出露和揭露地层为第四系坡积层（Q3）碎石土，奥陶系（O）灰岩，燕山期侵入中粒闪长岩。第四系全新统人工堆积物（Q4ml）分布于隧道进出口两地，一般为碎石土，褐黄色，由砂性土和灰岩等碎块构成，混少量的砂砾等，松散 ~ 稍密状态。第四系上更新统残、坡积物（Q3dl + pl）主要以残坡积褐黄色碎石土为主，松散 ~ 稍密状态，含砂砾，分布于山前坡脚坡腰的下部。古生界奥陶系下统（O1）奥陶系冶里亮甲组（O1y +l）：白云质灰岩，中上部含碎石结核与条带。燕山期侵入岩，中粒闪长岩：灰绿色，出露于进洞口的左线，YK2 +940 ~ YK3 +040 段，出口左线等处，出露岩体风化较为强烈，多为强风化状，岩面不新鲜。

10.1.1.3　地质构造

隧道所处地区地质构造总体上是一个以古生代地层为主的北倾单斜构造。隧址区位于鲁西台背斜北翼，基底为泰山群变质岩系，盖层为早古生界奥陶纪巨厚层碳酸盐岩。盖层呈单斜构造产出，区内以断裂构造为主，褶皱构造不发育。受燕山运动的影响，其单斜构造中发育有多条规模较大的NNW向断裂，由东向西依次有文祖断裂、东坞断裂、千佛山断裂、马山断裂和长青断裂还有规模较小的冷水沟断裂、文化桥断裂及NE走向的港沟断裂。这些断裂在大地区域构造中归属鲁西旋卷构造体系中外旋卷层的伴生构造，属于序次较低的构造。距拟建场地较近的断裂主要有千佛山断裂、文化桥断裂、东坞断裂、港沟断裂。

10.1.1.4 水文地质

隧址区属碳酸盐岩裂隙岩溶含水区，勘察期间属于枯水期，全线未发现地表及地下岩溶水体。隧道进、出口及洞身段均未见水系发育，全线未见出水点及渗水点。由于场区地形较陡，有利于地表水和地下水排泄，地下水稳定水位标高远低于隧道设计标高，故地表水及地下水对隧址区影响不大，水文条件较简单。隧道涌水量一般情况下较小，其涌水方式以线状和滴状渗水为主，局部淋雨状；在丰水期强降雨后，可能局部会出现股状、涌流状出水现象。

隧址区地下水主要为大气降雨补给，雨季时水量稍大，水量较大时隧道层理裂隙发育部位易出水；地下水类型主要有松散岩类孔隙水、基岩风化带网状裂隙水和基岩构造裂隙水：①隧址区松散岩类孔隙水主要赋存于第四系残坡积块碎石土中，补给来源为大气降水和地表水体入渗，但隧址区块碎石土厚度小，分布面积小，且残坡积层多含相对隔水的粉质黏土夹碎、块石，透水性及富水性均较差，大气降水不易入渗，加上该区地形上部较陡，下部多横向冲沟发育，大气降水可迅速形成地表径流向低洼处排泄，因此此类地下水不易大量富集，水量贫乏，对隧道施工无影响。②隧址区基岩风化带网状裂隙水主要赋存于基岩风化带中，斜坡地段由于基岩面较陡，排泄较通畅，地下水贫乏。在沟谷地段，基岩风化带网状裂隙水由于直接接受沟谷水体补给，风化裂隙相对比较发育，连通性比较好，但因风化层厚度多不大，其水量比较有限，对隧道施工影响较小。③隧址区基岩构造裂隙水多赋存于岩体构造节理裂隙中，接受大气降水补给和层间径流补给，顺风化裂隙、构造裂隙等沿强、中风化界面汇集、运动，在斜坡坡脚及冲沟沟口等局部地势相对较低处以下降泉的形式排泄出露，具近源补给，就近排泄特点，现场调查未发现隧址区有泉眼分布。

隧址区地层含水岩组主要包括：①第四系松散岩类孔隙含水岩组：由第四系残坡积块碎石土，赋水性及透水性强，渗透系数 K 一般为10～20m/d，属强透水岩组；②风化带网状裂隙中含水岩组和构造裂隙水中含水岩组：调查区基岩地层由于其岩性和所处的构造部位，部分含有季节性裂隙潜水和基岩承压裂隙水，富水性集中，透水性差，渗透系数 K 为0.01～0.3m/d，属中～微透水岩组；③相对隔水层：区内的灰岩、泥灰岩、竹叶状灰岩、砂岩、页岩及粉质黏土，渗透性集中，富水性差，基本不含水，为相对隔水层。

10.1.1.5　不良地质

隧址区无滑坡、崩塌、泥石流等影响场地稳定的不良地质现象，未发现大的岩溶现象，但隧道位于奥陶系上下统接触带边侧，并有较为明显的侵入岩出露，隧道岩体整体均一性较差，局部岩层可能存在不整合接触带，岩性接触带及破碎带和小型灰岩溶蚀裂隙等情况。边坡开挖可能产生滑塌，要预防在雨水及外力等不利因素作用下产生的掉块、表层滑塌等小型的地质灾害。隧洞埋深较深，围岩岩层产状近于水平，局部溶蚀裂隙发育，隧洞开挖后围岩成拱作用弱，拱顶围岩稳定性相对较差，岩溶发育区及岩体破碎程度高的区域宜加强支护强度。隧道洞身部分路段埋深大，初步估算属于高应力区，应预先考虑发生岩爆可能性。

10.1.1.6　进洞口段

隧道进口进洞口位于山脚，表层有坡积残积土层，土厚 0.40 ~ 10.70m 左右；南见较多基岩出露。进口段出露地层右线以奥陶系灰岩为主，左线为燕山期闪长岩，灰岩岩层走向与洞轴线近垂直相交，进洞口段发育有多组节理裂隙，无其他不良地质现象。

10.1.1.7　出洞口段

隧道出口段属浅埋段，出洞口位于坡脚，洞口中心开挖深度约 23.0m，位于搬到井村内，覆盖层多为强 ~ 中风化灰岩、碎石土层，出口段地形较缓，地形坡度约 3°，洞口上部多为多层民房，出洞口段未见断裂构造，未见不良地质现象，稳定性较好。

老虎山隧道施工风险等级划分如表 10-1、表 10-2、图 10-1 和图 10-2 所示。

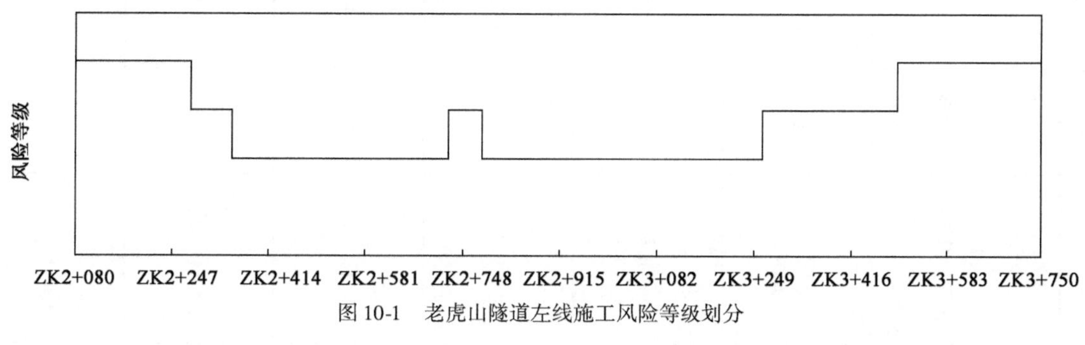

图 10-1　老虎山隧道左线施工风险等级划分

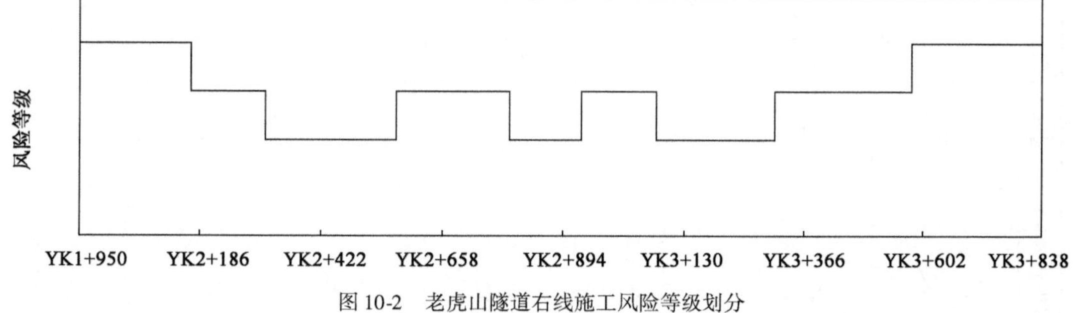

图 10-2　老虎山隧道右线施工风险等级划分

老虎山隧道左线围岩分级及施工风险评估表

表 10-1

围岩分布里程	长度(m)	围岩级别	围岩岩性	R_c(MPa)	K_v	BQ	$[BQ]$	主要工程地质特征及岩体结构特征和完整状态	风险等级
ZK2 +080 ~ ZK2 +182	102	Ⅴ2	强风化闪长岩	35	0.06	210	185	层间结合差,岩体很破碎,岩芯多呈块状、碎块状及少量短柱状,节理、裂隙很发育,构造裂隙发育,裂隙面见泥质充填,钻进过程中漏水严重,围岩自稳能力差	Ⅰ级
ZK2 +182 ~ ZK2 +239	57	Ⅳ3	中风化灰岩(破碎)	45	0.20	275	265	结构面发育,层间结合较好,为镶嵌碎裂结构,岩芯多呈块状、短柱状及柱状,节理、裂隙及溶蚀裂隙较发育,钻进过程中易沿裂隙面漏水,岩体较破碎,围岩自稳能力较差	Ⅰ级
ZK2 +239 ~ ZK2 +280	41	Ⅳ2	中风化灰岩	75	0.28	385	308	结构面发育,层间结合较好,大部分为镶嵌碎裂结构,局部为整体状结构,岩芯多呈块状、短柱状及柱状,节理、裂隙及溶蚀裂隙较发育,岩体较破碎,易沿裂隙面漏水,围岩自稳能力一般	Ⅰ级
ZK2 +280 ~ ZK2 +352.5	72.5	Ⅳ2	中风化灰岩	75	0.28	385	308	结构面发育,层间结合较好,大部分为镶嵌碎裂结构,局部为整体状结构,岩芯多呈块状、短柱状及柱状,节理、裂隙及溶蚀裂隙较发育,岩体较破碎,易沿裂隙面漏水,围岩自稳能力一般	Ⅱ级
ZK2 +352.5 ~ ZK2 +723	370	Ⅲ2	中风化灰岩	80	0.40	430	360	结构面发育,层间结合较好,大部分为镶嵌碎裂结构,局部为整体状结构,岩芯多呈块状、短柱状及柱状,节理、裂隙及溶蚀裂隙较发育,岩体较破碎,易沿裂隙面漏水,围岩自稳能力一般	Ⅲ级
ZK2 +723 ~ ZK2 +780	57	Ⅳ2	中风化灰岩	70	0.28	370	315	结构面发育,层间结合较好,大部分为镶嵌碎裂结构,局部为整体状结构,岩芯多呈块状、短柱状及柱状,节理、裂隙及溶蚀裂隙较发育,岩体较破碎,易沿裂隙面漏水,围岩自稳能力一般	Ⅱ级
ZK2 +780 ~ ZK2 +827	47	Ⅳ2	中风化灰岩	70	0.28	370	315	结构面发育,层间结合较好,大部分为镶嵌碎裂结构,局部为整体状结构,岩芯多呈块状、短柱状及柱状,节理、裂隙及溶蚀裂隙较发育,岩体较破碎,易沿裂隙面漏水,围岩自稳能力一般	Ⅲ级

续上表

围岩分布里程	长度(m)	围岩级别	围岩岩性	R_c(MPa)	K_v	BQ	[BQ]	主要工程地质特征及岩体结构特征和完整状态	风险等级
ZK2 +827 ~ ZK2 +907	80	Ⅳ1	中风化灰岩	70	0.35	387.5	332	结构面发育,层间结合较好,大部分为镶嵌碎裂结构,局部为整体状结构,岩芯多呈块状、短柱状及柱状,节理、裂隙及溶蚀裂隙较发育,岩体较破碎,易沿裂隙面漏水,围岩自稳能力一般	Ⅲ级
ZK2 +907 ~ ZK3 +263	356	Ⅲ2	中风化灰岩	93	0.40	469	394	结构面发育,层间结合较好,大部分为镶嵌碎裂结构,局部为整体状结构,岩芯多呈块状、短柱状及柱状,节理、裂隙及溶蚀裂隙较发育,岩体较破碎,易沿裂隙面漏水,围岩自稳能力一般	Ⅲ级
ZK3 +263 ~ ZK3 +336	73	Ⅳ1	中风化灰岩	70	0.35	387.5	332	结构面发育,层间结合较好,大部分为镶嵌碎裂结构,局部为整体状结构,岩芯多呈块状、短柱状及柱状,节理、裂隙及溶蚀裂隙较发育,岩体较破碎,易沿裂隙面漏水,围岩自稳能力一般	Ⅱ级
ZK3 +336 ~ ZK3 +500	164	Ⅳ2	中风化灰岩	65	0.28	355	306	结构面发育,层间结合较好,大部分为镶嵌碎裂结构,局部为整体状结构,岩芯多呈块状、短柱状及柱状,节理、裂隙及溶蚀裂隙较发育,岩体较破碎,易沿裂隙面漏水,围岩自稳能力一般	Ⅱ级
ZK3 +500 ~ ZK3 +675	175	Ⅳ2	中风化灰岩	65	0.28	355	306	结构面发育,层间结合较好,大部分为镶嵌碎裂结构,局部为整体状结构,岩芯多呈块状、短柱状及柱状,节理、裂隙及溶蚀裂隙较发育,岩体较破碎,易沿裂隙面漏水,围岩自稳能力一般	Ⅰ级
ZK3 +675 ~ ZK3 +750	75	Ⅳ3	中风化灰岩(破碎)	60	0.20	320	260	结构面发育,层间结合较好,为镶嵌碎裂结构,岩芯多呈块状、短柱状及柱状,节理、裂隙及溶蚀裂隙较发育,钻进过程中易沿裂隙面漏水,岩体较破碎,围岩自稳能力较差	Ⅰ级

老虎山隧道右线围岩分级及施工风险评估表

表 10-2

围岩分布里程	长度(m)	围岩级别	围岩岩性	R_c(MPa)	K_v	*BQ*	[*BQ*]	主要工程地质特征及岩体结构特征和完整状态	风险等级
YK1 +950 ~ YK2 +134	184	Ⅴ2	碎石土、强风化灰岩、中风化灰岩(破碎)	16	0.05	150.5	150.5	层间结合差,岩体很破碎,岩芯多呈块状、碎块状及少量短柱状,节理、裂隙很发育,溶蚀裂隙发育,裂隙面见泥质充填,钻进过程中漏水严重,围岩自稳能力差	Ⅰ级
YK2 +134 ~ YK2 +168	34	Ⅳ3	中风化灰岩(破碎)	38	0.2	254	251	结构面发育,层间结合较好,为镶嵌碎裂结构,岩芯多呈块状、短柱状及柱状,节理、裂隙及溶蚀裂隙较发育,钻进过程中易沿裂隙面漏水,岩体较破碎,围岩自稳能力较差	Ⅰ级
YK2 +168 ~ YK2 +314	146	Ⅳ2	中风化灰岩	50	0.27	327.5	307.5	结构面发育,层间结合较好,大部分为镶嵌碎裂结构,局部为整体状结构,岩芯多呈块状、短柱状及柱状,节理、裂隙及溶蚀裂隙较发育,岩体较破碎,易沿裂隙面漏水,围岩自稳能力一般	Ⅱ级
YK2 +314 ~ YK2 +569	255	Ⅲ2	中风化灰岩	90	0.40	460	394	结构面发育,层间结合较好,大部分为镶嵌碎裂结构,局部为整体状结构,岩芯多呈块状、短柱状及柱状,节理、裂隙及溶蚀裂隙较发育,岩体较破碎,易沿裂隙面漏水,围岩自稳能力一般	Ⅲ级
YK2 +569 ~ YK2 +790	221	Ⅳ2	中风化灰岩	75	0.28	385	315	结构面发育,层间结合较好,大部分为镶嵌碎裂结构,局部为整体状结构,岩芯多呈块状、短柱状及柱状,节理、裂隙及溶蚀裂隙较发育,岩体较破碎,易沿裂隙面漏水,围岩自稳能力一般	Ⅱ级
YK2 +790 ~ YK2 +930	140	Ⅲ2	中风化灰岩	92	0.40	466	375	结构面发育,层间结合较好,大部分为镶嵌碎裂结构,局部为整体状结构,岩芯多呈块状、短柱状及柱状,节理、裂隙及溶蚀裂隙较发育,岩体较破碎,易沿裂隙面漏水,围岩自稳能力一般	Ⅲ级
YK2 +930 ~ YK3 +015	85	Ⅴ2	中风化灰岩(破碎)	25	0.06	180	165	层间结合差,岩体很破碎,岩芯多呈块状、碎块状及少量短柱状,节理、裂隙很发育,溶蚀裂隙发育,裂隙面见泥质充填,钻进过程中漏水严重,围岩自稳能力差	Ⅱ级
YK3 +015 ~ YK3 +076	61	Ⅳ2	中风化灰岩	45	0.25	287.5	287.5	结构面发育,层间结合较好,大部分为镶嵌碎裂结构,局部为整体状结构,岩芯多呈块状、短柱状及柱状,节理、裂隙及溶蚀裂隙较发育,岩体较破碎,易沿裂隙面漏水,围岩自稳能力一般	Ⅱ级

续上表

围岩分布里程	长度(m)	围岩级别	围岩岩性	R_c(MPa)	K_v	BQ	[BQ]	主要工程地质特征及岩体结构特征和完整状态	风险等级
YK3 +076 ~ YK3 +210	134	Ⅲ2	中风化灰岩	85	0.4	445	390	结构面发育,层间结合较好,大部分为镶嵌碎裂结构,局部为整体状结构,岩芯多呈块状、短柱状及柱状,节理、裂隙及溶蚀裂隙较发育,岩体较破碎,易沿裂隙面漏水,围岩自稳能力一般	Ⅲ级
YK3 +210 ~ YK3 +308	98	Ⅳ2	中风化灰岩	70	0.28	370	292	结构面发育,层间结合较好,大部分为镶嵌碎裂结构,局部为整体状结构,岩芯多呈块状、短柱状及柱状,节理、裂隙及溶蚀裂隙较发育,岩体较破碎,易沿裂隙面漏水,围岩自稳能力一般	Ⅲ级
YK3 +308 ~ YK3 +524	216	Ⅳ3	中风化灰岩(破碎)	65	0.20	335	270	结构面发育,层间结合较好,为镶嵌碎裂结构,岩芯多呈块状、短柱状及柱状,节理、裂隙及溶蚀裂隙较发育,钻进过程中易沿裂隙面漏水,岩体较破碎,围岩自稳能力较差	Ⅱ级
YK3 +524 ~ YK3 +580	56	Ⅳ2	中风化灰岩	75	0.32	395	312	结构面发育,层间结合较好,大部分为镶嵌碎裂结构,局部为整体状结构,岩芯多呈块状、短柱状及柱状,节理、裂隙及溶蚀裂隙较发育,岩体较破碎,易沿裂隙面漏水,围岩自稳能力一般	Ⅱ级
YK3 +580 ~ YK3 +680	100	Ⅳ3	中风化灰岩(破碎)	60	0.20	320	265	结构面发育,层间结合较好,为镶嵌碎裂结构,岩芯多呈块状、短柱状及柱状,节理、裂隙及溶蚀裂隙较发育,钻进过程中易沿裂隙面漏水,岩体较破碎,围岩自稳能力较差	Ⅰ级
YK3 +680 ~ YK3 +760	80	Ⅳ2	中风化灰岩	55	0.28	325	290	结构面发育,层间结合较好,大部分为镶嵌碎裂结构,局部为整体状结构,岩芯多呈块状、短柱状及柱状,节理、裂隙及溶蚀裂隙较发育,岩体较破碎,易沿裂隙面漏水,围岩自稳能力一般	Ⅰ级
YK3 +760 ~ YK3 +838	78	Ⅴ2	碎石土、强风化灰岩、中风化灰岩(破碎)	16	0.05	150.5	150.5	层间结合差,岩体很破碎,上部为土层,岩芯多呈块状、碎块状及少量短柱状,节理、裂隙很发育,构造裂隙发育,裂隙面见泥质充填,钻进过程中漏水严重,围岩自稳能力差	Ⅰ级

10.1.2 动态风险评估

10.1.2.1 风险评价与施工许可原则

隧道施工风险评估工作按照《关于开展公路桥梁和隧道工程施工安全风险评估试行工作的通知》(交质监发[2011] 217号)要求执行;风险等级界定标准参照《公路桥梁和隧道工程施工安全风险评估指南(试行)》。

隧道施工风险评价主要依据:地质勘探与设计资料、超前地质预报资料、监控量测资料、围岩判定资料、地质素描资料、影像资料等。

施工许可机制是一个基于施工信息动态修正、施工方案动态调整、施工风险动态评估与控制的隧道施工期风险控制机制,实施主要依据:地质勘探与设计资料、超前地质预报资料、监控量测资料、围岩判定资料、地质素描资料、影像资料、隧道施工风险评价报告。

隧道施工风险评价与施工许可遵循“电子资料先行,纸质资料后行,据施工动态,三阶段评估相结合”的原则实施,可最大限度达到业主、监理、施工方及其他专项研究方数据共享,远程动态控制施工。

“电子资料先行,纸质资料后行”是指为提高风险控制与应对效率,超前预报单位、监控量测单位及施工单位向业主、监理和专家报送资料时,均采用先行在线报送电子资料,后定期报送纸质资料的方式进行。

“据施工动态,三阶段评估相结合”是指在施工组织设计前,根据勘察资料,对水文地质与工程地质条件进行初步评估,为制定有针对性的施工组织设计提供理论依据;施工前综合孕险环境与致险因子,对包含开挖支护方案、超前地质预报措施、监控量测大纲等方案的施工组织设计进行二次评估;施工中依据隧道开挖动态、超前地质预报、监控量测等资料对二次评估结论进行动态修正,即对掌子面前方一定距离范围内施工风险进行动态评估;最后由相关单位依据新的风险评估结论决定继续或暂停施工。

10.1.2.2 风险评价与施工许可流程

实施的主要流程是各分项报告责任部门定期提供最新成果,风险管控小组依据各方资料及时提出隧道施工风险分级与评价报告,并提交给业主与监理单位,监理单位综合分析后决定是否许可施工。风险评价与施工许可流程如图10-3所示。

(1)初步、二次评估

风险管控小组依据勘察设计与工程地质、水文地质资料进行施工风险初步评估,提交隧道施工风险评估报告;施工单位进行施工组织设计,制定预报、监测与施工方案;并上传电子版资料报审,风险管控小组进行施工风险二次评估,业主、监理、风险管控小组审核方案是否满足施工许可条件;若不满足施工许可条件则继续修正方案直至满足要求为止,若方案审核通过则可按计划开始施工。

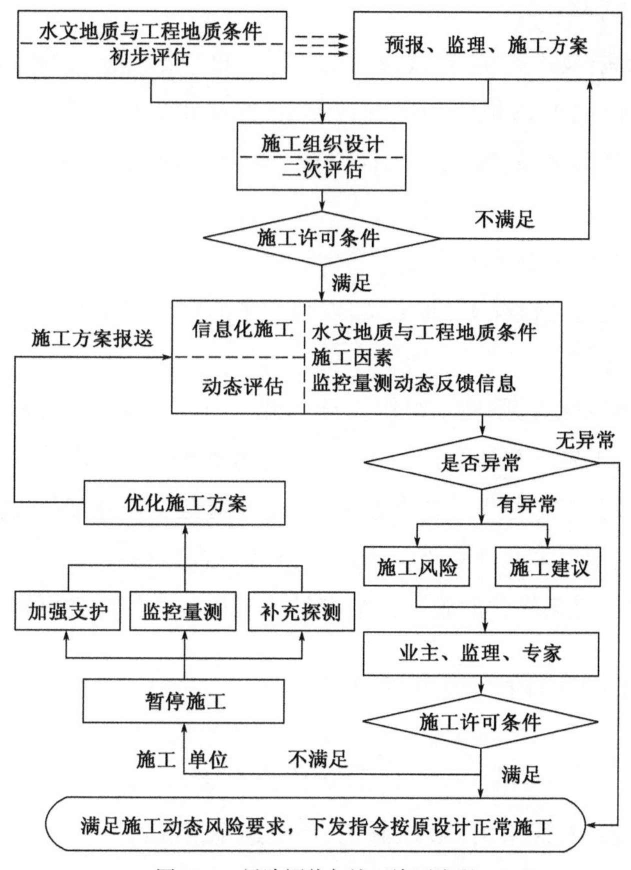

图10-3 风险评价与施工许可流程

(2)资料审核与报送

依据施工动态信息、超前地质预报、监控量测、岩溶水文地质专题研究成果进行施工风险动态评估。

①超前地质预报资料

超前地质预报资料的审核遵循谁施作谁复核，保证资料的真实性，然后由现场监理确认，并由施工单位上传电子版给风险管控小组进行存档。

②监控量测资料

地质素描资料由监控量测工作技术负责人复核，保证资料的真实性，由现场监理确认，再提交给风险管控小组进行存档。

监控量测资料由监控量测技术负责人复核，保证资料的真实性，由现场监理确认，再提交给风险管控小组和驻地办进行存档。

③施工方案与施工动态信息

施工单位结合现场实际情况，及时反馈施工动态信息，提出施工方案，由现场监理确认，保证隧道施工的顺利进行。

(3)施工风险动态评估

风险管控小组依据施工动态信息、超前地质预报、监控量测等资料成果进行施工风险动态评估,并上传风险评估报告与施工建议。若修正后的短期风险与长期风险一致,则施工单位可按原计划正常施工;若不一致,则施工单位暂停施工,等待业主与监理指令;

(4)信息反馈与施工许可

在施工风险发生变化的情况下,业主、监理与专家商讨决定原施工组织设计中施工方案是否仍然满足施工许可条件。

若满足,则分两种情况:①原施工组织设计中施工方案基本满足(或略高于)施工动态风险要求,则向施工单位下发指令按原计划正常施工;②原施工组织设计中施工方案显著高于施工动态风险要求,则向施工单位下发指令改变工法,或降低支护强度与支护参数。

若不满足,则下发指令采取加强支护措施后,加强监控量测工作、补充有针对性的超前地质预报,优化施工方案,直至优化的施工方案满足施工许可条件后方可恢复施工。

10.1.3 老虎山出口段动态风险评估

10.1.3.1 现场巡视情况

老虎山隧道出口左、右线采用CD法施工,现场巡视情况如下(3月2日):

(1)现场存在部分选测项目出线头被喷死现象,影响选测项目监测,现场应加强测点巡查,及时修复被覆盖的测点,确保量测数据的连续性。

(2)左洞临时支撑变形较大,现场应密切关注支撑变化情况,加强监测,若发现变形继续增大,应及时采取相应措施保障初支安全,如增设新的临时支撑等。

(3)现场存在如洞内人员不穿反光背心等安全隐患,须加强安全教育。

现场巡检图如图10-4所示。

a)左洞掌子面揭露情况

b)右洞掌子面揭露情况

图 10-4

c)临时支撑情况

d)二衬情况

图10-4　现场巡检图

10.1.3.2　围岩分级情况

在2月28日~3月13日,左线进行了1次、右线进行了2次围岩分级与岩体质量评价,本管控周期内老虎山隧道进口左、右线围岩整体评价为Ⅳ级围岩,以中强风化灰岩为主,岩质较坚硬,岩体完整性一般,拱顶岩质较差,掌子面两侧局部岩体破碎,水平层理发育,自稳能力较差。具体评价时间、评价结果如表10-3所示。部分围岩判定成果如表10-4~表10-6所示。

老虎山隧道进口段围岩分级汇总　　表10-3

序号	评价时间	评价结果	
		里程桩号	围岩等级
1	2017.3.1	YK2+545	Ⅳ级
2	2017.3.7	ZK2+647	Ⅳ级
3	2017.3.8	YK2+565	Ⅳ级

老虎山隧道进口 YK2+545 岩体质量评价　　表10-4

编号	项目名称	状态描述				
1	掌子面状态	稳定√	正面掉块	正面挤出	正面不能自稳	其他
2	毛开挖面状态	自稳	随时间松弛、掉块√	自稳困难、要及时支护	要超前支护	其他
3	风化程度	微风化	弱风化	中风化√	强风化	其他
4	裂隙宽度	>5	3~5	1~3	<1√	其他
5	裂隙形态	密集	部分张开√	开口	夹有黏土	其他
6	涌水状态	无水√	渗水	整体湿润	涌出或喷出	特别大
7	围岩级别划分	Ⅳ级				

老虎山隧道进口 ZK2 +647 岩体质量评价　　表 10-5

编号	项目名称	状态描述				
1	掌子面状态	稳定√	正面掉块	正面挤出	正面不能自稳	其他
2	毛开挖面状态	自稳	随时间松弛、掉块√	自稳困难、要及时支护	要超前支护	其他
3	风化程度	微风化	弱风化	中风化√	强风化	其他
4	裂隙宽度	>5	3~5	1~3√	<1	其他
5	裂隙形态	密集	部分张开√	开口	夹有黏土	其他
6	涌水状态	无水√	渗水	整体湿润	涌出或喷出	特别大
7	围岩级别划分	Ⅳ级				

老虎山隧道进口 YK2 +565 岩体质量评价　　表 10-6

编号	项目名称	状态描述				
1	掌子面状态	稳定√	正面掉块	正面挤出	正面不能自稳	其他
2	毛开挖面状态	自稳	随时间松弛、掉块√	自稳困难、要及时支护	要超前支护	其他
3	风化程度	微风化	弱风化	中风化√	强风化	其他
4	裂隙宽度	>5	3~5	1~3	<1√	其他
5	裂隙形态	密集	部分张开√	开口	夹有黏土	其他
6	涌水状态	无水√	渗水	整体湿润	涌出或喷出	特别大
7	围岩级别划分	Ⅳ级				

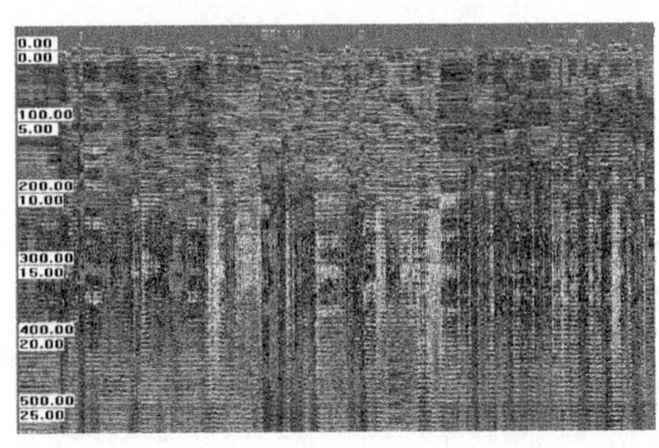

图 10-5　YK2 +825 ~ ZK2 +850 段

10.1.3.3　超前地质预报分析

超前地质预报采用地质雷达对掌子面前方围岩情况进行了探测,本管控周期内右线进行了 1 次探测。具体探测时间、探测里程如表 10-2 所示,部分地质雷达探测解译成果如图 10-5 所示。

10.1.3.4　监控量测数据分析

老虎山隧道进口段左线在本管控周期内共有 11 条监测断面进行监测,进行收敛监测共有 5 个断面,Z0 累计沉降共有 2 个断面,Z1 累计沉降共有 7 个断面,Z6 累计沉降共有 3 个断面,拱顶沉降速率最大值点为 2 月 28 - ZK2 +505、Z6 点为沉降速率为 2.9mm/d。其余各点拱顶沉降速率均小于 4.0mm/d。累计沉降值最大的点 3 月 3 - ZK2 + 485、Z1,沉降累计值为 -20.6mm。周边收敛速率最大值点为 2 月 28 日 ZK2 +440、Z7 - Z3,收敛速率为 2.6mm/d,周边收敛累计值最大点为 3 月 6 - ZK2 +475、Z7 - Z3 点,累计收敛值为 -8.1mm,监测数据无异常反应。

右线在本管控周期内共有4条监测断面进行监测，进行收敛监测共有3个断面，Y0累计沉降共有3个断面，Y1累计沉降共有3个断面，Y4累计沉降共有4个断面，拱顶沉降速率最大值为3月2日YK2+455、Y0点，沉降速率为-0.6mm/d，其余各点拱顶沉降速率均小于2mm/d。3月12日累计沉降值最大的点为YK2+455、Y4点，沉降累计值为-19.8mm；周边收敛速率最大值点为3月8日YK2+450、Y3-Y5点，收敛速率为0.8mm/d，周边收敛累计值最大的点为3月12日YK2+455、Y3-Y5点，累计收敛值为18.1mm。各监测断面监控量测统计如表10-7所示。

老虎山隧道进口段各监测断面监控量测统计　　表10-7

隧道	监测断面桩号	累计收敛(mm)	Z0累计沉降(mm)	Z1累计沉降(mm)	Z6累计沉降(mm)
左线	ZK2+440	-2.6	-10.6	-5.6	—
	ZK2+460	—	—	-19.3	—
	ZK2+475	-4.5	-10.1	—	—
	ZK2+485	—	—	-17.8	—
	ZK2+505	-3.2	—	—	-7.5
	ZK2+515	—	—	-17.4	—
	ZK2+535	-3.2	—	—	-2.3
	ZK2+540	—	—	-16.2	—
	ZK2+555	-3.6	—	—	-4.7
	ZK2+570	—	—	-7.7	—
	ZK2+600	—	—	-9.2	—
隧道	监测断面桩号	累计收敛(mm)	Y0累计沉降(mm)	Y1累计沉降(mm)	Y4累计沉降(mm)
右线	YK2+445	11.5	-7.8	-7.4	-19.7
	YK2+450	14.7	-8.0	-9.2	-19.8
	YK2+455	18.1	-10.9	-10.5	-19.0
	YK2+485	—	—	—	-4.8

10.1.3.5　风险管控建议

老虎山隧道进口左、右线围岩整体评价为Ⅳ级围岩，以中强风化灰岩为主，岩质较坚硬，岩体完整性一般，拱顶岩质较差，掌子面两侧局部岩体破碎，水平层理发育，自稳能力较差，建议开挖后及时施作初期支护，必要时加强支护，并做好监控量测工作。

根据监控量测单位提供监测数据，本管控周期内监测数据无异常变化。但现场存在部分选测项目出线头被喷死现象，影响选测项目监测，施工中应加强监测点、传感器的保护。

现场存在如洞内人员不穿反光背心等安全隐患，须加强安全教育。

10.1.4　老虎山隧道二衬质量动态评估

10.1.4.1　静态风险评估概述

老虎山隧道为单洞四车道公路隧道，是济南绕城高速济南连接线的控制性工程，是国内在建较长的超大断面公路隧道之一,是目前山东省内跨径最大的隧道。隧道进口路基及明洞段紧邻二环东路东侧,东侧地面标高与二环东路路面相差 20 多 m,明洞段施工时需垂直开挖 17m 的土质边坡,边坡中夹杂大量的杂填土,边坡开挖时失稳垮塌的风险较高。同时,隧道明洞段开挖段表层均为生活垃圾夹杂建筑垃圾充填,杂填土层底深度多在 20m 以上,因而可知,该隧道明洞段处于杂填土软弱地层之上。杂填土地基由于强度低、工后沉降量大、性质不均匀的特点,易造成隧道结构出现裂缝、甚至整体垮塌。另外,进口段围岩以坡残积土等软弱破碎围岩为主,稳定性差,施工中容易发生坍塌;而且两洞中岩柱厚度较小,属于小净距隧道。

10.1.4.2 隧道二衬质量风险评估

(1)二衬风险质量影响因素

二衬施工是操作复杂、技术要求高的工序,需要多工种人员协同作业,每一工序的好坏都会影响施工完成后二衬的质量。通过长期的二衬施工过程观察及二衬拆模后的持续观察,二衬施工完成后通常会存在裂缝、表面剥落、渗漏水、变形的质量病变。二衬裂缝病变是一个共同性的质量问题,裂缝的形成原因较多,其中混凝土的硬化过程和隧道开挖质量是关键因素。二衬混凝土通过混凝土泵进行泵送,为了加强混凝土的可泵性,采用较大的水灰比,提高水泥用量。水泥用量的提高直接导致水化热的提高,使混凝土的温缩效应明显。同时,水灰比和高砂率会在混凝土硬化过程中,加剧混凝土的干缩变形,这一过程在隧道的特殊环境作用下会进一步加剧,导致二衬裂缝。另一方面,在隧道开挖中出现的超欠挖情况使衬砌混凝土出现局部厚度不均,在超挖出衬砌厚度加厚,在欠挖出衬砌厚度变小。正是这种衬砌的局部不均,导致衬砌内部形成薄弱面,在温度、干缩等综合作用下最终形成不规则的裂缝。

二衬表面剥落主要由于模板安装和拆卸过程中发生的,在安装时模板未能进行较测定的表面清洗、祛杂、忘记涂膜脱模剂等;在拆卸过程中,混凝土强度未到达要求,发生粘模现象。同时,混凝土的质量以及混凝土的施工过程技术控制也是关键,混凝土流动性的加大,导致振捣时容易出现较大的离析、浮浆,加大的水量会在模板处形成水膜,导致脱模是的质量问题。

二衬施工工序中,对防水处理的要求等级很高。土工布的铺设、防水卷材的安装、衬砌接缝的处理等都是对隧道外山体水系的封闭。但是在具体实施过程中出现的渗漏水是普遍性的病害问题。其中,不良地质体在地下水水头持续较高的情况下,逐渐掏蚀失稳形成导水通道,长期作用下必定导致衬砌的渗水;另一方面,施工中对防水板的接缝处理、衬砌接缝处的防水条安装、混凝土级配不当导致形成的漏浆通道最终形成的漏水通道,都是二衬渗漏水病害的原因。另外,二衬模板安装过程中会形成部分的错台现象,导致衬砌整体不一致,出现局部变形情况,这种变形是整体的外观变形,不涉及受力变形,但在隧道的二衬整体结构中,会影响后续的施工及机电的安装,因此也归纳进二衬的施工质量问题中。

(2)风险评估指标体系

在对隧道施工中二衬风险因素的分析研究基础上,选取衬砌空洞、厚度检测、二衬混凝土配合比、强度、振捣情况、防水材料、施工技术、表面裂缝、错台、地质断裂带、地下水水压共12个指标,并建立二衬质量的风险评估指标体系,如图10-6所示。

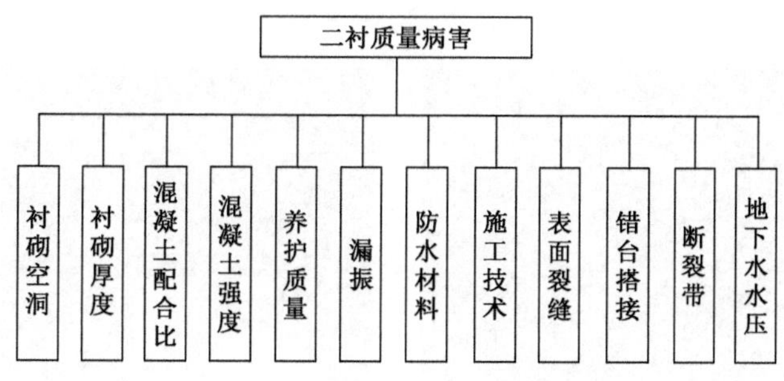

图10-6　二衬质量评估指标体系

(3)评估流程图

针对隧道施工过程中二衬的质量因素,在对二衬质量影响因素的辨识下制定工作流程如图10-7所示。

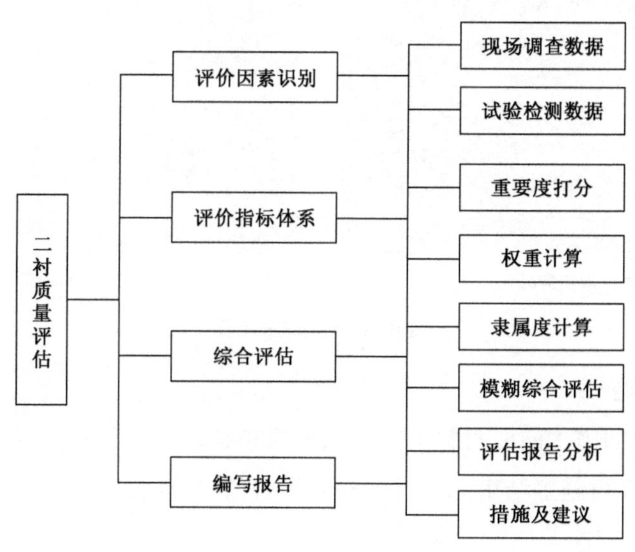

图10-7　二衬质量评估流程图

10.1.4.3　二衬质量综合评估

(1)现场情况

针对隧道施工二衬质量评估的开展,隧道风险评估小组于2017年8月23日对老虎山隧道的二衬施工质量进行了巡检,巡检情况如下:

①二衬施工中,渗水情况较上一周期严重,出现多处二衬接缝处渗水情况,渗水点较多。

②施工中，止水带搭接及防水板的铺设，应按要求保证足够的搭接长度，同时防水板的铺设应尽可能地保持平整度。

③拱脚处存在局部的小面积蜂窝状区域，应保证混凝土的配合比，加强振捣，防止混凝土离析及漏浆。

现场巡检情况如图 10-8 所示。

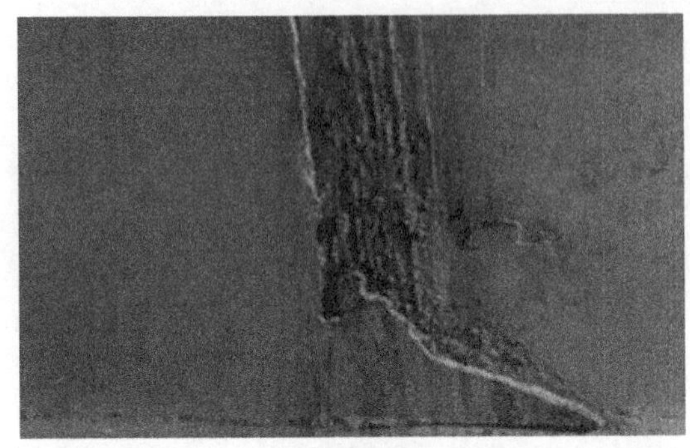

a)二模裂缝情况

b)止水带搭接预留情况

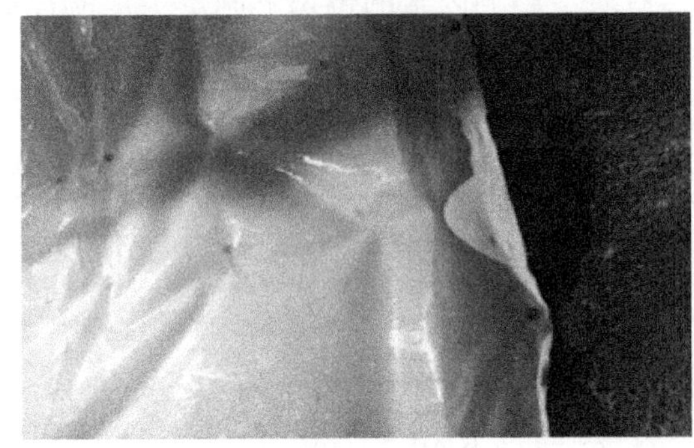

c)防水板铺设情况

d)二衬局部表面情况

图 10-8　现场巡检情况

(2)试验检测数据

针对二衬施工中的施工前原材料的实验数据收集整理，包括混凝土的配合比、混凝土的强度实验结果等，以及二衬施工结束后二衬的检测报告情况，现将数据汇总整理如下：

①C30 混凝土配合比

水泥：粉煤灰：矿渣灰：砂：碎石：水：外加剂 = 220：72：108：819：1001：180：8.00(每立方米用量，单位：kg)

坍落度：140 ~ 180mm

抗渗等级：P8

②混凝土抗压强度

混凝土抗压强度实验数据如表 10-8 所示，二衬厚度及空洞检测如图 10-9 所示。

混凝土抗压强度实验数据　　表 10-8

工程部位	坍落度(mm)	龄期(d)	技术指标(MPa)	检测结果(MPa)				换算后抗压强度(MPa)	结果判定
				1	2	3	平均		
二衬	175	28	30	37.4	38.5	36.9	37.6	37.6	合格
	165	28	30	310.1	39.0	36.9	39.3	39.3	合格
	160	28	30	38.4	37.8	37.5	37.5	37.5	合格

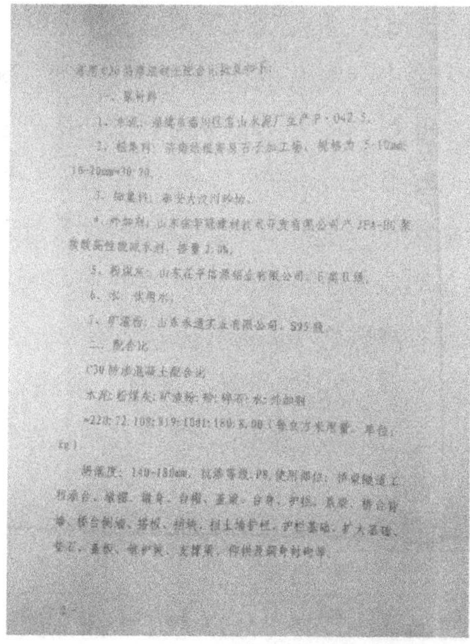

a)

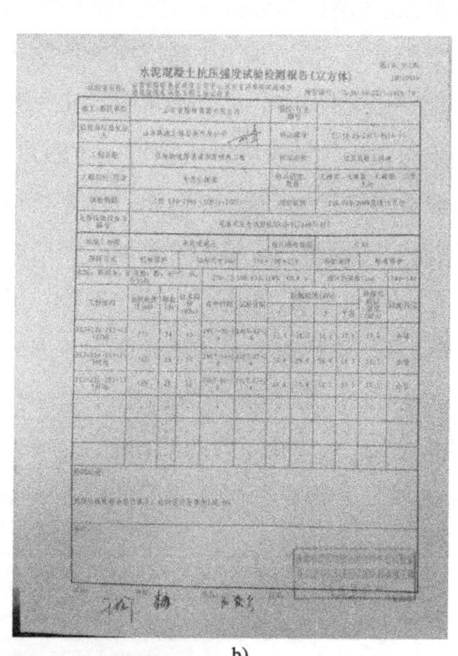

b)

c)

图 10-9　二衬厚度及空洞检测

(3)指标权重分析

①层次分析法

本次报告计算风险指标权重采用层次分析法,层次分析法(Analytic Hierarchy Process,AHP)通过将总是与决策有关的元素分解成目标、准则、方案等层次,在此基础之上进行定性和定量分析的决策方法。层次分析法把研究对象作为一个系统,按照分解、比较判断、综合的思维方式进行决策,成为继机理分析、统计分析之后发展起来的系统分析的重要工具。系统的思想在于不割断各个因素对结果的影响,而层次分析法中每一层的权重设置最后都会直接或间接影响到结果,而且在每个层次中的每个因素对结果的影响程度都是量化的,非常清晰、明确。这种方法尤其可用于对无结构特性的系统评价以及多目标、多准则、多时期等的系统评价。该方法利用参考相对重要性准则构建判断矩阵,通过计算其特征向量求得指标权重集,最终用随机一致性指标 CR 检验判断矩阵及指标权重的可靠性。构造好判断矩阵后,需要根据判断矩阵计算针对某一准则层各元素的相对权重,并进行一致性检验。虽然在构造判断矩阵 $\boldsymbol{A}$ 时并不要求判断具有一致性,但判断偏离一致性过大也是不允许的。因此需要对判断矩阵 $\boldsymbol{A}$ 进行一致性检验。

如果 $CR<0.1$,则认为该判断矩阵通过一致性检验,否则就不具有满意一致性。其中,随机一致性指标 RI 和判断矩阵的阶数有关,一般情况下,矩阵阶数越大,则出现一致性随机偏离的可能性也越大。相对重要性评估准则如表 10-9 所示。

相对重要性评估准则 表 10-9

元　　素	标　　度	规　　则
u_{ij}	1	以上一层元素为对比准则,本层元素 i 与元素 j 相比,相同重要
	3	以上一层元素为对比准则,本层元素 i 与元素 j 相比,i 比 j 稍微重要
	5	以上一层元素对比为准则,本层元素 i 与元素 j 相比,i 比 j 明显重要
	7	以上一层元素为对比准则,本层元素 i 与元素 j 相比,i 比 j 强烈重要
	9	以上一层元素为对比准则,本层元素 i 与元素 j 相比,i 比 j 极端重要

随机一致性指标 $CR=CI/RI$,式中,$CR=(\lambda_{\max}-n)/(n-1)$;$RI$ 为随机性指标。随机性指标如表 10-10 所示。

随 机 性 指 标 表 10-10

n	1	2	3	4	5	6	7	8	9	10	11	12
RI	0	0	0.58	0.94	1.12	1.24	1.32	1.41	1.45	1.49	1.52	1.54

②权重计算

结合当前隧道实际情况,参考相对重要性准则构建判断矩阵如表 10-11 所示。

判 断 矩 阵 $\boldsymbol{A}$ 表 10-11

$\boldsymbol{A}$	U_1	U_2	U_3	U_4	U_5	U_6	U_7	U_8	U_9	U_{10}	U_{11}	U_{12}
U_1	1	6/5	2	9/4	7/3	3	10/3	4	13/3	5	11/2	6
U_2	5/6	1	10/9	5/4	2	13/6	5/2	28/9	10/3	11/6	25/6	5

续上表

A	U_1	U_2	U_3	U_4	U_5	U_6	U_7	U_8	U_9	U_{10}	U_{11}	U_{12}
U_3	1/2	9/10	1	9/8	7/4	9/4	11/4	3	3	15/4	9/2	5
U_4	4/9	3/5	2/3	1	7/6	5/4	3/2	11/6	2	2	5/2	3
U_5	3/7	1/2	4/7	6/7	1	15/14	9/7	11/7	12/7	17/9	15/7	18/7
U_6	1/3	12/25	8/15	4/5	14/15	1	6/5	22/15	8/5	9/5	2	12/5
U_7	3/10	2/5	4/9	2/3	7/9	5/6	1	11/9	4/3	17/12	5/3	2
U_8	1/4	9/28	4/11	6/11	7/11	15/22	9/11	1	12/11	5/4	3/2	9/5
U_9	3/13	3/10	1/3	1/2	7/12	5/8	3/4	11/12	1	17/16	5/4	3/2
U_{10}	1/5	6/11	16/51	1/2	9/17	5/9	12/17	4/5	16/17	1	20/17	3/2
U_{11}	2/11	6/25	4/15	2/5	7/5	1/2	3/5	2/3	4/5	17/20	1	6/5
U_{12}	1/6	1/5	2/9	1/3	7/18	5/12	1/2	5/9	2/3	2/3	5/6	1

通过计算判断矩阵的最大特征值及特征向量，从而得到各评价指标权重向量如下。

$$\boldsymbol{W} = [0.2031 \quad 0.1433 \quad 0.1411 \quad 0.0900 \quad 0.0780 \quad 0.0720 \quad 0.0601 \quad 0.0504 \quad 0.0452 \quad 0.0452 \quad 0.0418 \quad 0.0299]$$

$CR = 0.0156 < 0.1$，满足一致性要求。

指标权重排序示意如图10-10所示。

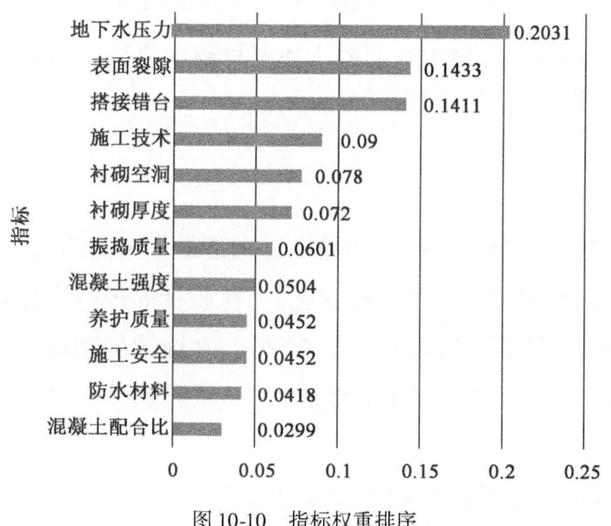

图10-10 指标权重排序

结合现场实际情况综合考虑分析，隧道表面裂隙对隧道二衬施工质量影响最为严重，其次是衬砌厚度及衬砌空洞，搭接错台程度对二衬施工质量的影响较小，但是影响隧道整体美观性，地下水及断裂带等地质条件对二衬施工质量影响不大，混凝土配合比、混凝土强度、防水材料等建设材料及隧道养护、振捣质量、施工技术等施工因素对二衬施工质量的影响相对一般。

(4)综合评估

本次报告采用模糊综合评判法对隧道二衬情况进行综合评估。模糊综合评价法是根据模糊数学的隶属度理论把定性评价转化为定量评价的一种评价方法,通过选择合适模糊合成算子融合指标权重向量及模糊综合评判矩阵最终计算求得当前隧道二衬施工质量模糊综合评判等级。

通过对现场实际施工情况的勘察及对二衬监测报告的分析处理,构建模糊综合评价矩阵表 10-12 所示。

模糊综合评判矩阵 *R*　　表 10-12

等级	指标											
	U_1	U_2	U_3	U_4	U_5	U_6	U_7	U_8	U_9	U_{10}	U_{11}	U_{12}
Ⅰ	0.40	0.20	0.40	0.35	0.55	0.35	0.40	0.30	0.25	0.45	0.50	0.30
Ⅱ	0.55	0.50	0.40	0.60	0.80	0.55	0.55	0.65	0.50	0.85	0.85	0.65
Ⅲ	0.90	0.85	0.75	0.80	0.65	0.70	0.85	0.70	0.70	0.50	0.60	0.80
Ⅳ	0.65	0.45	0.90	0.60	0.45	0.55	0.60	0.55	0.75	0.60	0.50	0.45

结合现场情况综合考虑不同算子的优缺点,选用 $M(\cdot,\oplus)$ 算子对二衬风险进行模糊综合评判,求得最终二衬风险隶属度向量 $\boldsymbol{B}=\boldsymbol{A}\cdot\boldsymbol{R}$ 如下:

$$\boldsymbol{B}=[0.4128\quad 0.6439\quad 0.8301\quad 0.6728]^{\mathrm{T}}$$

由最大隶属度原则可知当前隧道二衬施工风险等级为Ⅲ级,二衬施工中衬砌漏水现象应引起重视,表面裂缝需要引起足够重视。

(5)控制措施及建议

二衬接缝漏水原因综合分析

隧道二衬水害质量问题,是隧道运营期最主要也是最常见的问题。经项目小组成员在老虎山隧道的现场数据采集,对施工中的围岩情况、二衬质量等进行了综合分析:渗水部位主要集中与进口浅埋段,浅埋段围岩破碎,且走势较平缓,在连续的降雨天气,容易形成局部汇水区,导致该地段地下水富集,地下水水压较大。渗水点成带状分布,应考虑防水板及施工缝处止水带安全存在破坏的情况。

针对上述二衬质量评估结果的管控处理建议如下:

①对二衬衬砌渗漏水主要采取注浆及凿槽引排方法,根据现场实际渗漏情况确定引排位置。同时,采用打孔注浆的方法,对渗漏通道进行有效封堵。

②加强隧道漏水预防措施。规范防水材料的存放避免破损,加强防水板检查避免有漏补的孔洞,加强接缝焊接处理;切割锚杆结束以后,对剩余过大的位置进行砂浆抹平;对于渗水严重的地段环向透水盲管予以加密处理;混凝土运输过程中,要防止产生离析和坍落度损失;加强混凝土的养护,为防止混凝土表面出现裂缝,不宜过早拆模。

③漏浆。在钢模板台车就位后,将台车底部与矮边墙用泡沫封堵密实以免漏浆。对于已在边角或拱脚处出现的漏浆现象,拆模后直接用水泥浆进行修补,确保圆顺。

10.2　施工安全技术保证措施

10.2.1　开挖施工安全技术保障

10.2.1.1　钻孔安全保证措施

(1)钻眼前,首先检查工作面是否处于安全状态,灯光照明是否良好,支护、顶板及两帮是否牢固,有无松动的岩石,如有松动的岩石及时支护或清除;检查加固操作平台,确保钻眼平台不变形不垮塌。

(2)凿岩机钻眼时,采用湿式或带有捕尘器的凿岩机。

(3)风钻钻眼前,对设备工具作下列检查,不合格的立即修理或更换:机身、螺栓、卡套、弹簧、支架是否完好;管路是否良好,连接是否牢固;钻杆有无不直、带伤以及钎孔是否有堵塞孔现象。

(4)使用支架的风钻钻眼时,确保将支架安置稳妥。站在碴堆上钻眼时,注意石碴的稳定,防止操作中滑塌伤人。

(5)严禁在残眼中继续钻眼;严禁在工作面拆卸修理钻孔工具。

(6)进洞施工人员必须戴安全帽、防护手套、穿工作服;电工和电钻工穿绝缘鞋和戴绝缘手套。

10.2.1.2　爆破施工安全保证措施

(1)洞内爆破作业做到统一指挥信号,人员撤离到安全距离外,不受有害气体冲击。其安全距离为:掘进坑道内不少于200m;相邻的平行坑道内不少于100m。

(2)隧道施工放炮,由取得"安全技术合格证"的爆破工担任,严格防护距离和爆破警戒。放炮后10min才准许人员进入工作面,经找顶清除危石、锚喷支护后方能继续施工。

(3)每日放炮时间及次数根据施工条件明确规定,装药离放炮时间不应过久。爆破前爆破人员严格检查爆破网络,确保一次起爆。

(4)遇到下列情况严禁装药爆破:照明不足;工作面岩石破碎尚未支护;发现可能有大量岩溶、岩爆及高压水涌出地段。

(5)爆破后必须经过通风排烟,且其相距时间不少于15min,并经过以下各项检查和妥善处理后,其他工作人员才准进入工作面。有无瞎炮及可疑现象,有瞎炮必须由原爆破人员按规定处理;有无残余炸药或雷管;顶板两帮有无松动石块;支护有无损坏与变形。

(6)装炮时严禁火种,严禁明火点炮,严禁装药与打眼同时进行。

(7)两端工作面接近贯通时,加强两端的联系与统一指挥。当两端工作面距离余留八倍循环进尺时,停止一端作业,并将人员机具撤走,在安全距离处设立警告标志。

(8)抓好现场管理,搞好文明施工,经常保持现场管线整齐。灯明、路平、无积水,对易燃、易爆等危险品按规定保存和堆放,并注明标志,严格发放制度。

切实做好防洪、防火、防中毒、防淹亡等工作。杜绝重大伤亡,减少一般性事故。

10.2.2 装碴与运输安全保证措施

(1)运输车辆严禁人、料混装。

(2)机械装碴时,坑道断面尺寸必须满足装碴机械安全运转,并符合下列要求:装碴不准高于车厢;装碴机与运碴车之间不准有人;为确保运碴车就位良好和安全进出,派专人指挥。

(3)运输车辆限制速度执行规定如表10-13所示。

隧道洞内运输车辆限速规定表　　表10-13

项　目	作业地段(km/h)	非作业地段(km/h)	成洞地段(km/h)
正常行车	10	20	20
会车	5	10	10

(4)洞口、平交道口和狭窄的施工场地,设置“缓行”标志,必要时安排人员指挥交通。

(5)车辆行驶遵守下列规定:严禁超车;同向行驶车辆保持20m的距离,洞内能见度较差时,加大距离;车辆启动前必须瞭望与鸣笛;驾驶室不得搭载其他人员;车辆不得带故障运行。

(6)车辆在洞内行驶时,施工人员必须遵守下列规定:不准与车辆机械抢道;不准扒车、追车和强行搭车。

(7)洞内倒车与转向,必须开灯,鸣笛并派专人指挥。

10.2.3 临时支护安全保证措施

遵照公路隧道施工安全规则及相应的规范,为确保安全,还应采取以下措施:

(1)施工期间现场负责人会同有关人员对各部位支护定期检查。在不良地段,每班指定专人检查,当发现支护变形或损坏时,立即修整加固。

(2)严禁将支撑放在虚碴或软弱的岩石上,软弱围岩地段底面加设垫板或垫梁,并加木楔塞紧。

(3)洞内水平坑道与辅助坑道连接处,加强支护或及早进行永久衬砌。

(4)对开挖后自稳程度很差的围岩或喷射混凝土尚未达到一定强度即趋失稳的围岩或喷锚后变形量超过设计允许值以及发生突变的围岩,采取及时加强临时支护措施。

(5)对洞内拱顶和地表布置的测点定期观测,发现洞内和地表位移值等于或大于允许位移值,以及地面或洞内出现裂缝时,必须立即通知作业人员撤离现场,待制订处理措施后再施工。

(6)对喷锚地段的危石及时处理完毕,脚手架、防护栏杆、照明设施确保符合安全要求。

(7)喷射机械定机、定人、定岗,认真执行安全操作规程,坚持交接班,并做好记录。

(8)针对长大管棚施工特点和要求,参照有关安全规则制定安全规章制度。

(9)加强对围岩进行动态监控量测,实行信息化管理,科学组织施工。

(10)拆卸钻杆时,要统一指挥,明确联络信号,扳钳卡钻方向应正确,防止管钳及扳手打伤人。

(11)钢管内注浆时,操作人员应戴口罩、眼镜和胶手套。

(12)要有良好的照明条件。

10.2.4 其他洞内工程安全保证措施

10.2.4.1 洞内通风与防尘安全保证措施

(1)隧道施工的通风设专人管理。

(2)通风机运转时,严禁人员在风管的进出口附近停留。

(3)通风机停止运转时,任何人不准靠近通风软管行走和在软管旁边停留,不准将任何物品防在通风管或管口上。

(4)风管与掌子面距离不得大于50m。

(5)喷射混凝土采用湿喷,严禁在隧道中使用干式凿岩机。

10.2.4.2 洞内防火与防水安全保证措施

(1)施工区域设置有效而足够的消防器材,放在易取的位置并且设立明显标志。各种器材做到定期检查补充和更换,不得挪用。

(2)洞内严禁明火作业与取暖。

(3)在雨季前进行防洪及洞顶地表水检查,防止洪水灌入洞内。

(4)对地表水丰富和地质条件复杂的地层,在施工时制定妥善的防排水措施,备足排水设备。

10.2.4.3 洞内电气设备安全保证措施

(1)洞内电气设备的操作,必须符合下列规定:非专职电工不得操作电气设备;手持式电气设备的操作手柄和工作中接触的部位,设有良好的绝缘。使用前进行绝缘检查。

(2)电器(气)设备外露和传动部分,必须加装遮拦或防护罩。

(3)36V以上的供电设备和由于绝缘损坏可能带有危险电压的设备的金属外壳、构架等,必须有接地保护。

(4)直接向洞内供电的馈线上,严禁设自动重合闸,手动合闸时必须与洞内值班人员联系。

10.3 工程质量管理

10.3.1 开挖爆破质量保证措施

10.3.1.1 开挖质量保证措施

在软弱地层中,开挖循环进尺恪守短进尺、弱爆破、快封闭的原则。

最大限度地利用围岩本身具有的支承能力,采取对围岩扰动少的开挖方法和方式。

开挖过程中严格按设计控制开挖断面,不得欠挖,最大允许超挖量拱部为15cm,边墙10cm。当出现超挖时,严格按照设计、规范规定的材料回填密实,并做好回填注浆。

10.3.1.2 爆破质量保证措施

根据地质条件、开挖断面、开挖方法、掘进循环进尺、钻眼机具和爆破器材等进行钻爆设计,审定批准后,严格按设计施工。并根据爆破效果,及时修整有关参数。

采用湿式钻孔法钻孔,钻孔前将作业面清出实底。

钻眼深度、角度按设计施工,掏槽眼口间距误差和眼底间距误差不得大于5cm;辅助眼深度、角度按设计施工,眼口排距、行距误差不得大于10cm;周边眼间距误差为5cm,外斜率不大于孔深的3~5%,眼底不超出开挖断面轮廓线10cm;周边眼至内圈眼的排距误差不得大于5cm;除掏槽眼外所有炮眼底确保在同一垂直面上。

装药前将炮眼内泥浆、石粉吹洗干净,经检查合格后装药,严格控制装药量。

10.3.2 支护体系质量保证措施

10.3.2.1 超前支护质量保证措施

1)超前管棚

(1)钻孔前,按设计精确画出钻孔位置。

(2)钻孔台车应在技术人员和测量工的指导下摆正大臂,按设计调整好钻孔角度。开钻时速度要慢,待钻杆进入岩体20cm左右后,常速钻进。

(3)钻孔平面误差≤15cm,钻孔角度误差≤0.5°。

(4)控制钻孔角度,尤其接长钻杆后钻进角度应严格控制。成孔要孔壁圆、角度准、孔身直、深度够。

(5)送管时,要检查管节两端联结丝扣,有脱扣和裂纹的管节不得使用。

(6)棚管四周钻 $\phi10$ 出浆孔眼(靠掌子面一端 2m 不钻),孔间距 50～60cm。管内放置钢筋前,应掏孔清除管内残物。

(7)注浆时应正确掌握浆液配比,并使浆液在管内充填密实。

(8)大管棚接头处要错开,以利整体受力。

2)超前锚杆

在未扰动而破碎的岩层、结构面裂隙发育的块状岩层或松散渗水的岩层中,需采用注浆超前锚杆支护。

(1)锚杆间距根据围岩状况确定,地质变化时,锚杆参数也随之变化。

(2)锚杆与毛洞轴线的夹角根据地质条件确定,并严格控制夹角范围。

(3)钻锚杆孔前,根据设计要求和围岩情况,定出孔位,做好标记。

(4)钻孔确保圆直,孔位位置、深度、孔径符合设计要求。

(5)锚杆原材料型号、规格、品种、各部件质量及技术性能符合设计要求,注浆及锚固剂材料质量确保合格。

(6)中空灌浆锚杆安装前除去油污锈蚀,安装时孔内灌注砂浆饱满,灌注后锚杆长度不大于喷射混凝土的厚度。

3)超前小导管

(1)小导管安装

①小导管间距根据围岩状况确定,采用单层小导管时,其间距为 200～400mm;当采用双层小导管时,其间距为 400～600mm。

②上下两层或前后排小导管错开布置,上下层排距不宜大于其长度的 1/2,前后排小导管的搭接长度不小于 1m。

③小导管的外插角根据注浆胶结拱的加固厚度确定,宜为 10°～20°。

④导管安装前,将工作面封闭严密,并正确测放出钻设位置后方可施工。

(2)小导管注浆

①注浆前应喷射混凝土封闭作业面。防止漏浆,喷射厚度不宜小于 50mm。

②注浆材料根据地质条件、注浆目的和注浆工艺全面考虑,但确保满足下列要求:浆液流动性好,固结后收缩小,具有良好的黏结力和较高的早期强度;结石体透水性低,抗渗性能好;当水有侵蚀作用时,采用耐侵蚀材料。

③注浆过程中根据地质、注浆目的等控制注浆压力,注浆终压应为注浆压力的 2～3 倍,并派专人做好记录。注浆结束后检查其效果,不合格者应补注浆。注浆达到需要的强度后方可进行开挖。

④注浆过程中注浆顺序由拱脚向拱顶逐管注浆。

10.3.2.2 初期支护质量保证措施

1)锚杆网喷混凝土支护

(1)锚杆的类型和布置,必须符合设计要求,锚杆钻孔保持直线,并与所在部位的岩层主要结构面垂直。

(2)锚杆安装前,除去油污锈蚀并将钻孔吹洗干净。

(3)每根锚杆的锚固力不得低于设计要求,每300根抽样一组进行抗拔试验,每组不少于3根。

(4)钢筋网随受喷面起伏铺设,与受喷面的间隙为3cm。钢筋网的喷混凝土保护层厚度不得小于2cm。

(5)钢筋网与锚杆或其他固定装置连接牢固,网片之间搭接长度不小于200mm,在喷射混凝土时钢筋不得晃动。

(6)锚杆、钢筋网安装经检验合格后,及时喷射混凝土,并确保在4h内不得进行爆破作业。

2)喷射混凝土

(1)喷射混凝土作业分片依次进行,喷射作业自下而上,先喷钢架支撑与拱墙壁间混凝土,后喷两拱架之间混凝土。

(2)混凝土喷设采取分层喷射,后一层喷射在前一次喷射混凝土终凝后进行。

(3)喷射混凝土时,喷头垂直于受喷面,喷头离受喷面的距离保持在0.6~1.2m范围。

(4)喷射混凝土的表面确保密实、平整,无裂缝、脱落、漏喷、漏筋、空鼓、渗漏水等现象。

10.3.3 隧道防水质量保证措施

隧道渗漏水是隧道质量隐患的主要病害之一,在隧道施工中,我们将贯彻“以排为主,防、排,堵结合”综合治理的原则,按照设计要求放足各种防水板、止水带、导水管等防水材料,并针对具体情况增加防水设施及材料,制定专项施工方法及工艺,成立专项攻关小组,解决隧道渗漏问题。

10.3.3.1 防水层施工条件

(1)卷材防水层的原材料其质量必须符合设计要求。

(2)铺设卷材的基层确保坚实、平整,不得有突出的尖角、筋头和凹坑或表面起砂现象。

(3)表面确保清洁干燥,无污物、无明显漏水点。

(4)防水施工确保由从事防水施工的专业队伍来完成,操作人员有防水专业上岗证书。

10.3.3.2 防水层施工

(1)防水层的施工必须在初期支护变形基本稳定和衬砌灌注混凝土前进行,以防损坏。

(2)塑料类防水板正式铺设前,先进行铺设试验、分析、选择合理的技术参数,制定操作规程,确保防水层铺设质量。

(3)铺设防水层前先处理好喷射混凝土的渗漏,对喷射混凝土基面出现渗水部位,如渗水不严重,采用补喷方式;如渗水较严重时,采取打孔、插入塑料管并固定,引排到侧向水沟位置。

10.3.3.3　衬砌防水

进行二次浇注衬砌,认真组织混凝土计量,运输、灌注、振捣、养护施工,严格施工工艺,标准化、规范化操作。

10.3.4　其他关键工程质量保证措施

10.3.4.1　衬砌质量保证措施

混凝土衬砌必须做到内实外美,光洁明快,直线段平直,曲线段圆顺,无蜂窝、麻面、跑模、烂根。模板缝横平竖直,环节缝、施工缝处理达标。

(1)采用电力自动走行、液压升降、大块整体模板衬砌台车进行衬砌,衬砌时对于施工缝等薄弱环节的处理要制定特殊措施,衬砌混凝土掺加外加剂,提高混凝土的密实度及各项性能,模板采用先进的脱模剂,保证混凝土的外观质量。

(2)混凝土灌注时,采取分层、水平、对称灌注,振捣器不得触及防水层、钢筋和模板。

(3)挡头板按设计衬砌断面用木板正规制作,支立规范牢固,与混凝土壁间缝隙嵌堵紧密。每两组衬砌间的环节缝错台不得大于3mm。

(4)混凝土衬砌中途因故中断时,及时将混凝土扒平且外高内低,成辐射状。续灌前凿除表面浮浆及松动石子,先铺一层高于原混凝土标号的砂浆。

(5)混凝土灌注至墙拱交接处,间歇1~1.5h,混凝土必须振捣密实,确保混凝土质量。

(6)混凝土灌注时,采取分层、水平、对称灌注,振捣器不得触及防水层、钢筋和模板。

10.3.4.2　质量通病的针对性措施

提高工艺质量是保证工程质量的重要途径,为了提高工艺质量,通过以往同类工程的总结,对隧道工程各类质量通病进行了认真细致的分析,制定了相应的预防措施,如表10-14所示。

隧道工程质量通病原因分析及预防措施　　表10-14

通病现象	原因分析	预防措施
围岩和复合式衬砌之间组合不密贴、不整合	①喷层背后有空洞或异物回填; ②开挖轮廓控制差; ③防水板的吊挂工艺缺损; ④拱顶混凝土未灌注饱满	①喷层背后严禁回填; ②采用光面爆破技术,控制开挖轮廓; ③防水板铺设采用无钉铺设技术,保证防水板铺设质量; ④采用泵送挤压技术灌注拱顶混凝土,必须经质检员检查合格后,方可进行下道工序

续上表

通病现象	原因分析	预防措施
隧道边墙施工缝接触面处混凝土不密实	①挡头板没有按设计加工成整块模板,缝隙大,支撑不牢; ②捣固不密实,漏浆,跑模变形施工缝不顺直	①按设计断面预制端头模板,立模要牢固并充分湿润模板; ②加强捣固,边角处一定要振捣密实; ③木工现场值班,发现跑模,立即纠正
隧道在掘进开挖过程中,发生上、下、左、右轮廓超、欠挖	①测量不准,放线偏差较大; ②炮孔钻眼过程中孔眼不直发生斜孔超限; ③爆破参数选择有误,装药量不合理	①保证测量工作的换手复核制; ②精确计算爆破参数,正式进洞前进行工艺试验,地质条件变化时及时调整有关参数; ③钻孔过程中控制孔眼位置及其方向
喷混凝土脱层隆起,混凝土喷射层与岩面不黏结,混凝土喷层之间黏结不好	①受喷面松动岩石未清除; ②岩面浮渣杂物未用压力风、压力水冲洗或冲洗不彻底; ③受喷面滴水、淋水、集中出水点未处理; ④间隔喷混凝土前一层喷面未用风、水清洗浮渣; ⑤风压与喷射距离不协调	①清除松动岩石,清除受喷面浮渣杂物; ②对喷水、淋水、集中出水点的受喷面采用凿槽、埋管进行引导疏干处理; ③喷射混凝土前进行试喷,确定风压与喷射距离之间的协调关系
锚杆砂浆灌注不饱满	①注浆工艺不正确; ②砂浆配合比不适当; ③没有排气措施; ④孔眼内杂物没有处理干净	①严格按设计孔深钻孔;压浆前用压力风、水冲净孔眼; ②严格按工艺注浆,控制好砂浆的配合比; ③孔内注浆从孔底开始,均匀连续进行,中途不得中断; ④采用带排气装置的锚杆
整体台车衬砌接茬处发生错台	①台车刚度小,混凝土浇筑时发生变形; ②模板使用时间过长发生变形; ③相邻节段接茬处未处理	①台车设计时加大刚度,挠度检算可采用稍大的安全系数; ②模板发生变形时一律进行更换; ③相邻节段接茬处采用加强措施如使用横向液压千斤顶、丝杠顶撑等使相接处密贴
隧道渗漏水	①防水层破坏,混凝土有裂纹; ②混凝土施工缝、沉降缝未处理好; ③混凝土振捣不密实; ④没有严格按工艺组织施工	①按设计要求施工防排水设施,灌注混凝土时保证防排水设施位置正确,牢固、不破损; ②洞身施工防水层前先进行支护表面修整处理,防止防水层被戳破; ③严格按照设计要求的防排水原则施工; ④衬砌混凝土要捣固密实,加强结构自身防水; ⑤按规范安装止水条、止水带,按设计埋设排水盲管
隧道水沟、电缆槽不平直	①模板支撑不牢固,造成跑模现象; ②顶面抹平控制不好	①采用成熟的型钢模板体系施工方法,每倒用一次都要进行整修; ②放样点宜5m一个,模板纵向接缝处要重点检查标高,加强支撑,防止跑模; ③捣固密实,顶面抹面要设专人负责; ④不得提前拆模,以防拆模造成棱角破损

续上表

通病现象	原因分析	预防措施
混凝土表面缺浆、粗糙、凸凹不平	①模板表面在混凝土浇筑前未清理净,拆模时混凝土表面被粘损; ②模板表面脱模剂涂刷不均匀,造成混凝土拆模时发生粘模; ③模板拼缝处不够严密,混凝土浇筑时模板缝处砂浆流走; ④振捣不够,混凝土中空气未排净	①模板表面认真清理,不得沾有干硬水泥砂浆等杂物; ②全部使用钢模板; ③混凝土脱模剂涂刷均匀,不得漏刷; ④振捣必须按操作规程分层均匀振捣密实,严防漏捣,振捣手在振捣时掌握好止振的标准:混凝土表面不再有气泡冒出
混凝土局部酥松,石子间几乎没有砂浆,出现空隙,形成蜂窝状的孔洞	①混凝土配比不准,原材料计量错误; ②混凝土未能充分搅拌,和易性差,无法振捣密实; ③未按操作规程浇筑混凝土,下料不当,石子与砂浆分离造成离析; ④漏振造成蜂窝; ⑤模板上有大孔洞,混凝土浇筑时发生严重漏浆造成蜂窝	①采用电子自动计量搅拌站拌料,每盘出料均检查混凝土和易性;混凝土拌和时间应满足其拌和时间的最小规定; ②混凝土下料高度超过2m使用串筒或滑槽;混凝土分层厚度控制在30cm之内; ③振捣时振捣器移动半径不大于规定范围,振捣手进行搭接式分段,避免漏振; ④仔细检查模板,并在混凝土浇筑时加强现场检查
浆砌石通缝	①石块不规则,砌筑时又忽视左右、上下、前后的砌块搭接,砌缝未错开; ②施工间歇留斜槎不正确,未按规定留有斜槎,而留马牙形直槎	①加强石料挑选工作,注意石块左右、上下、前后的交搭,必须将砌缝错开,特别注意相邻的上下层错开; ②转角处及沉降缝处把丁顺叠砌改为丁顺组砌,施工间歇必须留斜槎,留槎的槎口大小要根据所使用的材料和组砌方法而定

10.3.4.3 质量缺陷的解决措施

工程完工后,成立由总工程师任组长,技术干部及有关人员组成的工程竣工维护组,负责缺陷责任期内对工程的维护工作,主要做到以下几点:

(1)坚持定期回访制度。按照相关标准要求,我单位承诺实行竣工回访,工程交付业主后,仍要不断取得联系,每三个月至少回访一次,听取业主的使用情况及意见。

(2)坚持特事特办制度。无论是定期回访发现的质量问题,还是业主随时通报的质量问题,单位都将立即组织专业队伍,在业主指导下制定完善可行的保修方案,并迅速地进行处置,达到业主满意。

(3)缺陷责任期时,维护组要定期对所建工程进行全面、仔细的组织检查,遇不可抗拒的自然灾害后要随时组织检查,对出现的工程缺陷要登记清楚,分析缘由及时向业主上报缺陷数量、缺陷范围、缺陷责任及原因等,并立即组织维修。

(4)缺陷责任期内工程维护,在不影响正常使用情况下进行,必要时采取可行防护措施,确定需要中断运行时必须在业主同意下才可进行。

(5)各项缺陷修复须符合规范要求并取得监理和业主的认可。

(6)缺陷责任的维护分两种情况,若因单位施工质量问题造成结构内部受力变化或外部破坏的,单位自己拿出修复方案并报业主批复后立即实施;若属设计或是其他非承包人责任造成的缺陷,单位要及时上报业主和设计院,并按照业主和设计院批复的方案组织维修。

(7)缺陷责任期内,单位成立的维护组必须保证管段排水畅通,各种设施齐全无损害,行车标志醒目无毁坏。

(8)保修项目完成,并经业主及国家行政主管部门的质量安全监督职能机构检验合格后,迅速地将保修项目的有关资料送达业主,作为竣工文件的补充完善。

老虎山隧道已完工程保护措施表如表10-15所示。

老虎山隧道已完工程保护措施表 表10-15

序号	工作名称	保护措施
1	初期支护	①钢筋网片现场存放应下垫上盖,做好防潮、防锈; ②钢架装卸过程中严禁装卸机械破坏钢架连接构件; ③喷射混凝土卸料过程中要注意喷射机清洗工作,防止污染混凝土半成品; ④做好外加剂的防污染措施,以免影响喷射混凝土质量
2	二次衬砌防排水	①做好喷射混凝土基面的处理工作,防止尖锐物损坏防水板; ②严格控制防水板焊接时间,防水板焊接损坏; ③止水带在混凝土施工中做好保护,防止移位或损坏; ④防水板装卸、运输、存放过程中做好保护,防止损坏
3	二次衬砌钢筋	①钢筋尖锐部分不能与防水板直接相接触,应加设支垫,防止防水板损坏; ②钢筋焊接施工过程中应加挡板防止电焊火花烧伤防水板; ③钢筋现场存放应下垫上盖,做好防潮、防锈; ④杜绝钢筋尺寸大于设计,局部有紧贴模板处,造成露筋
4	二次衬砌混凝土	①加强覆盖养生,防止养生不到位而产生质量缺陷; ②处于交通道路处的混凝土构筑物应围挡以防刮碰; ③防止混凝土拆模过早,模板将混凝土带落造成漏筋或混凝土表面掉块; ④严禁装、拆模时野蛮施工,边角处受外力撞击,造成混凝土边角损坏; ⑤杜绝成品保护不当,被车或其他机械刮伤,造成混凝土边角损坏
5	接口预留预埋件	①预埋管线施工过程中要做好保护工作,防止阻塞; ②预留预埋件半成品装卸、运输、存放及安装过程中做好保护,防止损坏

参考文献

[1] 管鸿浩.大断面隧道设计施工有关技术问题探讨——浙赣铁路电化提速改造隧道工程施工现场调研[J].铁道勘测与设计,2005(4):28-31.

[2] 宋明.复杂周边环境下矿山法大断面隧道设计[J].现代城市轨道交通,2011(S1):36-40.

[3] 马积薪.关于特大断面隧道设计施工的建议[J].现代隧道技术,1991(10):17-20.

[4] 蒋树屏,黄伦海,胡学兵.超大断面公路隧道的设计与研究[J].地下空间与工程学报,2005,1(1):54-61.

[5] 宫成兵,张武祥,杨彦民.大断面单洞四车道公路隧道结构设计与施工方案探讨[C].中国土木工程学会年会,2004:177-182.

[6] 刘继国,程勇,郭小红,等.复杂条件下超浅埋双层叠合大断面隧道下穿敏感建筑设计[J].现代隧道技术,2014,51(5):174-179.

[7] 闫明超,曾鹏,何知思,等.超大断面隧道变截面段施工技术研究[J].铁道建筑,2015(7):43-45.

[8] 闫志刚,赵玉成.复杂地质条件下的超大断面公路隧道的设计与施工[J].筑路机械与施工机械化,2007,24(9):50-52.

[9] 朱合华,曲海锋,蔡永昌,等.大断面公路隧道的过程设计方法研究[J].岩石力学与工程学报,2011(S2):3450-3456.

[10] 于海龙,王瑞峰.大断面公路隧道的断面形式研究[J].四川建筑,2006,26(3):65-67.

[11] 李彬峰,潘国斌.光面爆破和预裂爆破参数研究[J].爆破,1998(2):14-18.

[12] 顾义磊,李晓红,杜云贵,等.隧道光面爆破合理爆破参数的确定[J].重庆大学学报,2005,28(3):95-97.

[13] 宗琦.软岩巷道光面爆破技术的研究与应用[J].煤炭学报,2002,27(1):45-49.

[14] 张志呈,蒲传金,史瑾瑾.不同装药结构光面爆破对岩石的损伤研究[J].爆破,2006,23(1):36-38.

[15] 王建秀,邹宝平,胡力绳.隧道及地下工程光面爆破技术研究现状与展望[J].地下空间与工程学报,2013,9(4):800-807.

[16] 费鸿禄,李守巨.光面爆破装药不耦合系数的计算[J].爆炸与冲击,1992,12(3):270-274.

[17] 宁远思,闫春岭,崔振东.隧道工程光面爆破施工改进[J].工程爆破,2007,13(3):

36-37.

[18] 张奇. 层状岩体光面爆破效果的理论分析[J]. 爆炸与冲击,1988,8(1):60-66.

[19] 姜德义,李付胜,滕宏伟,等. 城市大跨度公路隧道光面爆破设计与优化[J]. 重庆大学学报,2008,31(11):1290-1295.

[20] 王林成. 光面爆破在隧道开挖中的应用[J]. 山西建筑,2007,33(7):286-287.

[21] 苏凯,崔金鹏,张智敏. 隧洞施工开挖过程初次支护时机选择方法[J]. 中南大学学报:自然科学版,2015(8):3075-3082.

[22] 赵涛. 路桥隧道工程开挖支护的施工要点解析[J]. 江西建材,2017(19):161.

[23] 蔡现阳. 长大深埋隧道工程开挖施工方法比选研究[D]. 北京:清华大学,2016.

[24] 刘靖. 高速公路隧道施工全过程风险动态分析与反馈设计方法研究[D]. 西安:长安大学,2013.

[25] 刘靖. 基于事故树和 AHP 分析的新奥法施工动态风险评估[J]. 公路交通科技:应用技术版,2010(7):273-276.

[26] 韩润波. 浅埋暗挖法隧道施工风险评估系统研究[D]. 北京:北京交通大学,2013.

[27] 侯艳娟. 城市隧道施工影响下地层与建筑物结构的动态作用关系及其应用研究[D]. 北京:北京交通大学,2010.

[28] 刘杰,宋亮,毛爱民,等. 基于 FAHP-ISPA-PCN 耦合的隧道施工动态评价模型[J]. 地下空间与工程学报,2017,13(2):559-566.

[29] 许振浩,李术才,李利平,等. 基于层次分析法的岩溶隧道突水突泥风险评估[J]. 岩土力学,2011,32(6):1757-1766.

[30] 方碧滨. 公路隧道施工中的安全风险评估及防范对策[J]. 公路交通技术,2014(5):123-128.

[31] 唐前松,韩伟威,陈赟. 高速公路隧道施工安全管理水平多级可拓评价研究[J]. 公路与汽运,2014(6):199-203.

[32] 杨秀权,平正杰. 复杂地质条件下长大隧道施工安全管理对策探讨[J]. 隧道建设,2009(S2):7-12.

[33] 郝辉. 公路隧道施工安全管理技术应用探讨[J]. 山东工业技术,2016(5):77-78.